ÉTUDE

HISTORIQUE ET LITTÉRAIRE

SUR

AGRIPPA D'AUBIGNÉ

PAR

EUGÈNE RÉAUME

> Sauf quelques ombres de l'autre siècle qui
> errent encore comme d'Aubigné, il n'y a plus
> personne jusqu'à l'avènement de Corneille.
> (MICHELET, *La Ligue*, p. 453.)

> Je pourrai bien dire quelque menterie sans
> estre menteur.
> (*Œuv. compl.* d'Agr. d'Aubigné, t. Ier, p. 495.)

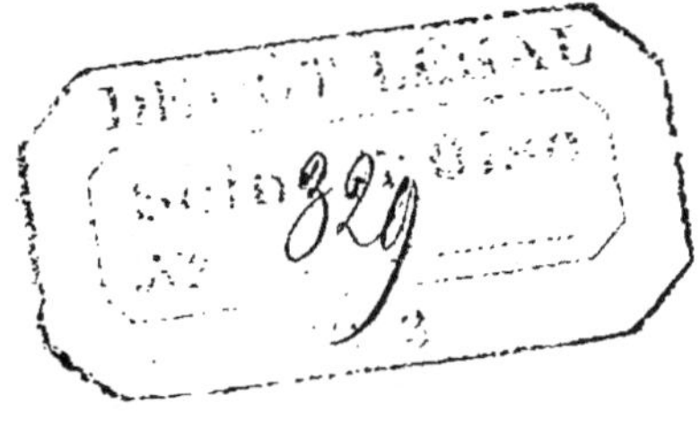

PARIS

Vᵥᴱ EUGÈNE BELIN ET FILS, LIBRAIRES-ÉDITEURS

RUE DE VAUGIRARD, Nᵒ 52

1883

Tout exemplaire de cet ouvrage non revêtu de ma griffe sera réputé contrefait.

PRÉFACE

Un séjour de deux mois à la bibliothèque de Bessinges, près Genève [1], nous permit, il y a douze ans, avec la collaboration de M. Fr. de Caussade, de collationner sur les manuscrits Tronchin, les œuvres publiées de Th.-Agrippa d'Aubigné et de copier celles qui n'avaient pas encore vu le jour.

C'est ainsi qu'il nous fut donné de publier, de 1873 à 1877, quatre volumes, dont environ quinze cents pages inédites, entre autres une correspondance de quatre cents lettres.

Dans une note de notre introduction (p. IX), nous exprimions l'espérance de pouvoir éditer, en une deuxième série, l'*Histoire universelle* du même

---

1. Voir pour de plus amples détails notre introduction aux *Œuvres complètes* d'Agrippa d'Aubigné (4 vol. in-8°, Paris, A. Lemerre, 1873-1877).

auteur, devenue fort rare depuis longtemps, publication qui eût justifié notre titre d'*Œuvres complètes de Th.-Agrippa d'Aubigné*.

Cet espoir, malgré un commencement d'exécution, ne s'est pas réalisé. Le récit de nos efforts déçus ne saurait intéresser qu'un bien petit nombre de lecteurs; qu'il nous suffise de dire, à l'adresse de ceux qui ont pu s'étonner de voir inachevé le monument que nous élevions à la gloire de d'Aubigné, que, pour renoncer à l'emploi de matériaux amassés par un patient labeur, pour abandonner un projet caressé pendant douze années, il a fallu qu'un obstacle invincible et le soin de notre dignité nous imposassent un si douloureux sacrifice.

Parmi nos matériaux demeurés sans emploi, avec un glossaire complet de la langue de d'Aubigné[1], se trouvait une étude sur d'Aubigné. La Société de l'histoire du Protestantisme français voulut bien, en 1880, honorer ce travail d'un prix réservé depuis plusieurs années à une étude sur d'Aubigné historien, distinction précieuse à nos yeux, à cause de la compétence spéciale des arbitres du concours, et parce que nous trouvâmes, à ce moment, dans leurs bienveillants suffrages, une sorte de consolation aux déboires infligés à notre passion d'éditeur.

C'est cette étude que nous offrons aujourd'hui au public, remaniée en certaines parties, augmentée de

---

1. Nous espérons achever et publier un jour ce glossaire, complément du travail que nous avions entrepris.

plusieurs pages qui ne rentraient pas dans le cadre d'un programme déterminé.

D'Aubigné n'a pas même été nommé dans une histoire de la littérature française, œuvre de longue haleine et de conscience, que l'Académie, voulant honorer le talent d'un de ses membres, et s'honorant pour ainsi dire elle-même, a récompensée d'un de ses grands prix. Aujourd'hui, en mettant au concours pour le prix d'éloquence de 1884, une étude sur Agrippa d'Aubigné, l'illustre Compagnie semble réparer un déni de justice, ou venger l'auteur des *Tragiques* d'un inconcevable oubli.

Sous prétexte que ce sujet était devenu un peu le nôtre par nos travaux sur le seizième siècle et la publication des *Œuvres complètes* d'Agrippa d'Aubigné, quelques bienveillants amis nous conseillaient de prendre part à ce concours. Nous estimons qu'il est messéant, à un certain âge, de descendre dans aucune sorte d'arène, et qu'il convient de laisser se disputer ces couronnes des talents jeunes et sûrs d'eux-mêmes.

Si nous pouvons concevoir quelque modeste ambition dans cette circonstance, c'est seulement que notre monographie, la plus complète qui ait été écrite sur d'Aubigné, en fournissant des matériaux et des documents utiles au futur lauréat de ce concours, offrira en même temps un portrait non flatté, mais fidèle du Béarnais.

Ajoutons que d'Aubigné veut être jugé d'un libre esprit; qu'il faut, tout en reconnaissant ses faiblesses, son humeur morose et intraitable, pouvoir admirer et louer sans restrictions ni arrière-pensées, au détriment même de plus illustres têtes, ce censeur des vices aristocratiques et royaux, ce défenseur opiniâtre de la liberté de conscience, cet homme, étrange et rare en tous temps, qui n'admet pas que, pour de puissants intérêts, fût-ce la raison d'État, il soit permis de violer son serment, de manquer à la foi solennellement jurée.

Entre le chef victorieux d'une dynastie royale, populaire pour ses qualités comme pour ses vices, si favorablement traité par l'histoire depuis deux siècles et demi et le pauvre gentilhomme saintongeois, plus importun à son maître par ses vertus que par ses défauts, criminel de sa foi inébranlable, vaincu, proscrit, souvent calomnié, nous n'aurions point songé à établir un parallèle vraiment trop inégal; mais ce parallèle, étant l'âme de notre sujet, s'est imposé à notre esprit, à notre plume. Avons-nous toujours réussi à nous prémunir contre le sentiment qui fait involontairement sacrifier l'heureux et habile vainqueur au vaincu peu adroit et malheureux? Avons-nous assez résisté au secret plaisir d'offrir, après coup, à ce dernier une sorte de revanche des trahisons de la fortune? Nous affirmons, du moins, l'effort d'une conscience libre de préventions et l'absolue impartialité de notre jugement, et nous osons espérer que ceux de nos lecteurs qui mettent, comme nous, les principes immuables de la morale au-dessus des intérêts variables de la politique, estimeront que nous avons constamment tenu la balance égale entre Henri IV et Agrippa d'Aubigné, entre le maître, heureux conquérant de son trône, et le serviteur, intrépide champion d'un grand parti vaincu et désarmé.

Nogent-le-Rotrou, septembre 1882.

PREMIÈRE PARTIE

BIOGRAPHIE

CHAPITRE PREMIER

Nous nous proposons d'écrire la vie de Théodore-Agrippa d'Aubigné, en recueillant dans sa *Vie à ses enfants*, dans son *Histoire universelle*, dans sa Correspondance, les faits et les paroles capables de mettre le mieux en relief notre personnage.

Nous jugerons ensuite d'un esprit libre et avec une impartialité qui nous est facile, l'apologiste protestant, le politique, le savant, le controversiste et le théologien, le capitaine et l'ingénieur, le critique littéraire et l'écrivain.

Cette étude nous expliquera la sévérité de ses contemporains, l'indifférence des âges suivants, le retour et la faveur de notre siècle.

---

1. Pour tous les textes cités, nous renvoyons à notre édition des *Œuvres complètes* de Th.-Agrippa d'Aubigné (Paris, Alphonse Lemerre, 1873-77, 4 vol. in-8°).

L'*Histoire universelle* n'y ayant point paru, nous suivons la 2e édit. de 1626, dont d'Aubigné déclare la supériorité sur la première (*Œuvres complètes*, t. Ier, p. 336). Elle est divisée en trois tomes, mais les deux premiers étant confondus dans la pagination, nous les confondrons aussi dans nos indications; le chiffre de la colonne distinguera suffisamment le tome Ier du tome II. Nous pourrons quelquefois renvoyer au tome et au chapitre.

Agrippa d'Aubigné est né en l'hôtel Saint-Maury, près de Pons, en Saintonge, le 8 février 1552 [1]. Sa mère, Catherine de l'Estang, mourut en le mettant au monde, d'où le prénom d'Agrippa (*ægre partus*) donné à l'enfant.

Son père Jean d'Aubigné était-il de grande ou de mince noblesse, homme de plume plutôt que d'épée ? C'est une question que M. H. Bordier a doctement

[1]. Cette date a souvent été discutée. On a fait naître d'Aubigné en 1550, en 1551, en 1552. Divers passages de notre auteur semblent se prêter à ces différentes assertions. Il écrit en tête de son *Histoire* : « A la moitié du siecle seizieme, au natal du livre et de l'autheur (*Histoire universelle*, t. Ier, col. 1). » On lit dans une lettre à Mme des Loges, datée de 1630 : « Je demande voz excuses que vous pourrez prendre sur le datte de quatre-vingts ans et de mon exil » (*Œuvres complètes*, t. Ier, p. 522). Son testament, daté du 17 mai 1630, débute par ces mots : « Au nom de Dieu, je Theodore Agrippa d'Aubigné, certain, et par les *octantes annees* où il a plu au Seigneur me conduire... » (*Œuvres complètes*, t. Ier, p. 118). Un portrait que possède la bibliothèque de Genève porte, dans l'intérieur du cadre, les dates suivantes : 1622, *anno ætatis LXXII*. (Soixante-douze ans en 1622 reportent la naissance de d'Aubigné à l'an 1550). Ces trois passages et la date indiquée par le portrait le font donc naître en 1550. *La Vie à ses enfants* fournit la date du « 8 de février 1551 » (*Œuvres complètes*, t. Ier, p. 5). Il s'y donne huit ans et demi au moment de la conspiration d'Amboise, arrivée en 1560, assertion qui ne permet pas de reculer sa naissance au delà de l'année 1551. Dans une lettre datée de 1621 (*Œuvres complètes*, t. Ier, p. 320), que d'Aubigné adresse à son gendre, Dade, nous lisons : « Puisque j'ai soixante-dix ans *ou plus.* » Ce passage qui manque, il est vrai, de précision, le ferait aussi naître en 1551. Celui de la *Vie* où l'auteur écrit : « Depuis l'an 1567 que j'ai pris les armes » (*Œuvres complètes*, t. Ier, p. 156), (nous savons qu'il les prit à quinze ans) confirme la date de 1552. Enfin un dernier texte corrobore cette opinion. D'Aubigné nous dit dans sa *Vie* qu'à l'époque où l'on marcha au secours de la Garnache (Grenache), il goûta « le premier repos, ou plustost le premier intervalle de labeurs qu'il eust essayé despuis l'aage de quinze ans jusques à trente sept, ou environ, qu'il avoit lors » (*Œuvres complètes*, t. Ier, p. 65). Or l'*Histoire* nous donne par hasard la date très précise de ce siège : « Cela nous meine jusques au dernier jour de l'an, que la ville fust sommee » (*Histoire universelle*, t. III, col. 206), c'est-à-dire au

traitée dans la *France protestante* [1], en s'appuyant sur
des documents officiels et sur des arguments de grand
poids. Voyons ce que nous fournit la *Vie* même sur
cette question d'origine.

Agrippa d'Aubigné, « qui ne s'estoit jamais soucié ni de biens, ni de maison, ni de tiltres, les avoit
recouvrez avec quelques meubles du chasteau d'Ar-
cheac où ils avoyent esté mis en garde ; et par là ayant
appris son origine [2], » usa de cette découverte pour
aider à la conclusion d'un mariage que ses envieux
croyaient faire rompre faute de « quelques tiltres de
noblesse ou d'antiquité. » Déjà Jean d'Aubigné avait
eu à ce sujet un procès qui coûta « plus de mille escus
et dura trois ans. » Notre d'Aubigné descendait-il,
comme il écrit en avoir fait la preuve, des d'Aubigné
d'Anjou ? « Les contrats de mariage et les partages
de six lignees [3] » ont-ils péremptoirement prouvé sa

31 décembre 1588. Le terme « trente sept ans *ou environ* » est
encore un peu vague, mais la soustraction confirme la date de
1552. Ailleurs enfin, d'Aubigné nous apprend qu'aux négociations
de Languedoc, qui sont de 1577, il avait « vingt trois ans et
quelque peu davantage » (*Histoire universelle*, t. II, col. 885).
Donnons lui vingt-trois ou même vingt-quatre ans en 1577 :
d'après ce passage, il serait né en 1553. On voit que d'Aubigné
ne parle jamais de son âge que d'une façon approximative et qui
laisse flotter la date de sa naissance entre les années 1550 et
1553. Si, conformément à l'observation de MM. Lud. Lalanne
(*Mémoires de Th.-A. d'Aubigné*, par Ludovic Lalanne, 1854, p. III)
et Heyer (*Th.-A. d'Aubigné à Genève*, par Théophile Heyer,
1870, p. 3), on se rappelle qu'en France, à cette époque, l'année
commençait à Pâques, qu'il en fut ainsi jusqu'en 1564 (ordonnance
de Roussillon), et même qu'à Genève, on conserva pendant tout le
XVIIe siècle l'ancien calendrier, en retard sur le nouveau, on devra,
croyons-nous, rapporter la naissance de d'Aubigné à l'an 1552.
  1. Article *Th.-A. d'Aubigné*, col. 462 et suiv.
  2. *OEuvres complètes*, t. Ier, p. 48.
  3. Voir à la fin du volume, aux *Documents inédits et pièces
justificatives*, la première des pièces tirées des archives du château de Chamarande.

descendance « d'un Savari d'Aubigné, commandant pour le Roy d'Angleterre au Chasteau de Chinon [1] »? Portait-il lui-même régulièrement les armes de la maison : « de gueules à un lion d'argent rampant, armé et lampassé d'or [2] » ? Problème de médiocre intérêt et difficile à trancher pour la critique de nos jours, puisqu'au temps même des d'Aubigné, nous savons qu'il fut plusieurs fois soulevé sans être jamais résolu. Agrippa écrivait à son fils Constant : « Vostre memoire vous dictra non vostre eslevation, ny vostre nourriture plus digne du Seigneur que du pauvre Gentilhomme [3] ; » confession, en famille, d'obscurité et de pauvreté.

Nous reconnaissons que l'intérêt et l'amour-propre des d'Aubigné au seizième siècle, qu'au dix-septième les courtisans de Mme de Maintenon, sa petite-fille, empressés à lui fabriquer une brillante généalogie, ont pu altérer la vérité, accepter pour authentiques des pièces supposées; nous admettons que l'hôtel de Saint-Maury, dont il ne reste pas trace, n'était qu'une simple maison de campagne, mais nous croyons que Jean d'Aubigné, qu'il fût d'ancienne noblesse ou « très petit gentillâtre, » était au moins autant homme d'action et d'épée qu'homme de loi et de plume. Qu'il fût ordinairement qualifié « noble homme et *sage,* licencié en droit et juge ordinaire des ville, terres et seigneuries de Pons en Saintonge, » juge ou bailli de Pons, etc., nous ne pouvons oublier que dans l'*Histoire universelle* [4] et dans sa *Vie* [5], le fils cite le nom

1. *Œuvres complètes,* t. Ier, p. 49.
2. *Œuvres complètes,* t. Ier, p. 49.
3. *Œuvres complètes,* t. Ier, p. 297.
4. *Histoire universelle,* t. Ier, col. 125.
5. *Œuvres complètes,* t. Ier, p. 9.

de son père comme « lieutenant de M. de Saint-Cire »
pour le Poitou, parmi « les chefs signalés de chaque
province, » c'est-à-dire parmi les affiliés de « l'entreprise d'Amboise. » Il était encore au siège d'Orléans.
Ajoutons que c'était bien le fait d'un soldat téméraire
de traverser Amboise avec un enfant, escortant une
troupe de vingt chevaux, quand les têtes de ses compagnons d'armes étaient reconnaissables et « les murs
de la ville encore garnis de pendus[1], » sur un bout
de potence. Un gentilhomme veut-il être « bien reçu
dans les compagnies[2], » il se fait recommander à Jean
d'Aubigné ayant « commandement à Orléans[3]. » Ainsi
Agrippa ne cesse de nous représenter son père comme
un capitaine et un homme du métier. Ici, lors du siège
d'Orléans, nous voyons le père entreprendre un voyage
en Guyenne « pour haster les forces[4] » et ses soldats
« desbaucher le fils[5]; » là, le sieur d'Aubigné mène
son fils voir le sieur d'Achon et le Connétable qui étaient
entre ses mains, « comme les ayant amenés prisonniers de la bataille de Dreux; » ailleurs, quatorze capitaines » touchent en la main, » pour essayer la reprise
des Tourelles à Orléans, mais il n'y en eut que six qui
tinrent promesse et sautèrent dans le retranchement.
Jean d'Aubigné est un de ces vaillants et il paie son
courage « d'un coup de picque au-dessoubs de la cui-
rasse » dont il allait bientôt mourir.

Ces citations nous paraissent établir contre l'opinion
de la *France protestante* le double caractère de Jean

1. *Histoire universelle,* t. Ier, col. 128.
2. *OEuvres complètes,* t. Ier, p. 8.
3. *OEuvres complètes,* t. Ier, p. 8.
4. *OEuvres complètes,* t. Ier, p. 9.
5. *OEuvres complètes,* t. Ier, p. 10.

d'Aubigné. Il est à la fois homme de conseil et d'action, homme de plume et d'épée, légiste et brave soldat. L'état même de « Maistre des Requestes, pour servir de Chancelier en la Cause » ne semble guère lui avoir été donné qu'aux derniers jours de sa vie, lorsqu'il était déjà malade de sa blessure.

Tel père, tel fils : A six ans, Agrippa « lisait aux quatre langues [1] » latine, grecque, hébraïque et française. A sept ans et demi, « il traduisit avec quelque aide de ses leçons le *Crito* de Platon. » Il est vrai qu'en dépit d'une belle-mère qui portait impatiemment la dépense, son père lui avait donné des maîtres et précepteurs quelquefois durs et « impiteux », mais toujours savants et renommés, Jean Cottin, Peregim, Jean Morel, Mathieu Béroalde.

Encore enfant, d'Aubigné n'est pas seulement une précoce intelligence, c'est un petit héros de constance et d'intrépidité. Nous l'avons vu, à l'âge de huit ans et demi, au lendemain de l'exécution d'Amboise, chevauchant à côté de son père indigné, passer devant les restes mutilés des siens et la vengeance des Guises, et, comme le père disait à son fils : « Mon enfant, il ne faut pas que ta teste soit espargnee aprés la mienne, pour venger ces chefs pleins d'honneur; si tu t'y espargnes, tu auras ma malediction [2], » Agrippa prononça son serment d'Annibal, et, sauf un jour de défaillance que nous signalerons, il tint parole.

A dix ans, fuyant Paris, avec son précepteur Béroalde et sa famille, il est fait prisonnier par une de ces troupes qui infestaient la campagne: là il pleura, non

____

1. *OEuvres complètes*, t. Ier, p. 6.
2. *OEuvres complètes*, t. Ier, p. 6.

la prison, mais « la perte de sa petite espee. » Les fugitifs sont menacés du supplice ; Agrippa répond que « l'horreur de la Messe luy ostoit celle du feu[1]. » Pourtant l'issue fut moins tragique qu'on ne l'eût pu craindre. Moyennant une *gaillarde* dansée par l'enfant, une soixantaine d'écus distribués à deux des gardiens, une promesse « d'honorable recompense » pour le gentilhomme chef de la bande, toute la petite troupe parvient à prendre la clé des champs du côté de Montargis[2]. Là, il est recueilli par la bonne duchesse de Ferrare[3], qui, durant trois jours, s'amusa à écouter les discours du jeune stoïcien « sur le mespris de la mort. » Si d'Aubigné échappe à la peste d'Orléans et à mille dangers, grâce au dévouement de Béroalde et de son serviteur Eschalart, « qui, sans prendre mal, le servit jusques à la fin, un pseaume en la bouche pour preservatif, » il n'échappa point à la débauche.

Une grave réprimande paternelle le fait tomber en

1. *OEuvres complètes*, t. Ier, p. 7.

2. La scène est originale et bien tracée, mais nous laisse hésitant sur la réalité du péril. Ces violons qui se trouvent là si fort à point pour la *gaillarde*, ce terrible bourreau de Milly qu'on fait entrevoir, comme un épouvantail, pour l'exécution du lendemain, ces féroces exécuteurs qui se contentent de soixante écus et finissent par laisser échapper la bande tout entière, lui permettant de fuir jusqu'à Montargis, toute cette mise en scène restée gravée dans l'esprit de l'enfant, nous semble plus près d'une comédie bien jouée que d'une sanglante tragédie. N'oublions pas toutefois qu'en cet étrange seizième siècle, comédie et tragédie se heurtent et se confondent souvent.

3. *OEuvres complètes*, t. Ier, p. 8-9. Nous attendons avec impatience un travail du savant M. J. Bonnet sur la duchesse de Ferrare. Les documents inédits, qu'il a découverts dans les archives italiennes, diminueront peut-être un peu la grandeur d'un idéal connu ; mais, si l'historien, éclairé par des pièces diplomatiques importantes, se voit obligé d'apporter quelque ombre légère au portrait, il ne regrettera pas assurément d'avoir sacrifié le sentiment et la convention à la vérité historique.

fièvre frénétique, dont il faillit mourir. A peine relevé, il se jette aux genoux de son père et prononce une harangue si pathétique, qu'il tire des larmes aux assistants. Recueillons ce trait au passage, parce que nous y trouvons comme un premier linéament du caractère de d'Aubigné ; c'est une nature exaltée, raisonneuse, un tempérament oratoire.

A treize ans, d'Aubigné est déjà une sorte de savant. « Il lisoit tout courant les Rabins sans poincts[1], et explicquoit une langue en l'autre, sans lire celle qu'il expliquoit. » Son cours de philosophie et de mathématiques achevé à Genève, son curateur, sur « l'ignorance de quelques dialectes de Pindare, » le remit au collège. Admettons, si l'on veut, quelques exagérations dans ces détails, malgré les nombreux exemples de jeunes et précoces érudits à cette époque. Henri Estienne, à quatorze ans, ne collationnait-il pas des manuscrits pour une édition de Denys d'Halicarnasse ? Montaigne, un paresseux, ne parlait-il pas le latin avant sa langue maternelle ? Mais nous n'avons pas à chercher bien loin nos exemples. La fille du bourgeois de Genève, chez lequel Agrippa fut placé, « avait la langue grecque et hebraïque en sa main comme la françoise, » et, sans « quelque aiguillon d'amour » que l'écolier de treize ans ressentit pour son jeune professeur, Loyse Sarrasin, il était « entierement detourné de la langue grecque[2]. »

---

1. *OEuvres complètes*, t. 1er, p. 11. Il cite quelques mots d'hébreu dans une lettre, mais avoue « qu'estant desvoyé de son Hebrieu, » il a dû consulter un professeur en cette langue. (*OEuvres complètes*, t. 1er, p. 451.)

2. Nous aurons occasion de revenir sur la lettre si curieuse adressée à ses filles : « touchant les femmes doctes de nostre siecle » (*OEuvres complètes*, t. 1er, p. 445). « Je garde pour la

Notre écolier approchait de ses quinze ans. L'indulgente autorité de « M. de Beze » pouvait calmer son impatience du joug, mais les precepteurs estoient des *Orbilies*[1], » trop portés à lui appliquer le traitement infligé par Orbilius au jeune Horace. De Genève, il s'en vint à Lyon, « sans le sceu de ses parents »; là, se remit aux mathématiques et « s'amusa aux theoricques de la magie. » Déjà point en lui un goût pour le merveilleux, dont il ne s'est jamais débarrassé. A Lyon, d'Aubigné est en rupture de ban, l'argent fait défaut, l'hôtesse en réclame; il regarde mélancoliquement couler la Saône, une horrible pensée l'obsède; mais « sa bonne nourriture luy faisant souvenir qu'il falloit prier Dieu devant toute action, le dernier mot de ses prieres estant : *la vie eternelle*, ce mot l'effraya et le fit crier à Dieu qu'il l'assistast en son agonie[2]. » A ce moment, apparaît fort à propos un cousin qui, partant pour l'Allemagne, lui allait porter de l'argent à Genève. Toujours nous lui retrouvons au cœur un fonds de piété, une foi sérieuse et native qui ne l'abandonne pas aux plus mauvais jours.

D'Aubigné est retourné en Saintonge, c'est le temps

fin deux personnes qui m'ont esté plus cheres : l'une est Loyse Sarrasin, genevoise, honoree de plusieurs doctes, et qui, ayant passé par tous les degrez de la science, s'est veue capable, si le sexe luy eust permis, de faire des leçons publiques, principalement aux langues... » L'autre personne est sa mère, Catherine de l'Estang, dont « il garde pretieusement un Sainct Bazile grec commenté de sa main. »

1. M. Lud. Lalanne, reproduisant la leçon du manuscrit de la bibliothèque du Louvre, lisait des *œbaliés* et déclarait ne pouvoir expliquer « ce mot défiguré. » Le manuscrit de Bessinges restitue le texte, comme en tant d'autres passages. Les *Orbilies* (*Orbilii*) sont des précepteurs terribles et à la main prompte, comme le *plagosus Orbilius* d'Horace, *Epit.*, II, i, 70.

2. *Œuvres complètes*, t. Ier, p. 12.

des troisièmes guerres (1568) ; partout on y respire l'odeur de la poudre. En vain le curateur[1], qui connait son pupille, fait emporter chaque soir ses habits. Le prisonnier « se devale » par la fenêtre, en chemise, nu-pieds et s'en va rejoindre une troupe de hardis compagnons. A une lieue, il avait déjà conquis son arquebuse et « un fourniment tel quel, » sur une troupe de papistes mis en déroute. A Jonzac quelques capitaines font habiller leur nouvelle recrue et voilà notre écolier passé soldat.

1. Est-ce ce monsieur Esserteau à qui il adresse une lettre d'affaires? (*OEuvres complètes*, t. 1er, p. 564). Il l'appelle : « Mon curateur » et termine en ces termes : « Vous aurez tousjours de la peine pour vostre trés obligé pupille. »

CHAPITRE II

Alors commence ce véritable roman d'ancienne che-
valerie et le récit des grands coups d'épée, de pistolet,
d'arquebusades reçus, et surtout donnés, par notre héros. Ce ne sont que défis, bravades et folles témérités.
L'auteur de la *Vie* s'y dédommage de la réserve imposée à l'historien. Les premiers temps furent rudes.
Notre jeune soldat tremble souvent, non de peur,
mais de froid ou de faim, à travers ce dur apprentissage, battant plaines et bois du Périgord, de la Saintonge, du Poitou. Dans cette région pourtant, il n'est
qu'à demi affranchi, et se sent sous les regards de ses
cousins « bien montez, dont il craint les reproches. » Il
donne son coup de main aux sièges d'Angoulême et de
Pons et venge, devant cette dernière ville, une sienne
tante, malmenée par un capitaine brutal.

A partir de l'année 1569, d'Aubigné fait entrée
comme acteur dans son *Histoire universelle*. Il assiste
à l'escarmouche de Jazeneuil, et Dieu sait aussi avec
quels détails il raconte cette mince affaire ! Continuons
à nous borner ici au rôle d'annaliste. Il était à la bataille de Jarnac, mais « manqua l'occasion de Moncontour. » En 1570, d'Aubigné se trouvait à la défaite

de deux compagnies italiennes dans Jonzac. « On commençait à se fier en luy de mener vingt arquebusiers, enfants perdus ; » et c'est à propos de ce même exploit qu'il se donne dans l'*Histoire*, s'y nommant pour la première fois, le titre un peu trop fastueux de « Capitaine [1]. »

C'est à la prise de Pons qu'Aubigné « porte sa première enseigne [2]. » Il mène les enfants perdus au siège de Cognac, s'y signale par sa folle témérité, « commençant la barricade en pourpoint. » Anière, son capitaine, l'en récompense en lui faisant faire la capitulation.

Cette campagne qui lui valut le grade d'Enseigne, et qui clôt la première partie de sa jeunesse, se termine par une maladie. Pendant ses accès de fièvre, le moribond « faisait dresser les cheveux à la teste des capitaines et des soldats » par le récit de ses pilleries. « Cette maladie, écrit d'Aubigné, le changea entierement et le rendit à luy mesmes [3]. » Il a environ dix-huit ans, prend conscience de ses actes, rougit d'avoir laissé un meurtre impuni et commandé, avant l'âge de l'autorité. Il comprend la responsabilité morale, aveu grave pour ses fautes prochaines, si l'indulgence n'était due aux circonstances et à un soldat de dix-huit ans !

Dans cet intervalle des guerres civiles, Agrippa rentra chez lui, muni par son curateur de quelques écus et d'un bail de sa petite terre des *Landes*, mais il trouva son bien occupé par un maître d'hôtel du duc de Longueville qui s'en était rendu héritier. La ma-

1. *Histoire universelle,* t. Ier, col. 465.
2. *Histoire universelle,* t. Ier, col. 477.
3. *Œuvres complètes,* t. Ier, p. 17.

ladie, la fièvre, les traces du charbon contracté à la
peste d'Orléans, ont défiguré le misérable. Nul ne veut
reconnaître ce fâcheux revenant. Son spoliateur lui
soutient qu'il a disparu dans une charge aux dernières
guerres ; son fermier, en retard de trois termes, est du
même avis ; ses parents maternels du Blaisois, fervents
catholiques, l'aiment autant mort que vivant. Que va
devenir Agrippa ? Il se fait transporter demi-mort par
bateau à Orléans et, comme Démosthènes, défend son
bien et plaide sa cause avec des accents si pathétiques
que le juge est convaincu, et les parties repentantes
s'écrient que seul le fils d'Aubigné a pu plaider avec
tant d'éloquence.

   Notre enseigne se trouvait à Paris le 24 août 1572.
Les suites d'un duel, en le forçant à fuir, et peut-être
aussi le conseil d'un huguenot prévoyant [1], le sauvent du massacre. Il se retire dans la maison de Talcy,
dont il courtise la fille aînée, Diane Salviati, celle
même qui lui a inspiré son *Printemps* [2]. Le vieillard fut
séduit par la délicatesse d'un amoureux pauvre qui,
pouvant faire argent de pièces compromettantes pour
le chancelier l'Hôpital, préféra les brûler, « de peur
qu'elles ne le bruslassent », et lui accorda sa fille ; mais
le mariage fut rompu « sur le different de religion. »
   « L'amour et la pauvreté avaient empêché d'Aubi-

---

1. « Langoiran, depuis Montferrand, va prendre congé de
l'Amiral et ne repliqua aux questions « Pour quoi il s'en alloit, »
que ces paroles : « Je m'en vai pour la bonne chere qu'on vous
» fait, aimant mieux estre au rang des fols que des sots, pour
» ce qu'on guerit du premier, et de l'autre jamais. » « Cestui-là
mesme, ajoute d'Aubigné, me trouva en peine pour un coup d'espee, dont me print bien de le suivre, et ne mespriser son conseil. »
(*Histoire universelle*, t. II, col. 537.)
   2. *Œuvres complètes*, t. III, p. 3.

gné d'assister au siège de la Rochelle dont il a cependant rapporté en grands détails les péripéties, d'après quelques relations du temps[1]. C'est à l'époque de la paix de la Rochelle, qu'un maître d'hôtel du roi de Navarre fit souvenir son maître des services de Jean d'Aubigné et lui conseilla de se servir du fils, alors âgé de vingt et un ans, « comme d'un homme qui ne trouvoit rien de trop chaud[2]. »

Sous le coup des menaces, le Béarnais avait dû consentir un édit, à l'effet « d'abolir la Religion Reformee aux terres de son obeyssance[3]. » Il avait figuré avec Monsieur et le duc d'Alençon, son frère, le prince de Condé, les ducs de Guise, d'Aumale, Nevers, et toute la fleur de la noblesse au siège de la Rochelle. L'arrivée des ambassadeurs Polonais, venus offrir la couronne à Henri, fut l'occasion d'une entrée solennelle par les portes Saint-Martin et Saint-Antoine, de ballets et féeries où brillait confondue la jeunesse catholique et protestante. Catherine faisant, pour ces fêtes, couper un bois de haute futaie aux Tuileries, semblait préluder aux somptuosités de Louis XIV. S'étonnera-t-on qu'à ce moment le serment d'Amboise fût loin du cœur de d'Aubigné, que, de vingt et un à vingt-deux ans, il ait oublié la malédiction paternelle suspendue sur sa tête ? En écoutant le récit détaillé de quelque frasque peu honorable, « dont trois Rois et plusieurs Princes ne se sauvèrent que miraculeusement[4], » le jour même où mourait l'Hospital, nous soupçonnons fort que d'Aubigné était de ces équipées princières.

1. *Histoire universelle*, t. II, col. 579 et suiv.
2. *OEuvres complètes*, t. Ier, p. 21.
3. *Histoire universelle*, t. II, col. 563.
4. *Histoire universelle*, t. II, col. 665 et suiv.

Quelques reparties courageuses à la reine-mère ne rachètent pas sa présence à la rencontre de Dormans; on ne saurait l'excuser de s'être *rencontré* avec les reîtres appelés au secours des Réformés, trois ans après le massacre de la Saint-Barthélemy. Il a beau nous dire « que tout ce qui demeuroit à la cour estoit sifflé, que le roi de Navarre envoyoit sa maison, ses gardes, et sur tous ceux qui sentoyent le fagot et travailloyent à sa liberté [1], » on regrette de voir le « jeune guidon de Fervacques » acheter son accès à la cour par de semblables concessions. S'il joue un rôle moins compromettant au siège de Domfront, où il tenta de délivrer le comte de Montgommery qui y était enfermé, les explications qu'il donne à la décharge de sa conscience sentent trop les subtilités de la casuistique. « On lui apprit que, ne prestant point de serment, il pouvoit sans reproche laisser penser à ses ennemis ce qu'ils vouloyent, et estre dedans leur armee comme ennemi, mesmement s'il se pouvoit garder de prononcer paroles desrogeantes à ce qu'il estoit [2]. » Les Jésuites Arnou et May qu'il devait poursuivre de ses épigrammes [3], n'ont jamais mieux trouvé. Guise et le roi de Navarre, à cette époque, « couchoyent, mangeoyent et faisoyent ensemble leurs mascarades, balets et carrousels. » Guise n'est guère plus catholique que le Béarnais protestant; là est l'excuse pour le jeune écuyer du prince qui leur fait des vers, compose son

1. *Histoire universelle*, t. II, col. 765.
2. *Histoire universelle*, t. II, col. 693.
3.
      Tu veux sçavoir ce qui me semble
      De leçons d'*Arnou* et du *May*?
      Tu aprendras des deux ensemble
      A dire le grec ἀρνοῦμαι (je renie).
              (*Œuvres complètes*, t. IV, p. 317.)

ballet de la *Circé* [1], vit « en la familiarité des dames, » se bat en duel, « charge les badauts, » assiège les corps de garde de la ville, paraît avec le Béarnais et les Guisards en un tournoi avec tant d'avantages, que Diane de Talcy, l'ancienne maîtresse assez dédaigneuse, faillit, si nous en croyons d'Aubigné, en mourir de regret et de mélancolie. Si d'Aubigné nous confesse lui-même, « qu'il est assez vicieux en grandes choses, » du moins, nous le verrons, il s'est toujours dérobé à la honte de certaines complaisances pour le maître, réputées services de bon courtisan.

1. La reine mère ne voulut pas l'exécuter pour la dépense. Notre *Introduction aux Œuvres complètes* met par erreur cette pensée d'économie sur le compte de la reine de Navarre (*Introduction*, p. XII).

CHAPITRE III

D'AUBIGNÉ ARRACHE LE ROI DE NAVARRE A LA COUR
DES VALOIS. — SES EXPLOITS ET ENTREPRISES MILI-
TAIRES JUSQU'A LA MORT DE HENRI III.

Pendant que le roi se laissait amuser par l'espoir du
titre de lieutenant général, et par « amourettes que
la reine-mère suscitait », son Écuyer, membre de l'Académie du roi, « uniquement aimé des deux freres Gui-
sarts », se soutenait, même auprès de Catherine,
« par son sçavoir en choses agreables[1]. »

Un soir, le roi de Navarre, tremblant de fièvre en
son lit, soupirant et chantant un verset du psaume 88[2],
d'Aubigné pressé par Armagnac, premier valet de
chambre, prit temps pour murmurer à l'oreille du malade cet éloquent discours qu'il cite en son *Histoire*[3] :

« Sire, il est donc vrai que l'esprit de Dieu travaille et
habite en vous... Quel esprit d'estourdissement vous
fait choisir d'estre valet ici, au lieu d'estre maistre là...
N'estes-vous point las de vous cacher derriere vous-

1. *Histoire universelle*, t. II, col. 771.
2.
>   Tu m'ostes, pour comble d'ennuis,
>   L'ami que j'avais cru fidelle ;
>   C'est en vain que ma voix l'appelle
>   Dans l'estat funeste où je suis,
>   Hélas! au fort de ma destresse,
>   Chascun se cache et me deslaisse.

3. *Histoire universelle*, t. II, col. 772 et suiv.

mesmes? etc. » C'est le chant de l'Exode ; le sort en est jeté, l'instant est solennel, le maître est digne de son serviteur et le serviteur du maître. Comme le dit magnifiquement notre historien : « L'âme du prince va répudier les delices, et son cœur espouser les dangers. » La fuite est décidée, l'entreprise bien menée. Au bout de quelques jours, le roi qui avait couché à Senlis est rejoint à Alençon (3 février 1576), par deux cent cinquante gentilshommes, premier noyau de cette armée qui allait lui conquérir un trône. D'Aubigné est désormais, comme il le dit, « au cœur de son *Histoire*[1]. »

Pour avoir écouté et fait entendre la voix du devoir, ne demandez pas plus de prudence à d'Aubigné ; il semble au contraire redoubler de folles témérités qu'il se complaît à raconter dans sa *Vie* comme dans l'*Histoire universelle*. Un jour, à Pithiviers, à la tête de trente hommes, il se démêle d'une suite de plus de huit cents chevaux. Une autre fois (1576) il veut, chargé d'une mission, pénétrer à Blois, où se tiennent les Etats assistés de dix mille hommes. Il se sait reconnu et n'entre pas moins dans la salle de bal ; le lieutenant des gardes est à ses trousses, mais lui, « se coullant derriere les Majestez, puis par le cabinet de la Roine, » se sauve ensuite jusqu'aux écuries et à la rivière[2].

Au siège de Marmande, opéré par la Nouë, l'historien s'excuse de raconter plus expressément une charge, parce qu'elle est estimée « la plus desraisonnable de celles qu'a faictes le plus hazardeux Capitaine de son siecle[3]. » Le lieutenant de Vachonnière, qui y fait rage,

---

1. *Histoire universelle*, t. II, col. 778.
2. *Histoire universelle*, t. II, col. 844.
3. *Histoire universelle*, t. II, col. 870.

est naturellement d'Aubigné qui, dans sa *Vie,* enchérit, ajoutant quelques circonstances de bravades, comme de se dépouiller de brassarts avant la charge et, au plus fort de la mêlée, sauver un bracelet des cheveux de sa maîtresse, qui brûlait d'une arquebusade [1].

D'Aubigné a vingt-cinq ans. Homme de conseil aussi bien que d'épée, il fut, au début de l'année 1577, chargé en Languedoc d'importantes négociations secrètes. Grâce à son adresse, le roi de Navarre apprit que le maréchal Danville était sur le point de trahir le parti des Réformés. A Toulouse, le négociateur trompe les gens de la garde et un vieux conseiller du maréchal, en contrefaisant le piémontais. Arrêté à Carcassonne, il sort de ce mauvais pas, grâce aux courtoisies de Joyeuse, qui lui donne des gardes pour l'accompagner jusqu'à Narbonne. A Pézenas, il gagne « par quelque gentillesse du temps », où nous le savons expert, une dame centenaire d'Uzès ; aidé de cette femme « d'esprit ferme et delié, » il tire, par ruse et diplomatie, des aveux du maréchal de Bellegarde, comme de Danville, arrache à ce dernier un regret de sa défection, ruine son crédit en le rendant suspect aux deux partis. « Je prie mon lecteur, écrit d'Aubigné, de ne s'ennuyer point, si je suis long en ce negoce qui n'est pas commun et en donnant la plus part de mon labeur aux gens de guerre, il faut quelque chose. pour les negociateurs[2]. » Nous l'excusons de raconter un peu longuement ce qu'il sait bien ; le récit de ces négociations est d'ailleurs une heureuse diversion aux faits d'armes ; même sur ce champ de bataille diplomatique,

1. *OEuvres complètes,* t. I{{er}}, p. 32.
2. *Histoire universelle,* t. II, col. 885.

d'Aubigné fait encore la guerre en partisan, par coups d'audace et de surprise.

Avec un homme qui ne songe « qu'à briguer les recherches de péril et d'honneur, » sans compter les compagnons qui le sollicitent « d'aller chercher de quoi faire fumer le pistolet, » il faut négliger appels, défis, escalades, celles même où, comme au château de Marmande, « le lieutenant de Vachonniere » reçoit arquebusade qui l'envoie rouler au pied des rochers. Mais, en nul endroit, d'Aubigné ne nous fait assister à plus furieuse bataille qu'à Castel-Jaloux. « Je suis après, écrit-il, à vous conter un des plus opiniastres combats que j'aye veu, leu, ni ouy dire [1], » et nous savons s'il en a vu déjà de terribles ! Comme presque toujours, c'est une affreuse mêlée, où chacun agit « suivant sa chaleur, et prenant les avantages du païs, comme l'occasion l'instruisoit. » Du côté des chefs, c'est une lutte homérique, sans merci, sans quartier. Vachonnière, les reins coupés d'une balle ramée et brûlant de quatre arquebusades, tombé entre les jambes du cheval de son lieutenant, le prie de se sauver, mais les voici bientôt compagnons de chute et recouverts de trois de leurs soldats morts. Le combat n'en continue pas moins : on se coupe la gorge avec les poignards. Pour sa part, d'Aubigné blesse encore trois ennemis en jouant de l'épée. Enfin, quatre compagnons le hissent sur un cheval et le sauvent blessé en cinq endroits. En ce récit, comme en beaucoup d'autres, d'Aubigné, qui se rappelle son Montluc, donne aux jeunes capitaines des conseils précis, tirés de l'action même qu'il vient de raconter. Nous nous demandons

1. *Histoire universelle*, t. II, col. 908.

quel profit possible, au point de vue de l'art militaire,
de ces boucheries presque invraisemblables. Le roi de
Navarre appela « menteur »[1], le jeune Bacouë qui
lui rapportait à Agen ce combat et les exploits de
d'Aubigné. Il est vrai, si nous l'en devons croire, que
le roi est jaloux de son serviteur.

C'est à ce terrible combat de Castel-Jaloux (1577)
que nous devons *les Tragiques*. Retenu au lit par ses
blessures, enflammé d'une fièvre dont l'œuvre a gardé
la trace, le poète en dicte « au juge du lieu les premières clauses[2]. »

La paix s'est faite, en 1577, sans aucun profit pour
d'Aubigné. A vingt-cinq ans, il n'est encore qu'écuyer
du prince et lieutenant. En vain ceux de Castel-Jaloux
le réclament comme successeur de Vachonnière, en
vain il s'empare de villes et de places, le ressentiment
du roi ne lui permet pas d'espérer le moindre gouvernement. D'Aubigné dit adieu à ses amis, à son
maître, non sans lui reprocher « ses douze playes sur
son estomac. » Il a résolu de s'attacher au service de
Casimir, fils du duc de Bavière, mais « en arrivant à
Saint-Gelais, notre malcontent vit par une fenêtre Su-
sanne de Lezay (de la maison de Vivonne) et fut tellement picqué de cet amour, qu'il trouva son Allemagne
chés les sieurs de Sainct-Gelais et de la Boulaye[3]. »
Ce nouvel amour, mêlé d'impatience de repos, ne devait pas laisser longtemps d'Aubigné au logis et
l'empêcher de reprendre ses courses en Gascogne.

C'est à peu près à cette époque que se place un
épisode douloureux. On a reproché, non sans raison, à

1. *OEuvres complètes*, t. Ier, p. 34.
2. *OEuvres complètes*, t. Ier, p. 33.
3. *OEuvres complètes*, t. Ier, p. 37.

notre capitaine d'avoir fait égorger vingt-deux soldats
de Dax qui s'étaient jetés par terre pour demander la
vie. Il n'est que juste d'ajouter que cette troupe avait
été surprise « conduisant trois damoiselles condamnees
à Bourdeaux d'avoir la teste tranchee [1], » et que le
chef huguenot, lorsqu'il ordonnait cette exécution
« en memoire des prisons de Dax [2] », ne faisait qu'user
de représailles ; et la preuve c'est qu'il rendait en même
temps les armes et les chevaux à vingt cavaliers du
vicomte d'Orte [3], les chargeant de rapporter à leur
gouverneur « le different traitement qu'on faisait aux
soldats et aux bourreaux. » L'historien a conscience de
« ces choses horribles et desnaturees, » mais les regarde évidemment comme la loi et le droit de la guerre.

Bornons-nous à mentionner l'entreprise sur Li-
moges, où notre capitaine joue un rôle important, et la
trop longue leçon qu'il donne à ce propos « aux courages qui se confient aux intelligences [4]. » L'historien
entend par là les places surprises, non de vive force, mais
par connivence et trahison. Brouilles continuelles, suivies de réconciliations, telle est, en deux mots, l'histoire

1. *Histoire universelle*, t. II, col. 915.
2. Au moment de la Saint-Barthélemy, on avait mis en pièces
les hommes, femmes et enfants, qui y avaient cherché leur sûreté (*Histoire universelle*, t. Ier, col. 160).
3. Le gouverneur de la frontière d'Orte, refusant de prêter les
mains à la tuerie, avait adressé au roi cette belle réponse :
« Sire, j'ai communiqué le commandement de V. M. à ses fidelles
habitans et gens de guerre de la garnison. Je n'y ai trouvé que
bons citoyens et braves soldats, mais pas un bourreau : c'est pourquoi, eux et moi, supplions très humblement vostre ditte Majesté
vouloir employer en choses possibles, quelques hazardeuses
qu'elles soyent, nos bras et nos vies, comme estant, autant
qu'elles dureront, Sire, vos trés, etc. » (*Histoire universelle*,
liv. Ier, col. 560.) On sait que l'authenticité de cette réponse a
été fortement contestée.
4. *Histoire universelle*, t. II, col. 988.

des rapports entre le roi et d'Aubigné. C'est un ménage d'amoureux qui ne peuvent ni vivre ensemble, ni se quitter. Quatre lettres écrites par le maître sont dédaigneusement jetées au feu par le serviteur; enfin, sur le bruit de sa mort, le Béarnais ayant « montré un grand deuil et perdu quelques repas, » le mutiné, incapable de résister à de si touchants témoignages, se décide au retour et est reçu « avec caresses et promesses expiatoires. »

Toujours ombrageux et batailleur, d'Aubigné veut bien confesser ses fautes à la postérité, comme à ses enfants; ainsi il avoue celle qu'il commit au siège de Blaye [1] : l'oubli des échelles et encore sa vanité, quand il jura Dieu, un peu trop tôt, « qu'il estoit roi de Blaye; » mais il ne souffre pas qu'Usson, gouverneur de Pons, conte « l'affaire au desavantage de l'entrepreneur. » Usson est forcé de se démentir, de signer une déclaration du roi de Navarre que les enfants de d'Aubigné « trouveront aux papiers du pere et garderont comme tiltre d'honneur. »

Nous ne reprocherons pas à l'historien une page consacrée au souvenir d'un frère cadet, bien digne de son ainé : « J'en dis beaucoup, mais c'est un frere [2]. » Mot touchant, dicté par le cœur plus que par la vanité. Cet Aubigné se fit tuer bravement à la tête de trente des siens. « Voici de la cavallerie, » lui avait crié un vieux soldat : « Ce ne sont que des bestes de plus, » avait-il répondu. Et pourtant son aîné, qui ne prêchait pas d'exemple, il est vrai, l'avait gourmandé sur sa témérité : « Tu as gaigné reputation de soldat, ne sois pas avare de ta

1. *Histoire universelle*, t. II, col. 1013, et *Œuvres complètes*, t. Ier, p. 40-41.
2. *Histoire universelle*, t. II, col. 1036.

vie, mais mesnager. » « J'aurai bientost le plaisir d'estre homme, ou celui de n'estre plus, » repartit l'intrépide jeune homme. Bon sang ne pouvait mentir. Il fut enterré « dans les sepultures » des ducs de Thouars, des la Trémoille, ces dévoués partisans de la *Cause*, ces fidèles amis de d'Aubigné.

Neuf colonnes sont consacrées au siège de Montaigu[1]; mais aussi, que de « gentils exercices de guerre! » En quatre mois, quarante ou cinquante escarmouches ! Le récit n'en semble pas moins agréable à l'historien que l'exécution ; pourtant il ne nous en raconte que quatre, la dernière avec plus de complaisance; plus glorieuse, dit-il, « pour ce qu'elle se fit contre raison. » D'Aubigné est toujours ce paladin du moyen âge qui se bat pour le seul plaisir de la bataille.

Il est assez curieux de voir d'Aubigné, l'auteur présumé du *Divorce satirique*, et assurément l'ennemi de Marguerite de Navarre, qui le payait de retour, se faire le champion de la princesse insultée à la porte Saint-Jacques[2]. Tout le conseil a décidé que le roi de Navarre « doit se ressentir » « des vilains affronts[3] » qu'elle a reçus à Paris, mais tous, sauf d'Aubigné, « refusent l'execution. » Au nom du roi son mari, outragé en sa personne, il va réclamer « justice notable » et porter à la cour, au roi son frère, une sorte de défi hautain que Henri de France entendit avec un dépit tel qu'il mit brusquement la main sur son poignard. Un

1. *Histoire universelle*, t. II, col. 1033.
2. « Salern, capitaine des Gardes, la fit arreter et demasquer à la porte Sainct Jacques, comme elle partoit de Paris pour s'en retourner en Gascongne, trouver le Roi, son mari, avec lequel pourtant elle estoit en très mauvais mesnage. » (*Histoire universelle*, t. II, col. 1083.)
3. *OEuvres complètes*, t. Ier, p. 49.

trait que d'Aubigné ajoute en sa *Vie,* et pour lequel nous l'en croyons sur parole, c'est qu'il avait pris l'étrange résolution de tuer à gauche et à droite dans le cabinet, si on l'eût voulu poignarder.

Un des triomphes oratoires de d'Aubigné est celui qu'il remporta à Guistres[1] (1585), non loin de Coutras, où il devait aider bientôt à une autre victoire. Le Béarnais, déjà en butte aux fureurs de la Ligue, après avoir proposé de soumettre sa cause à un concile libre ou de démêler sa querelle en personne avec le duc de Guise, réunit en conseil soixante de ses partisans. La plupart proposent aux réformés de s'abstenir et de laisser le catholique ruiner le catholique. Le vicomte de Turenne, qui parle le premier, opine en ce sens, et avait déjà emporté vingt des voix suivantes, quand d'Aubigné, commandé à son rang, après un magnifique exorde, démontre que le parti ne peut rester seul désarmé, quand toute la France est en armes ; il demande qu'on ploie devant le roi les genoux, mais tout armés, qu'on prête le serment en tirant la main du gantelet, et il conclut : « Si nous nous desarmons, le roi nous mesprisera, notre mespris le donnera à nos ennemis ; uni avec eux, il nous attaquera et minera desarmez ; ou bien, si nous nous armons, le roi nous estimera ; nous estimant, il nous appellera ; unis avec lui, nous romprons la teste à ses ennemis[2]. » Certes, c'était là de bonne politique et une méfiance bien légitime treize ans

---

1. *Histoire universelle,* t. II, col. 1100.

2. Une partie de ce discours est attribuée à tort au duc de Caumont par l'éditeur des *Mémoires de Caumont de la Force (Mémoires de Th.-A. d'Aubigné* (1854). Note de M. Lud. Lalanne, p. 291). L'*Histoire universelle* parut du vivant du duc de la Force. L'argument est décisif. Nous savons d'ailleurs que d'Aubigné prêterait aux autres des discours plutôt qu'il ne leur en emprunterait.

après la Saint-Barthélemy. Aussi Duplessis-Mornay, le prince de Condé partagent-ils cet avis, et le Béarnais, sur la fin de ce discours, s'écrie : « Je suis à lui. »

La reprise des armes fut signalée par un terrible combat à Contré, en Poitou[1], qui dura onze heures, où d'Aubigné, assiégé dans une maison en feu, y soutient trois assauts, fait éteindre le feu par quelques ennemis enfermés avec lui, et se retire après une capitulation dont il a dicté les conditions. « Ce petit combat, ajoute l'historien, resveilla les uns et les autres à la guerre de laquelle on doubtait auparavant. » On le voit, nul ne vaut d'Aubigné, soit de la langue, soit du bras, pour engager ou ranimer la guerre.

Notre capitaine faillit obtenir une charge importante au siège d'Angers[2], entrepris par le prince de Condé ; mais comme le prince « un soir, en sa garde-robbe, disposait de sa conqueste d'Anjou, à la façon de Picrocole, » parmi les membres du « Conseil de la chaire-percee, » c'est-à-dire au milieu de ses valets de chambre, il fut détourné par leur jalousie d'accorder cette faveur à d'Aubigné. Celui-ci, qui fut du moins à la peine dans cette fâcheuse campagne, en la retraite surtout, aurait dû s'estimer heureux, malgré cette blessure d'amour-propre, de n'avoir pas assumé la responsabilité des désastres de Brouage et d'Angers.

Tout semble désespéré pour le Parti (1586) ; Saint-Jean-d'Angely, la Rochelle sont en proie à la peste, à la famine. A peine trois ou quatre vaillants chefs « gardent-ils quelque semence de troupe à leurs dépends[3]. »

1. *Histoire universelle*, t. II, col. 1105.
2. *Histoire universelle*, t. II, col. 1122.
3. *Histoire universelle*, t. III, col. 13.

Sur ces entrefaites, se tint un conseil entre le duc de Rohan, le comte de Laval, Saint-Gelais, le corps des Rochelois et autres de marque, où l'on délibéra de confier à d'Aubigné le soin de remettre en forme les compagnies ruinées et de « relever l'enseigne d'Israël[1]. » Celui-ci répondit d'abord « que son dos, tout escorché du fardeau qu'on lui avoit laissé à la retraite d'Angers, estoit incapable d'une nouvelle pesanteur. » Mais le crédit des grands, l'acclamation des gens de guerre, les « violentes suasions et menaces » des Ministres, les libéralités même des Rochelois fléchirent sa résolution, et la douceur qu'il éprouvait « à n'avoir plus le soin que de soi. » A la tête d'un corps d'environ deux mille hommes, il recouvre Tors et quelques autres « bicoques. » Accablé de famine et de pauvreté, il se résout, avec cinq cents hommes triés, à « s'aller perdre ou establir dedans l'isle d'Oleron[2]. » D'Aubigné finit par s'en emparer après de rudes assauts, ayant combattu tout le temps « en chemise[3], » et confesse que, par pure vanité, il affronta sans nécessité la mousqueterie, monté dans un bateau avec deux compagnons. L'un d'eux, légèrement blessé, s'écrie, narguant l'ennemi, après le passage : « Pendez-vous, bourreaux, car c'est le Gouverneur d'Oleron ! » D'Aubigné voyait enfin réalisé son rêve, il était gouverneur d'une place ! Mais il ne devait pas longtemps conserver sa charge. Surpris hors de son fort par deux grosses troupes, quoique séparé des siens, il repousse l'ennemi à coups d'épieu, mais à la fin demeure prisonnier de Saint-Luc. Nou-

1. *OEuvres complètes*, t. Ier, p. 54.
2. *Histoire universelle*, t. III, col. 16.
3. *OEuvres complètes*, t. Ier, p. 55.

veau Régulus, il s'en va, sur sa foi, à la Rochelle, et, malgré la connivence amicale de son vainqueur, en revient pour subir la peine de mort[1]. La nuit même où il allait repartir, la prise d'un lieutenant du roi permit un échange de prisonniers et le sauva.

S'il faut en croire d'Aubigné, la magnificence avec laquelle le nouveau gouverneur traita le roi de Navarre et ses courtisans dans son île excita l'envie du maître et des serviteurs. On ne peut s'empêcher de songer, en souriant, toute proportion gardée, à Louis XIV jaloux de Fouquet et à la fête de Vaux. L'auteur de la *Vie* nous raconte bien d'autres « picoteries, » mais ce qu'il ne put endurer, ce fut la vente à Saint-Luc, un ennemi, de son gouvernement d'Oleron, si chèrement « acquis[2]. » Son ressentiment fut tel qu'il songea un instant, à cette époque, à changer de religion ; s'il n'en fit rien, c'est qu'il ne parvint pas, malgré tous ses efforts, « à trouver en la Romaine une miete de salut. »

D'Aubigné, après une rude, mais heureuse campagne contre Joyeuse, était tombé malade pendant quatre mois ; avant même complète guérison, il se trouvait aux côtés du Béarnais, à la victoire de Coutras[3] (20 octobre 1587), la première bataille rangée gagnée par les Protestants. Il prit place avec les Maréchaux de camp, « servit le Roy d'Esquier » et « fut cinquieme à la disposition de l'armee, où son maistre ne refusa point ses advis. » C'est « par son conseil opiniastré »

1. Voir aux *Poésies religieuses :* Priere de l'autheur prisonnier de guerre et condamné à mort (*Œuvres complètes,* t. III, p. 304).

2. *Œuvres complètes,* t. Ier, p. 58.

3. *Œuvres complètes,* t. Ier, p. 60.

que fut rectifiée une mauvaise disposition de l'armée
des Réformés, qui n'avaient à leur gauche aucune infanterie. Si, dans l'*Histoire*, le narrateur s'efface devant
le roi, la Trémoïlle, Harambure, ses grands amis, et
une foule d'autres seigneurs et gentilshommes de
marque, il se remet en scène dans sa *Vie* et complète
le récit d'un duel pendant la bataille, où « le compagnon de Foliquerolles [1], » passa l'espée en la vi-
sière de Vaux. Ce compagnon, qui « perçea la teste [2] »
de son adversaire, c'est lui-même. La Roche Chandieu
ayant commencé la prière, d'Aubigné fait entonner
son psaume favori : « La voici l'heureuse journée. »
Plusieurs catholiques s'écrièrent : « Ils tremblent, les
poltrons, ils se confessent. » Vaux, « qui avoit plus
souvent frotté ses genoux avec ces gens-là que les
courtisans, » répondit : « Quand les Huguenots font
cette mine, ils sont prests de se bien battre [3]. » En rendant ainsi justice à son ennemi, le vainqueur relève
encore sa victoire.

On sait comment le roi, « donnant sa victoire à l'a-
mour, » en perdit le fruit. Suivi d'une troupe de cavalerie, il perça toute la Gascogne pour aller porter
drapeaux et trophées aux pieds de la comtesse de
Gramont, lors en Béarn. Le prince était au plus fort
de sa passion pour « la belle Corisandre. »

C'est au retour du siège de Beauvais-sur-Mer qu'il
faut placer un entretien que le Béarnais eut, à ce sujet,
entre Saint-Jean et la Rochelle, avec le vicomte Turenne et d'Aubigné. L'amoureux monarque avait fait
promesse absolue de mariage ; après avoir exposé ses

1. *Histoire universelle*, t. III, col. 86.
2. *OEuvres complètes*, t. Ier, p. 61.
3. *Histoire universelle*, t. III, col. 83.

perplexités à ses deux confidents, « il pria l'un et commanda à l'autre » de lui donner leur avis le lendemain. Le vicomte « apprehendant le paquet » esquiva cette délicate consultation en gagnant de nuit Marans. D'Aubigné n'eut garde de manquer l'occasion d'un service à rendre et d'un édifiant discours à prononcer[1]. Le roi remercia son conseiller et ajourna ses projets d'union à deux années ; c'était plus qu'il n'en fallait pour tourner ailleurs ses volages désirs. C'est ainsi que Sully devait plus tard s'efforcer de refroidir la passion de son maître pour Gabrielle d'Estrées, mais cette fois, l'amour, aggravé de longue accoutumance, menaçait, sans le poison, de couronner la maîtresse reine de France.

Après Coutras, le roi se sentant les coudées plus franches, songea à réaliser « un notable projet » dont d'Aubigné l'avait entretenu dès l'année 1570. En s'assujettissant les embouchures de la Loire et de la Vilaine, et fortifiant Saint-Nazaire, Guérande, le Croizic par un système de retranchements, on s'assurait des revenus considérables sur les rivières et la domination absolue sur toute la contrée. Dix-huit ans après, le roi revint à ce projet, mais n'en voulut confier l'exécution ni à La Nouë, ni au vicomte de Turenne, parce qu'il craignit « de rien ajouter à la gloire de l'un et à la puissance de l'autre. » L'affaire fut mise entre les mains de Duplessis-Mornay, « plus au roi, plus ductile à ses volontés » et d'Aubigné forcé, « comme autheur et necessaire à la besogne, d'y assister. »

La fin de cette année (décembre 1588) voyait s'accomplir le drame des états de Blois. Le duc de Guise

---

1. *Œuvres complètes*, t. Ier, p. 62.

« absous des offenses passees, estoit condamné à mort
pour les crimes à venir [1], » et Catherine, languissante,
mourait le mois suivant, « accablee, disait-elle, des
ruines de sa maison [2]. » Amis, ennemis, disparaissaient
de la scène politique et d'Aubigné, après quinze années de dévouement, attendait en vain du hasard et
de son courage un gouvernement. Un heureux coup de
main le rendait enfin maître de Maillezais qui demeurait « à son preneur [3]. » Ce fut, écrit-il dans sa *Vie*,

1. *Histoire universelle,* t. III, col. 210.
2. « Ses devins lui ayans predit dés sa jeunesse qu'elle seroit
accablee des ruines d'un edifice, sur cette crainte, elle faisoit appuyer les maisons et planchez où elle logeoit. Ceux qui interpretent
les propheties aprés leurs effects expliquent... que l'edifice ruiné
estoit la maison de Guise. » (*Histoire universelle*, t. III, col. 214.)
3. *OEuvres complètes,* t. Ier, p. 65.
D'Aubigné qui appréciait un gouvernement situé à quelques
lieues de Surimeau et de Mursay, domaines appartenant à sa
femme, nous apprend l'état où se trouvait alors sa conquête :
« Maillezais commençoit d'estre une bonne place, comme forti-
fiee par les deux partis. Il y avoit dedans 70 soldats, une couleu-
vrine bastarde, quelques autres petites pieces, assez de magasins
pour bouche et pour guerre. » (*Histoire universelle*, t. III, col. 220.)
Un biographe de d'Aubigné et de sa famille trace en ces termes
la description des lieux : « L'abbaye ou la forteresse de Maillezais, située au confluent de la Sèvre avec l'Autise, non loin du
confluent de la Vendée, dominait les cours de ces trois rivières
qui, pour le commerce, avaient alors une grande importance. Le
hameau dit la *Porte de l'Isle* était l'unique entrée de l'île de
Maillezais, et l'on voit encore les restes du pont-levis, des tours
et des fossés qui en formaient la défense. De tous les autres
côtés, l'île est inaccessible. Dans la partie la plus sèche est le
bourg de Maillezais, autrefois peuplé et important, aujourd'hui
fort triste et peu habité. C'est à l'extrémité de ce bourg, sur une
éminence peu sensible, qu'était bâtie l'abbaye de Maillezais, aujourd'hui détruite. Elle avait de fortes murailles, de hautes tours,
des douves profondes et, par sa situation dans une île envelop-
pée de marais, formait une position militaire très importante. »
(Lavallée, *La famille de d'Aubigné et l'enfance de M*[me] *de
Maintenon*, p. 2 et 3.)
Maillezais était le siège d'un évêché. La correspondance de
d'Aubigné fournit trois lettres adressées à l'évêque de Maillezais.

« au regret de son maistre, qui luy ordonna le plus
miserable estat qu'il peut, pour le faire desmordre,
mais il estoit trop las de courir. » S'il est permis de ré-
voquer en doute une poursuite aussi acharnée contre
un bon serviteur, on est du moins convaincu de sa
véracité, quand il ajoute que « cette retraite fut le
premier repos qu'il eust essayé depuis l'aage de quinze
ans jusques à trente-sept, ou environ, qu'il avoit lors ;
pouvant dire avec verité que, hormis les temps des
maladies et des blessures, il ne s'estoit point veu quatre
jours de suite sans courvee. »

CHAPITRE IV

A la mort de Henri III, de ce prince « digne du
royaume, s'il n'eust point regné [1], » le Béarnais se
trouvait « demi-assis sur un trone tremblant. » Plutôt
mourir de mille morts que souffrir un roi huguenot !
Telle était la pensée des chefs catholiques, et Dam-
pierre « fit ouïr tout haut ce que les autres serroyent
entre les dents. » C'était à faire aux fidèles de la première heure d'achever leur œuvre. Le roi, tout troublé,
« s'était retiré en une garde-robbe ; » il prit d'une
main la Force, et de l'autre un « Gentilhomme des
siens. » La Force s'étant excusé, « l'autre, » c'est d'Aubigné, prononce un de ces discours un peu solennels
et qui sentent plus le travail que l'improvisation. Il
le convie à « s'appuyer aprés Dieu sur les espaules
fermes, et non sur ces roseaux tremblants..., à serener
son visage, » à songer qu'il est le plus fort, et capable,
n'était « sa douceur accoustumee et bienseante à la dignité royale, d'un clin d'œil de faire sauter par les
fenestres tous ceux qui ne le regardent point comme
le Roi [2]. » Henri IV devait user de moyens moins vio-

---

1. *Histoire universelle,* t. III, col. 253.
2. *Histoire universelle,* t. III, col. 255.

lents et plus sûrs ; s'il n'était pas aussi bien disant que son fougueux écuyer, il savait mieux prendre les hommes et gagner les consciences.

Il ne semble pas que d'Aubigné ait assisté à la victoire d'Arques, car, non seulement il ne se nomme ni ne se désigne sous aucun titre dans la *Vie* et dans le chapitre de l'*Histoire* consacré à cette action, mais il raconte en le terminant que, quelques jours après son arrivée en l'armée du roi, celui-ci « le conduisit par la main en tous les endroits remarquables pour les combats. » L'historien se plaint que « la confusion des memoires l'empesche de dire les chefs des bataillons [1]. » S'il n'a pu donner son coup d'épée à Arques, nul n'a loué plus magnifiquement les soldats en rapportant le mot de Mayenne. D'Aubigné pressait le vaincu d'expliquer sa défaite par quelques défauts de son armée : « Qu'on die que c'est la vertu de la vieille phalange huguenotte et de gens qui, de père en fils, sont apprivoisez à la mort [2]. »

Rien ne prouve absolument que d'Aubigné fut à Ivry. Quelques détails précis semblent pourtant d'un témoin oculaire et d'un acteur, et rien n'empêche de penser qu'il faisait dans la disposition de la bataille partie de ce qu'il appelle « le gros du Roi [3]. »

L'historien dément la harangue prêtée au roi, ainsi qu'une prière en laquelle les auteurs n'ont pas observé « le langage de Canaan » et « le font parler à Dieu par *Vous*; » mais il laisse au vainqueur les paroles consacrées, prononcées « d'un visage riant. » « Mes

---

1. *Histoire universelle*, t. III, col. 318.
2. *Histoire universelle*, t. III, col. 399.
3. *Histoire universelle*, t. III, col. 317.

compagnons, si vos cornettes vous manquent, ralliez-vous à mon panache blanc, vous le trouverez au chemin de l'honneur et de la victoire. »

La présence de d'Aubigné au siège de Paris est attestée par deux épisodes. « Il me souvient[1], lisons-nous dans l'*Histoire*, qu'ayant retiré en une partie de mon logis quatre femmes et dix-huit petits enfans beaux et plaisants, comme enfans de Paris, au retour d'une cavalcade, nous trouvasmes tout mort et quatre corps incognus qui servoyent de porte au logis ; tous les matins, nous avions de tels huissiers à monceaux. » Il prend sur sa foi, « appuyee de sa veuë » un phénomène étrange, produit par la foudre, sur deux seigneurs, en la maison royale de Chaliot, où le roi était allé « pour festiner dix de ses privez[2]. »

La *Vie* et l'*Histoire*[3] assignent un rôle assez important à notre maître de camp à Chelles et à Lagny. Ce Gentilhomme légèrement blessé dans une escarmouche et « dont il est marri de ne pouvoir donner le nom, » se nomme dans sa *Vie*. Pour la discussion militaire entre le roi, Biron et le *tiers*, d'Aubigné, en croyant lever le voile de l'anonyme dans la *Vie*, oublie qu'il a signé cette conversation dans l'*Histoire* de son *Aleph* ou signe particulier[4]. Il y soutenait que ce qu'on jetait dans Lagny « estoit ce qu'il falloit pour perdre et non pour secourir, » et, si son conseil eût été suivi, peut-

1. *Histoire universelle*, t. III, col. 326.
2. *Histoire universelle*, t. III, col. 327. Ce récit se retrouve, accompagné de détails étranges et qui ne sauraient trouver place ici, au chapitre VII du *Sancy* (*Œuvres complètes*, t. II, p. 285).
3. *Histoire universelle*, t. III, col. 331. *Œuvres complètes*, t. Ier, p. 67.
4. Ce signe était celui-ci : ./·

être Lagny n'eût pas été emporté « sous la moustache
du Roy » et la route de Paris ouverte au duc de Parme.

En cette année (1591), d'Aubigné, de retour en
Poitou, sous les ordres de la Boulaye, y accomplit
quelques-uns de ces exploits auxquels il nous a habitués. Ainsi, à la Boucherie[1], il se fait enlever par ses
soldats au haut de la muraille et de là, « s'estant jetté
au bas, accompagné d'un seul Gentilhomme, donne
aux basses-cours, mesle ceux qui se retiroient au chasteau » et y entre avec eux. Montreuil, près Poitiers,
est encore emporté par sa témérité, après un rude
assaut.

Deux entreprises tentées sur Maillezais furent dé-
jouées par son Gouverneur. Il fit pendre les traîtres
qui avaient ménagé la première et « degousta » le
chef qui avait mené la seconde. Ces efforts sur Maillezais s'expliquent par l'espoir qu'avaient conçu les
Ligués de délivrer leur roi Charles X, le cardinal de
Bourbon, dont la garde avait été confiée à d'Aubigné[2],
malgré les avis de Duplessis-Mornay. Il montra pourtant combien il en était digne, en bravant le poignard
du capitaine Dauphin et repoussant avec indignation
les deux cent mille ducats offerts par la duchesse de
Retz.

Au siège de Rouen, d'Aubigné fut contraint de s'a-
vouer vaincu en témérité par le roi (c'est le plus bel hommage à ses yeux). Un jour l'Anglais Roger Willems et
lui *n'osèrent*, au moins sur le moment, suivre Henri qui
venait de passer la rivière en poussant son cheval et le
forçant, « que du ventre, que des pieds, » à la traverser

1. *Histoire universelle*, t. III, col. 342.
2. *OEuvres complètes*, t. 1er, p. 71-72.

sur un batardeau. « Ici je me nomme, s'écrie l'historien, pour donner gloire à mon maistre aux despens d'un des plus vaillans hommes du monde et aux miens[1]. » D'Aubigné n'a pas un accent aussi solennel pour Coutras et Ivry. Ne dirait-on pas, dans ces bravades où l'enjeu n'est qu'un point d'honneur parfois puéril, qu'il existe une sorte de rivalité jalouse entre le maître et le serviteur et que l'admiration désarme un instant le vaincu en présence d'une folie supérieure à la sienne ?

D'Aubigné ne manque jamais de s'incliner devant ces actes de témérité et le mépris de la vie, qu'il s'agisse d'un roi ou d'un bouffon. Ainsi il paie en passant sa dette à Chicot [2], « bouffon quand il vouloit, » qui, acharné à la poursuite de Mayenne, s'était fait tuer entre les jambes cinq chevaux en deux ans, et périt d'un coup d'épée au siège de Rouen.

1. *Histoire universelle*, t. III, col. 359. D'Aubigné rappelle dans sa *Vie* (*OEuvres complètes*, t. Ier, p. 67) cet honneur rendu au prince à ses dépens. A ce moment, par hasard, maître et serviteur semblent contents l'un de l'autre. « En ce siege, dit le second, le roi l'honora de sergent de bataille à la presentation du duc de Parme. »

2. *Histoire universelle*, t. III, col. 361.

CHAPITRE V

D'AUBIGNÉ ET HENRI IV APRÈS SA CONVERSION.

Henri s'acheminait avec une lenteur décente vers la conversion. En juillet (1593), on l'avait vu assister pour la dernière fois au prêche, à Mantes[1]; le 21 de ce mois, après une conférence théologique avec des évêques et une honorable défense, il était entré solennellement dans l'église de Saint-Denis, où il se confessa et ouït la messe. L'année suivante (février 1594), à défaut de la cathédrale de Reims, encore fermée au nouveau converti, il allait se faire sacrer à Chartres, prêter serment, suivant l'antique formule « d'exterminer les hérétiques, » pour entrer enfin, le mois suivant, à Paris et entendre le *Te Deum* à Notre-Dame.

L'absolution papale devait se faire encore attendre dix-huit mois. Le souverain pontife la voulait faire acheter, et le roi de France était moins pressé de payer la réconciliation définitive au prix de concessions importantes et de publiques humiliations, joyeusement acceptées d'ailleurs par d'Ossat et du Perron, dans l'intérêt de Henri et de l'Église. Que pouvait cependant d'Aubigné pour prévenir ou combattre ces résolutions?

1. *Histoire universelle*, t. III, col. 410.

Tandis que son maître était travaillé à Dreux par d'O,
dont il nous donne le discours, lui, ne manquait pas de
profiter des occasions de remontrer au néophyte « la
difference qu'il y avoit d'estre roi par la victoire ou
par la soumission ; » mais l'intérèt, la politique, la
raison d'État, l'amour (car la duchesse de Beaufort
avait été gagnée par l'espoir du mariage), la peur des
jésuites (car l'attentat de Barrière donnait à réfléchir
au roi) ; tout conspirait pour fermer ses oreilles à l'éloquence désespérée d'un La Roche Chandieu, « qui depuis languit jusques à la mort de desplaisir[1], » d'un
Duplessis-Mornay, d'un d'Aubigné.

Agrippa raconte qu'il arriva, pour le siège de la Fère,
à Chauny, «portant le deuil de sa femme, morte quelques mois auparavant[2]. » Il devint donc veuf vers la
fin de 1595, ou dans les premiers mois de 1596.
Sa douleur et l'amertume de la conversion royale
n'étaient point faites pour adoucir l'humeur de d'Aubigné, qui se retira dans son gouvernement. Dès lors,
l'*Histoire* ne lui prête plus aucun rôle militaire officiel,
et la *Vie* ne nous révèle plus guère que de dures
paroles, de sévères avertissements, des actes de méfiance ou de sourde hostilité. On peut dire que, dès
1595, d'Aubigné n'est plus un maréchal de camp, au
service du roi, mais une sorte de prédicant et un chef
de mécontents, aussi peu satisfait de son parti que de
ses adversaires.

S'il vient au siège de la Fère, c'est surtout pour
démentir par sa présence les sentiments de dépit et de
crainte qu'on lui prêtait, car on allait jusqu'à dire que

---

1. *Histoire universelle*, t. III, col. 503.
2. *OEuvres complètes*, t. I⁰ʳ, p. 68.

le roi avait juré en pleine table de le faire mourir. Un jour[1], pendant ce siège, il se présenta au logis de la duchesse de Beaufort, où le roi devait venir, et se plaça entre les flambeaux qui l'attendaient. Le prince l'apercevant dit : « Voilà Monsieur, Monseigneur d'Aubigné », lui mit la joue contre la sienne, le fit promener plus de deux heures entre la duchesse et lui. C'est là qu'il prononça cette sombre prédiction, quand Henri lui montrait sa lèvre percée par le couteau de Chastel : « Sire, vous n'avez encore renoncé Dieu que des lèvres, il s'est contenté de les percer; mais quand vous le renoncerez du cœur, il vous percera le cœur[2]. »

Le roi a encore quelques retours vers son compagnon, quelques mouvements de confiance amicale. Un jour il lui met sur les bras « le petit Cesar », le duc de Vendôme, fils de Gabrielle, lui demandant de l'élever en Saintonge. Une autre fois[3], le prince, attaqué à Traveci d'une grave maladie, semble le traiter en ministre et directeur de conscience. Il se met en prières et l'entretient quatre heures de ses péchés et de cas théologiques; mais s'étant trouvé

1. *Œuvres complètes*, t. Ier, p. 68.
2. *Œuvres complètes*, t. Ier, p. 69 et *Histoire universelle*, t. III, col. 518. D'Aubigné rappelle ainsi dans les *Tragiques* sa sinistre prédiction :

> Quand ta bouche renoncera
> Ton Dieu, ton Dieu la percera,
> Punissant le membre coupable...
> Quand ton cœur, desloyal mocqueur,
> Comme elle sera punissable,
> Alors Dieu percera ton cœur.

(Préface des *Tragiques*, *Œuvres complètes*, t. IV, p. 24.)

3. *Histoire universelle*, t. III, col. 518.

mieux le lendemain, « il ne voulut plus l'ouïr parler. »

Tandis qu'à certains moments la conscience de Henri semble parfois traversée de remords fugitifs, celle de d'Aubigné n'est travaillée d'aucune hésitation ; il poursuit son rôle d'opposition religieuse plus encore que politique. Voilà pourquoi, au synode de Saint-Maixant, aux assemblées de Vendôme, de Saumur, de Loudun, de Châtellerault, on le trouve toujours au premier rang, « s'affrontant sur le tapis » aux députés du roi, imposant silence au président Lefresne Canaye, qui s'était vanté au prince de lui acheter « tous les hommes de bonne maison ; » voilà pourquoi chacun déchargeait sa haine sur « le *bouc du desert* [1] ; » voilà pourquoi nous verrons plus tard le théologien descendre en champ clos, pour se mesurer avec le redoutable convertisseur du Perron, avec le père Cotton lui-même.

Aux diverses assemblées où furent débattus les intérêts des deux religions [2], Vic, conseiller d'État, Calignon, chancelier de Navarre, Schomberg, le président de Thou, le secrétaire Villeroi étaient les députés royaux. Le duc de Thouars (La Trémoïlle) avait

---

1. *OEuvres complètes,* t. Ier, p. 71. *Histoire universelle,* t. III, col. 634.

2. D'Aubigné raconte qu'à l'assemblée de Châtellerault, sur une certaine affaire « très implicite » entre le Roy, le prince d'Orange, les Eglises de Dauphiné et de Languedoc, et autres intéressés, il avait rédigé un mémoire avec une telle rapidité que l'assemblée le reprit de n'avoir pas commencé sa besogne qu'elle était achevée. Il ajoute « qu'il avoit tousjours estimé cest écrit le plus heureux de tous les siens. » (*OEuvres complètes,* t. Ier, p. 78.)

On comprend que rien de cette rapide improvisation, dont il n'avait pu garder un double, ne se soit retrouvé dans les papiers de l'auteur.

été choisi avec du Plessis-Mornay, le ministre Chamier et d'Aubigné, pour « contester sur le tapis les matieres » qui n'eussent pu, sans trop de confusion, être digerees par le corps d'une assemblee qui estoit lors de 70 testes et quelque fois de 80 [1]. » Ces quatre membres formaient une sorte de commission, un bureau pour le travail préparatoire. Le président prit le premier la parole, rappelant que Schomberg était luthérien et « pas trop esloigné d'un bon Huguenot, » que, « depuis deux cents ans, les pupilles de la Tremoïlle ont eu ceux de Thou pour curateurs. » Il avertit que les concessions du roi ne peuvent que diminuer, et finit par proposer aux députés réformés le choix de dix maîtres de camp et de deux maréchaux de camp, « entre leurs confidens, » largement appointés sur l'impôt de Charente. La Trémoïlle repoussa ces offres de corruption : « Quand vous me donneriez la moitié du Royaume, refusans à ces pauvres gens, qui sont à la salle, ce qui leur est necessaire pour servir Dieu librement et seurement, vous n'auriez rien avancé; mais donnez-leur ces choses justes et necessaires, et que le Roy me face pendre à la porte de l'assemblee, vous aurez achevé et nul ne s'esmouvra. » Le président demanda à d'Aubigné « s'ils avoient beaucoup de tels Huguenots? » Le Parti ne comptait plus beaucoup d'hommes de cette trempe, « de ces fideles partisans, » s'il faut en croire d'Aubigné lui-même, qui ne tarda pas à se retirer « à cause des corruptions et pensions. » On a vu le marché que le président Canaye proposait au roi, et voici le langage que ce dernier tenait un jour à notre auteur : « Je ne vous ay point encore parlé de vos

---

1. *Histoire universelle,* t. III, col. 623.

assemblees, où vous avez failli à tout gaster, car vous estiez bon, et je corrompois tous vos plus grands, si bien que j'en ai fait un mon espion et vostre traistre pour 600 escus....... Mais quoy, pauvres gens, vous estiez peu qui travailliez aux affaires, et le reste à leurs bources et à gagner mes bonnes graces à vos despens. Je puis me vanter qu'un homme des meilleures maisons de France ne m'a cousté à corrompre que 500 escus. » Si le propos est vrai, il faut avouer que ces traîtres mettaient leurs consciences à moins haut prix que les ligueurs et seigneurs catholiques. C'étaient, il est vrai, de *pauvres gens*. Sans doute le roi achetait tout ce qui était à vendre et payait plus cher les corruptions que la fidélité. Il est juste de remarquer aussi qu'il avait intérêt à exagérer ces tristes conquêtes. Nous avons vu la réponse de la Trémoïlle au président de Thou ; celle de d'Aubigné au roi en est le digne pendant : « Je sçay que tous nos plus apparents, hormis Monsieur de la Tremoïlle, vendoyent leur peine à V. M., comme estant là pour ses affaires ; je mentirois si je vous en disois autant ; j'y estois pour les Esglises de Dieu avec autant plus de juste passion qu'elles estoient plus abaissees et plus affoiblies, vous ayant perdu pour protecteur. Dieu misericordieux ne veille pas laisser d'estre le vostre ; Sire, j'ayme mieux quitter vostre royaume et la vie, que de gagner vos bonnes graces en trahissant mes freres et compagnons [1]. »

Un des griefs du roi contre son écuyer, c'est « qu'il avoit trop aimé la Tremoïlle. » En effet, en dépit du roi, d'Aubigné, même dans le danger, resta fidèle à cette

---

1. *OEuvres complètes*, t. Ier, p. 75.

amitié. Il reprocha un jour à son ami qui le conviait
par lettre « à venir, selon leurs jurements, mourir avec
lui, » de s'estre cru obligé à lui rappeler ses promesses et engagements. Apprenant que le roi avait
fait marcher quelques forces pour investir le duc de
Thouars, d'Aubigné n'avait pas manqué de courir le
pays pour rallier leurs amis. Il ne se faisait pas illusion sur le danger de ces résistances, car un jour que
le duc, voyant la tête de quelques assassins exécutés,
changeait un peu de couleur : « Contemplez cela de
bonne grace, lui dit d'Aubigné, car faisant ce que nous
faisons, il se faut apprivoiser à la mort. » C'était sans
doute, à ce moment, exagérer le péril de la rébellion et
la puissance de la répression, que de prévoir le sort
d'un Biron, d'un Montmorency, mais les deux partisans étaient assez dévoués à la *Cause* pour le
braver.

Ce qui prouve d'ailleurs que les ressentiments de
Henri n'étaient ni bien terribles, ni surtout de longue
durée, c'est que, malgré ces menées pour le fait de
religion, nous retrouvons encore d'Aubigné deux fois
à la cour en cette année de 1609.

Nous l'avons vu témoigner à la duchesse de Beaufort une sympathie dont l'*Histoire*[1] a gardé les traces :
« C'est une merveille, écrit-il, comment cette femme
de laquelle l'extreme beauté ne sentoit rien de lascif,
a pu vivre plus tost en Roine qu'en concubine, tant
d'annees et avec si peu d'ennemis. » Gabrielle était
pourtant en proie à de sombres pressentiments, à
mesure qu'elle semblait s'approcher du trône. « Il me
souvient, raconte l'historien, que, quand il fut ques-

____

1. *Histoire universelle*, t. III, col. 643.

tion des mariages de Florence et d'Espagne, le Roy m'ayant donné à garder les deux premiers tableaux qu'il eut de ces Princesses, il me permit de les montrer à la Duchesse et prendre garde à ce qu'elle diroit. Son propos fut : Je n'ai aucune crainte de cette noire, mais l'autre me meine jusques à la peur [1]. » L'empoisonneur Zamet devait justifier cet effroi.

Une autre fois, d'Aubigné nous fait assister à une scène de réception à la cour. Le duc de Savoie, dans l'espoir d'y avancer ses affaires, faisait jonchée d'or, employait 400 000 écus en présents et se montrait si beau joueur à la *prime* que, le roi perdant sur un coup 4 000 pistoles, le duc montra ses cartes à Guise et à d'Aubigné et « aussi tost comme ayant perdu mesla les jeux ; » sur quoi, supplié par eux, le roi s'abstint de jouer désormais avec le duc.

Si violent partisan que fût d'Aubigné, sa violence aux intérêts des Réformés ne le faisait point consentir à certains moyens dont l'iniquité répugnait à sa conscience. C'est lui-même qui l'affirme en maint endroit et dans sa *Vie*, en nous révélant que le gouverneur de place qui repoussa des ouvertures compromettantes, c'est le gouverneur de Maillezais. Une vaste conspiration s'était ourdie avec la faveur ou l'appui du pape, de l'empereur, du roi d'Espagne et du duc de Savoie. On devait abandonner aux Réformés une partie de la France occidentale ; comme gage de foi, on leur remettait Lyon, Dijon. En un mot, c'était, sous prétexte de religion, un démembrement de la France, au profit de l'étranger et de quelques ambitieux. D'Aubigné, dans un long discours en trois points, plus

1. *Histoire universelle*, t. III, col. 636.

remarquable peut-être pour l'honnêteté que pour la forme, démontre la folie et l'iniquité d'un pareil projet, et le seigneur protestant lui-même (Bouillon), qui avait secrètement convoqué l'assemblée et ses neuf chefs, n'eurent qu'une voix pour l'approuver.

Une preuve que la rupture ne fut jamais définitive entre le roi et son sujet, c'est que, non seulement Henri délibéra de l'envoyer en Allemagne « comme ambassadeur genéral[1], » mais il en fit un des rares confidents du *grand dessein* et le lui communiqua « tout du long. » Le gouverneur de Maillezais, qui était en même temps « vice amiral de Xaintonge et de Poitou, » pour ne point demeurer « oiseux en si grand mouvement, pressait Henri d'envoyer une fleche vers le cœur à son ennemi, » c'est-à-dire de jeter une ou deux armees en Espagne, par Saint-Sébastien et Perpignan, et il se chargeait d'entretenir autour de l'Espagne deux flottes qui nourriraient l'armée conquérante. L'Espagne n'a jamais porté bonheur à ses envahisseurs ; le projet n'agréa ni au roi ni aux ministres[2].

Au moment où d'Aubigné prenait congé de son maître pour retourner en Saintonge, celui-ci lui dit : « Aubigné, ne vous y trompés plus, je tiens ma vie temporelle et spirituelle entre les mains du Sainct-Pere, veritablement vicaire de Dieu[3]. » C'était en mars 1610 ; D'Aubigné s'en revint « tenant non-seulement le

---

1. *OEuvres complètes*, t. Ier, p. 82.
2. Il revient sur ce projet dans l'*Appendice*. « Quelques riches marchans des costes de Guyenne, ameutez par un Vis-Amiral du pays, s'offrirent à nourrir l'armee, qui conquerroit l'Espagne, rendans à leurs perils et despens les vivres par toutes les villes et forts maritimes qu'on dresseroit au prix qu'ils estoyent lors à Paris. » (*Histoire universelle*, t. III, col. 739.)
3. *OEuvres complètes*, t. Ier, p. 83.

grand dessein pour vain, mais encore la vie de ce pauvre Prince condamnee de Dieu [1]. » Deux mois après, le couteau de Ravaillac accomplissait la parole fatidique, prononcée en présence du roi et de Gabrielle d'Estrées, et d'Aubigné, qui croit invinciblement à certains pressentiments, quand, au premier bruit, on lui affirme que « le coup estoit dans la gorge » répond « que ce n'estoit point à la gorge, mais au cœur, estant assuré de n'avoir point menty. »

L'*Appendix*, ou corollaire de l'*Histoire*, mêlé de prose et de vers, nous fait songer au mot du poète : *Exstinctus amabitur idem*. C'est l'hosannah triomphant, et quelque peu déclamatoire, du *grand dessein*; d'Aubigné avait oublié ces pages, quand il le condamnait presque dans sa *Vie*. Prédire la conquête de l'Europe, c'était aller plus loin que Henri IV et Sully lui-même dans leurs plus belles rêveries de l'*Arsenac*. Puis, après un court et sobre récit de l'attentat, « la plume lui tombe des mains, » ou plutôt il la passe à une femme, « dont l'esprit fut trié entre les delices du ciel, » Anne de Rohan [2], qui clôt le volume par treize stances célébrant les vertus du grand roi.

1. *OEuvres complètes,* t. Ier, p. 83.
2. Anne de Rohan, née en 1584, morte le 20 septembre 1646. (Voir *Recherches sur les poésies de Mlle de Rohan Soubise,* par Paul Marchegay (1874), qui a retrouvé 24 pièces de poésies de la princesse; et *Derniers récits du seizième siècle* par Jules Bonnet (1876), p. 227-350.

CHAPITRE VI

Après la mort d'Henri IV, d'Aubigné continue et
aggrave son rôle d'opposition. Il protesta en Poitou
contre l'élection irrégulière de la Régente, ce qui ne
l'empêcha pas d'être choisi par sa province pour aller
à Paris, « faire les soumissions. » Le conseil du roi fut
scandalisé de ne pas voir un seul des députés s'age-
nouiller. D'Aubigné répondit à Villeroy que nobles ou
ecclésiastiques « ne devoient au Roi que la reverence
et non l'agenouillement. » En vain la reine le fit
appeler quatre mois après et, deux heures enfermée
avec lui, essaya de le gagner. Elle lui offrait d'aug-
menter sa pension de 5000 francs, mais d'Aubigné
savait ce qu'on exigerait de lui en retour et voulait
rester indépendant. A l'assemblée de Saumur, il perdit
l'amitié de Bouillon qui trahissait les intérêts du Parti
pour ceux de la reine et surtout pour les siens [1].
Comme ce seigneur avait entrepris un long éloge
du rôle de martyr : « Se preparer au martyre, lui dit
d'Aubigné, est le faict d'un vrai chrestien, mais y engager ou y mener les autres, c'est de traistre et d'un

---

1. Bouillon briguait la présidence de l'assemblée ; ce fut d'Aubigné qui le fit échouer ; elle fut décernée à du Plessis-Mornay
(*Œuvres complètes*, t. Ier, p. 85).

bourreau [1]. » Dégoûté de ces défections, de la vénalité
des Ministres eux-mêmes, d'Aubigné quitta l'assemblée synodale de Touars, prenant occasion de son âge,
et disant que « ces assemblees publiques etoient devenues telles que des femmes publiques [2]. » C'est lui
qui flétrit le traité de Loudun (1616) en l'appelant :
« une foire publique d'une generale lascheté et de
particulieres infidelitez. » C'était une déclaration de
guerre ouverte. Sa pension de 7000 livres lui est
supprimée, sa garnison ne reçoit plus de solde. Il re-
connaît l'assiette du Dognon et se fortifie à tout événement. Un commissaire durement éconduit « fit
envoyer et escrire [3]. » « Il n'y eust de response que des
resolutions à toutes extremitez. » D'Aubigné était
encouragé à la résistance par la fermeté de Rohan à
Saint-Jean d'Angely. Ce dernier, malgré la défense
de la reine, réunit une assemblée à la Rochelle
(10 décembre 1612), intimide la reine qui recourt à
la médiation de du Plessis et finit, entre autres concessions, par accorder les conseils provinciaux et la
suppression de l'épithète de « pretendue reformee, »
appliquée à la religion protestante.

Lors de la prise d'armes de Condé, d'Aubigné ne
répond qu'avec réserve à ses avances. Il dicte ses conditions, « pour mettre sur ses espaules le fardeau de
sa guerre » et songe avant tout à fortifier ses deux
places. Choisi par le prince comme maréchal de camp,
il ne veut pas recevoir sa commission de sa main,
mais des églises assemblées à Nîmes. D'Aubigné en
fut pour une dépense de 16 000 écus employés

1. *OEuvres complètes*, t. Ier, p. 86.
2. *OEuvres complètes*, t. Ier, p. 86.
3. *OEuvres complètes*, t. Ier, p. 88.

à son service, « bien advouez et comptez et point payez. » Condé, ayant fait sa paix, ne manqua pas de le desservir à la cour. Tantôt il le représentait «comme ennemi de la royauté, capable d'empescher un roy de regner absolument, tant qu'il vivroit ; » tantôt le prince excitait contre l'auteur des *Tragiques* l'orgueilleux et vindicatif d'Epernon, en lui signalant des traits du deuxième livre comme dirigés contre sa personne, et lui faisait jurer la mort du poète [1].

Nous voyons encore d'Aubigné tenter quelques coups de main et batailler aux environs de son gouvernement pour le compte de la Rochelle qui l'a chargé d'armer et ramasser quelques troupes. Mais le temps de ces exploits est passé, les grands ont fait leur paix et d'Aubigné songe à déposer ses charges, à confier ses places aux mains de personnes fidèles. A cet effet, il se pourvut à deux assemblées de la Rochelle ; mais une partie de la ville était tournée contre lui et l'avocat corrompu conclut « au rasement du Dognon et de Maillezais. » Villeroy s'empressa d'écrire à d'Aubigné pour lui confirmer la décision de ses bons amis de la Rochelle. Celui-ci n'était pas homme à se laisser « raser sa maison sur ses oreilles ; » on le savait ; Vignoles, maréchal de l'armée du roi, vint donc « voir, comme ami », le gouverneur et s'assurer de la force véritable de ses places. Il rapporta que « Maillezais cousteroit toujours un long siege royal et le Dognon plus à estre assiegé que la Rochelle à estre prise. »

---

1. D'Aubigné n'était pas en reste avec lui et, malgré la distance d'un duc et pair, colonel de France, à un simple gentilhomme, maître de camp, il releva fièrement un défi, promettant d'obéir au duc, s'il lui commandait de venir voir sa bonne épée dans un pré. (*OEuvres complètes*, t. Ier, p. 90.)

C'était beaucoup dire ; mettons que la résolution du gouverneur compensait en partie l'insuffisance des ressources. D'Epernon fit offrir 200 000 francs comptant ; d'Aubigné préféra remettre ses places aux mains de Rohan pour 100 000 francs, la moitié de cette somme comptant. De là, il transporta son logis à Saint-Jean d'Angély et donna ses soins à l'impression de son *Histoire*.

L'historien n'était pas assez occupé de son œuvre pour rester indifférent à la guerre que la reine-mère, soutenue d'une partie de la noblesse mécontente, suscitait à ce moment (1620) contre le roi, Luynes, son favori, et Condé. Rohan aurait voulu entraîner d'Aubigné qui fut consulté à Saint-Maixant avec huit autres amis. On ne parlait de rien moins que d'assiéger Paris à la tête de soixante mille hommes. Cette formidable rébellion se termina par la ridicule débâcle des Ponts-de-Cé (7 août). D'Aubigné, ayant démontré l'impossibilité du succès, « proteste qu'il ne porterait point les armes pour le Parti et ne tireroit point sa petite espee hors du crochet. » Cependant, comme il aimait Rohan, autant qu'il détestait Condé, il quitta le premier sur ces mots : « Je vous ay protesté n'estre point du parti de la Royne, mais je serai du party de Rohan à vostre extremité, et vous me trouverez bien à propos[1]. »

La mère et le fils firent leur réconciliation à Brissac ; Rohan et son parti durent désarmer ; rien ne résistait aux armes du jeune roi. Le parti réformé s'était généralement abstenu, mais le légat du pape crut l'occasion bonne pour tourner la victoire contre les Huguenots, et réduire la résistance du parlement de Béarn. Louis

1. *Œuvres complètes*, t. Ier, p. 96.

marcha sur Pau et le pays perdit en un jour liberté, culte, parlement et cette sorte d'autonomie conservée jusqu'à l'édit qui réunit le Béarn et la basse Navarre à la couronne de France.

C'est entre la paix *de la Reine*, signée le 16 août et la réduction du Béarn, en octobre 1620, que se place la fuite de d'Aubigné, puisqu'il arriva, nous dit-il, le jeudi 1er septembre[1] à Genève, où il s'était résolu « de venir prendre le chevet de sa vieillesse et de sa mort. » Non seulement d'Aubigné ne pouvait plus rien en France pour son parti, mais, sans défense, révolté par la trahison de son « abominable fils, » ne voulant plus respirer « son air empuanti, » traqué au passage de toutes les rivières dans un pays occupé par l'armée royale, il dut s'estimer heureux de pouvoir sauver sa vie, sa bourse, ses douze chevaux, traverser Château-roux, Conforgien, Mâcon, Gex, échapper au marquis de Cyprières qui le poursuivit jusqu'aux portes de Genève et aborder enfin à « ce Hâvre de grâce[2] » qui avait jadis accueilli et instruit son enfance, qui allait protéger le vieux proscrit[3].

---

1. Petite erreur, remarque M. Heyer; le 1er septembre 1620 tomba un mardi ou un vendredi, selon que l'on compte d'après l'ancien ou le nouveau calendrier.

2. *Œuvres complètes*, t. Ier, p. 362.

3. Dès 1616, d'Aubigné supplie le duc de Rohan de ne pas permettre que « la misere le face aller manger l'argent de sa maison à Venise (*Œuvres complètes*, t. Ier, p. 349). Dans une autre lettre de 1617, il écrivait au même duc de Rohan, après l'avoir entretenu des haines de M. d'Espernon « qui n'est pas chiche de menaces, et, oultre les menaces, d'employer les siens à lui nuire : « Il est necessaire ou que je quitte ma maison en la vendant *à quelqu'un qui aye les reins plus forts que moy pour la garder*, ou que je cerche ma sureté dans une Ve-nise, ou que je sois assisté par qui que ce soit. » (*Œuvres com-plètes*, t. Ier, p. 338.) Ces passages prouvent que, malgré ses

Bien que l'exilé trouve exagérés les honneurs et courtoisies rendus à un réfugié par les principaux magistrats de la ville, visite du premier Syndic, place d'honneur au prêche, festin public où l'on servit des massepains à ses armes, revue de toutes les troupes, son amour-propre n'est pas fâché de les rappeler à ses enfants[1].

D'Aubigné, malgré ses soixante-huit ans, était encore plein de sève, de zèle pour la Cause. On n'ignorait pas son expérience, ses talents militaires, sa science spéciale d'ingénieur, qu'il n'était pas d'ailleurs homme à taire et à dissimuler.

En 1602, Genève faillit être surprise par le duc de Savoie[2]. Le grand mouvement d'Allemagne qui précéda la guerre de Trente ans allait exposer Genève et les villes protestantes de la Suisse à de continuels dangers. Dans une longue lettre[3] adressée « aux magnifiques et trés

hautains défis, d'Aubigné voyait clairement sa situation et son impuissance absolue, trois ou quatre ans même avant son départ pour Genève.

Voir sur cette fuite, outre le récit de la *Vie*, un fragment de quelques lignes aux lettres familières (*Œuvres complètes*, t. Ier, p. 362).

1. *Œuvres complètes*, t. Ier, p. 98.

2. Voir un hymne composé par d'Aubigné pour une fête commémorative de l'*Escalade* sur la délivrance de Genève, qui se termine par ces vers :

> Fais que ces fols, ces infidèles,
> Brisez de la verge de fer
> Trouvent au bout de leurs eschelles
> Le cordeau, la mort et l'enfer.
>
> (*Œuvres complètes*, t. III, p. 309.)

3. On peut s'étonner que cette lettre (*Œuvres complètes*, t. Ier, p. 583), véritable petit traité sur la matière, ait été s'égarer dans la Bibliothèque publique de l'Université de Leyde, d'où nous l'avons fait revenir, grâce à l'obligeant concours de M. du Rieu, son bibliothécaire. Le prince d'Orange, sur les instances de Benedit Turettini, député de Genève aux Provinces-Unies,

honorés seigneurs de Genève, » d'Aubigné, sur les menaces d'un siège « dont on bruit de toutes parts » met
ses veilles, ses labeurs et sa vie à la disposition de sa
patrie d'adoption. Il y expose son plan de fortifications,
réfute les objections faites à son système, qui finit par
triompher, puisqu'on le chargea de mettre la ville en
état de défense. Sur ces entrefaites et tandis qu'on dis-
cutait ses plans, les Bernois envoyaient à Genève solliciter notre ingénieur de les visiter. Contre l'avis de
tous les grands capitaines, et même du duc de Bouillon
qui représentait « la defaveur de la situation, » contre
le peuple ameuté qui voulait jeter dans l'Aar les en-
trepreneurs français, d'Aubigné eut l'honneur de plan-
ter le premier piquet et de donner le premier coup
de maillet. On le voulut encore nommer capitaine
général, et, sur son refus, l'un des trois qu'il avait
désignés, le comte de la Suze, fut nommé.

Tandis que, grâce à notre réfugié, Berne était dotée
d'un système de fortifications, « qu'aucune ne sur-
passe en avantage naturel [1] », la seigneurie de Bâle
réclamait à son tour ses conseils; mais les plans
n'étaient adoptés qu'avec grands retards, et, des vingt-

---

avait désigné M. du Motet comme ingénieur dont les talents
furent employés dès son arrivée à Genève (voir Heyer, brochure
citée, p. 25). Nous savons par d'Aubigné lui-même que sa lettre
avait été envoyée au prince d'Orange : « Ce m'est un grand
contentement, écrit-il à M. Turettini (1622), que les aultres
poincts ayent esté approuvez par son Excellence, qui est le seul
Capitaine du monde duquel je voudrois dire αὐτὸς ἔφη ; car pour
les meilleurs Ingenieurs qui n'ont que la theorie, il faut qu'ils
laissent aux Capitaines experimentez par plusieurs juges, re-
soudre ce qu'il faut faire... » (*Œuvres complètes*, t. Ier, p. 140.)
Si d'Aubigné s'incline sincèrement devant la supériorité d'un
grand capitaine, on voit percer dans les dernières lignes quelque
jalousie assez naturelle à un caractère aussi ombrageux.

1. *Œuvres complètes*, t. Ier, p. 103.

quatre bastions projetés, quatre seulement furent construits. Lenteurs imprudentes, car c'est, écrit-il, la conquête « la plus facile à laquelle Léopold puisse jeter l'œuil [1]. » Sans cesse d'Aubigné offre le secours de « sa petite espee, » mais on le voit, c'est surtout à sa science d'ingénieur que l'on fait appel.

Il n'était pas depuis six semaines à Genève, que, par l'intermédiaire du sieur d'Avias, l'assemblée générale de la Rochelle, au regret de ses traitements iniques, lui envoyait une procuration générale des Églises et des lettres de créance pour les quatre cantons protestants, la ville de Genève, les villes hanséatiques, les princes protestants et les principaux Ministres. Ce titre de Procureur général, chargé vis-à-vis de la Suisse et de l'Allemagne protestante des intérêts de la Cause, ne suffisait pas à l'ardeur de d'Aubigné. L'ancien maître de camp rêvait toujours un rôle plus militant dans la politique. Ce rêve, il fut sur le point de le réaliser. Mansfeld, « malmené en Boheme », et les deux ducs de Saxe-Weimar, devaient amener douze mille hommes de pied, six mille chevaux, douze pièces d'artillerie sur la Saône et y rejoindre d'Aubigné qui s'était engagé à s'y rencontrer avec eux, à la tête de six mille hommes. Déjà Mansfeld s'était avancé jusqu'en Alsace ; d'Aubigné n'attendait plus que 200 000 livres par lettres de change de la Rochelle, quand il fut averti « que quelque gentil esprit de la Rochelle avoit proposé que ce grand affaire serait mieux entre les mains de Monsieur le Duc de Bouillon, ce qui fut suivi gaillardement, le premier marchand demourant en

1. *Œuvres complètes*, t. Ier, p. 146. L'archiduc Léopold, père de l'empereur Ferdinand II, avait attaqué les Grisons révoltés, mais la France le força à abandonner la Valteline.

croupe avec 500 pistoles de despence[1]. » D'Aubigné ne semble pourtant pas lui avoir gardé rancune de ce déboire, et il continue de le tenir au courant, parfois par lettre chiffrée, des événements de la guerre et de tous les bruits qu'il recueille[2].

En 1623, l'ambassadeur Squaramel offrait à notre réfugié le titre de « General des François[3] » au ser-

---

1. *Œuvres complètes,* t. Ier, p. 101. En soigneux comptable, d'Aubigné conserve toujours pour ses enfants toutes les pièces justificatives de ses comptes. Faute de meilleur emploi, ce sont documents honorables et renseignements biographiques.

2. *Œuvres complètes,* t. Ier, p. 199. On se rappelle qu'à l'assemblée de Saumur, d'Aubigné « perdit l'amitié de M. de Bouillon qu'il avoit acquise et conservee depuis trente ans en bonnes occasions. » (*Œuvres complètes,* t. Ier, p. 85.)

3. Les six lettres de la correspondance adressées à l'ambassadeur de Venise, M. Cavassa, nous avaient fait espérer qu'il serait possible de découvrir quelques lettres de d'Aubigné dans les archives diplomatiques de Venise. M. G. Cappelletti, qui a bien voulu se charger pour nous de cette recherche, s'en est acquitté de manière à nous convaincre que notre espoir était mal fondé. Il a examiné avec le plus grand soin le portefeuille contenant les dépêches de l'ambassadeur de Venise en Suisse depuis 1620, sans y découvrir aucune trace, ni même le nom d'Agrippa d'Aubigné. Dans les dépêches de l'ambassadeur de Venise en France, Angelo Contarini, il n'a rien rencontré touchant d'Aubigné, mais des informations sur les événements de la Valteline, et sur les affaires des Huguenots français. Une dépêche, du 27 octobre 1620, signale la révolution opérée par le roi en Béarn ; une autre, du 3 janvier 1621, s'étend sur les rigueurs déployées contre les protestants à l'instigation des jésuites ; une troisième, du 16 février 1621, signale « leur fermeté à se soutenir entr'eux. » Le caractère bienveillant, pour les protestants français, de ces relations est à noter. M. G. Cappelletti nous fait remarquer que d'Aubigné, conformément à la législation vénitienne, très formaliste à cet égard, ne pouvait correspondre directement avec le gouvernement sans un titre officiel. Les lettres n'étaient ouvertes que par le *Conseil Mineur* ou par le *Conseil des Dix* et le document, à moins d'affaire d'Etat de haute importance, passait aux pièces « non communiquées à aucune magistrature. » Les offres faites à d'Aubigné par le sénat de Venise ont donc passé par l'intermédiaire de son ambassa-

vice de la république vénitienne. Les Français devaient
en effet assister la Sérénissime Seigneurie « ouvertement ou couvertement [1]. » C'est avec passion qu'il
s'attache au parti de ceux « qui sont en possession
d'attaquer et vaincre grand nombre avec peu.....
mettre le mousquet en la main gauche et l'espee au
poing, pour mesler chose de dure digestion aux Hes-
pagnols. » D'Aubigné, que nous retrouvons tout entier en ces paroles, allait enfin, « avec 4000 François, ayant en horreur les equivoques des Jesuittes [2], »
réaliser un vœu mélancoliquement exprimé dans son
Histoire [3]. Lui, partisan, soldat de guerres civiles depuis
cinquante-cinq ans, il allait, avec « de bonnes et guail-
lardes forces de France, travailler en Almagne sur
la bourse de la Serenissime Seigneurie [4] » et « chercher
un' honorable mort sous un maistre qui ait l'entendement de se laisser bien servir. » Cette fois, d'Aubigné
devait d'autant moins redouter quelque déboire, qu'à

deur en Suisse, sans amener aucune relation diplomatique offi-
cielle entre la République et notre réfugié.

M. Rott. Thoreuf, secrétaire de la légation de Suisse en
France, a fouillé les principales archives d'Italie pour un important ouvrage sur la guerre de Trente ans et ses origines italiennes; il nous a dit n'avoir rencontré dans ses longues recherches qu'une fois, et incidemment, le nom de d'Aubigné.

1. Lettre au seigneur Cavassa, ambassadeur de Venise en
Suisse. (*Œuvres complètes*, t. Ier, p. 239.)

2. *Œuvres complètes*, t. Ier, p. 238.

3. D'Aubigné ne semble guère avoir connu d'autre idéal que
celui de serviteur de la *Cause* et croit décerner à un de ses héros le plus enviable éloge en l'appelant : « Homme digne des
guerres civiles. » Une fois pourtant, l'historien, se dégageant de
ces passions, jette un cri qui mérite d'être relevé et entrevoit
un autre rôle que celui de partisan : « Combien vaudroyent les
François, si, au lieu d'estre employez contre soi-mesme, ils l'estoyent sous de bons Capitaines, contre l'estranger ! » (*Histoire
universelle*, t. III, col. 554.)

4. *Œuvres complètes*, t. Ier, p. 249.

cette heure, Venise était alliée de la France et ne doutait pas que le roi de France « n'eust trés agreable cest employ[1]. » Miron, son ambassadeur, en avait décidé autrement, et Venise dut renoncer aux services d'un homme « tant hay de Sa Majesté[2]. » Le 9 décembre 1623, le Petit Conseil de Genève reçut une lettre par laquelle le roi se plaignait que « aucuns de ses sujets, secouans le joug de son obeissance et du respect qu'ils lui doivent, s'estans retirez parmi eux, s'emportent imprudemment à plusieurs discours licentieux contre son authorité et le bien de son service, ce qu'il a esperé devoir estre reprimé. » D'Aubigné demanda des juges « non passionnez, » offrant, « si sa presence prejudiciait au bien de l'Etat, » de se retirer.

Une des plus rudes attaques qu'il eut à subir de ses persécuteurs de France fut qu'on le condamnait à avoir la tête tranchée « pour avoir revestu quelques bastions des pierres d'une esglise ruinee l'an 1562. » C'était sa quatrième condamnation capitale. Elle pouvait atteindre d'autant plus durement d'Aubigné qu'il était sur le point d'épouser « la vefve de M. Balbany, de la maison des Burlamasqui de Luques[3]. » Le jour

1. Le parti protestant avait un instant espéré un schisme, tout au moins une rupture entre Venise et le Saint-Siège, à propos d'un différend au sujet des immunités ecclésiastiques. L'intervention du roi de France amena un arrangement.

2. Voir Th. Heyer : *Th.-Agrippa d'Aubigné à Genève*, p. 29.

3. *OEuvres complètes*, t. Ier, p. 105. Dans un ouvrage qui a pour titre : *Lucques et les Burlamachi, Souvenirs de la Réforme en Italie* (Paris, Cherbuliez et Genève, 1848), M. Ch. Eynard a raconté, d'après les mémoires de Renée Burlamachi, la vie de cette femme singulièrement éprouvée par la perte de son premier mari et de ses dix enfants. Ces mémoires, qui sont une biographie de famille, écrite par une âme pieuse et résignée, s'ar-

même du contrat, lui-même alla porter la nouvelle de cet arrêt à la veuve, résolu d'en tirer une épreuve décisive, et, sur sa réponse pleine d'énergique résolution, le mariage fut conclu le 24 avril 1623.

C'est à propós de ce mariage avec un « proscrit etesté » que le jeune Esaïë de Baille[1], qui avait passé avec d'Aubigné l'hiver de 1622 à 1623, fait suivre une lettre touchante adressée au vieillard de ce post-scriptum : « En eschange de votre beau quatrain, je vous donne ce malotru, à condition que Madame d'Aubigné ne l'entendra point :

> Quand d'Aubigné se vit un corps sans teste,
> Il maria ce tronc pasle et hideux,
> Trés asseuré qu'une femme bien faicte
> Auroit assez de teste pour tous deux. »

Mme d'Aubigné, si elle vit le quatrain, en put apprécier la terrible galanterie, mais elle dut aussi ne pas tarder à s'apercevoir que cette tête septuagénaire, encore solide, n'abdiquait point, en fait d'autorité, la part du lion.

Dès le 21 juin 1621, d'Aubigné, d'abord logé « aux despens de la ville », avait acheté et bâti la terre de Crest, qui en tout lui revint à 11 000 écus. Ce petit

rêtent à la mort d'une tante Calaudrini (1601). Ils ne contiennent donc rien sur Agrippa d'Aubigné que Renée Burlamachi ne devait épouser que vingt-deux ans plus tard.

1. M. Ch. Read a le premier publié cette lettre tirée du t. III des manuscrits de Bessinges (*Bulletin* 1875, xxiv, p. 323). M. H. Bordier, dans son article d'*Aubigné* de la *France protestante*, a restitué cette lettre à son véritable auteur et l'a complétée par « le curieux indice des memoires » dont elle est accompagnée. C'est la liste, en 54 articles, des principaux épisodes de sa vie.

manoir, situé à dix kilomètres de Genève, que nous avons visité il y a onze ans, existe encore dans son état primitif, avec ses quatre tours et son campanile; sa base disparaît sous la ceinture de verdure et de fleurs qui l'enveloppe. Aucun ne donne mieux l'idée de ces petits castels du seizième siècle, d'où l'on pouvait découvrir au loin l'ennemi et diriger au besoin une défense contre l'agresseur. Aussi peut-on croire que, si d'Aubigné, peu de temps avant son mariage, congédia les gentilshommes qu'il avait entretenus dans sa maison, il sut néanmoins s'y bien garder des entreprises de d'Épernon et de l'archevêque de Bordeaux qui, pour se débarrasser de lui, « desfrayerent jusques à dix assassins[1]. »

En 1625, écrit l'auteur dans sa *Vie*, « Monsieur le Connestable (Lesdiguières), estant à la guerre de Gennes, envoya le Conseiller d'Estat Bullion vers Aubigné..... C'estoit pour une entreprise pour la Franche-Comté..... mais cela se sentit de la finguardise (dissimulation) qui parut au reste de ceste guerre là[2]. » Deux lettres, adressées à M. Bullion (2 avril et 18 juillet 1625), nous le montrent prenant feu de nouveau pour cette entreprise et pour « la plus difficile besongne à laquelle les François ayent esté descouplez depuis Charles VIII[3], » et il écrivait à ce propos au comte de la Suze, un de ses plus intimes confidents, qu'il appelait son fils : « Je ne puis vous mentir que ma piece de milieu (son cœur) ne se pourroit accorder avec mon loisir et mon inutilité, si la

---

1. *Œuvres complètes*, t. Ier, p. 108.
2. *Œuvres complètes*, t. Ier, p. 109.
3. *Œuvres complètes*, t. Ier, p. 154.

teste ne la faisoit taire, en luy alleguant la bienseance
de mon aage [1]. » D'Aubigné tient M. de Bullion au
courant des nouvelles de France et de Savoie. « Quant
à la Franche-Comté, ils ont levé deux mille cinq cens
hommes de pied et cinq cens chevaux..... J'ai fait re-
cognoistre cela par deux voyes [2]. » Il supplie ses deux
correspondants « de ne le point conter pour si vieux »,
de se rappeler « qu'il est homme de siege et sans capitulation, » prêt à reprendre joyeusement, « sous le
plus redouté Capitaine de l'Europe, la petite espee qu'il
a mise au crochet [3]. »

Nous avons tout lieu de supposer qu'on laissa s'é-
teindre, sans l'employer, tout ce zèle sincère, puisque
l'auteur ne signale aucun exploit personnel dans cette
guerre qui se sentit de la « finguardise » des puissances engagées. D'ailleurs Genève redoutait toujours
un siège, au milieu de ces intérêts complexes qui
mettaient aux prises des souverains flottants dans
leur politique, hésitants dans leurs plans d'attaque et
de défense [4]. C'est toujours la crainte d'une attaque
sur Genève et la conscience d'un poste à garder fidèlement qui firent rejeter à d'Aubigné l'invitation que
lui adressa l'ambassadeur extraordinaire d'Angleterre
« d'aller faire un tour en ce pays [5]. » Il avait déjà

1. *Œuvres complètes,* t. Ier, p. 260.
2. *Œuvres complètes,* t. Ier, p. 262.
3. *Œuvres complètes,* t. Ier p. 264.
4. C'est ainsi qu'il écrit au comte de la Suze : « M. de la Sa-
ludie m'apprit que le regiment de Normandie de 22 compagnees
qui est fort plein et fort beau, et qui s'attendoit d'aller trouver
M. le Connestable pour passer les monts... a receu depuis trois
jours deffense de partir, et doit demeurer encor en sa place,
pour servir à ce que nous ne pouvons savoir... » (*Œuvres complètes,* t. Ier, p. 260).
5. *Œuvres complètes,* t. Ier, p. 113.

obtenu place au bateau que le comte de Carlile faisait construire à Strasbourg pour son retour. Quel motif le poussait à ce long voyage ? Ce n'était ni la curiosité, ni même l'intérêt de son parti ; il eût voulu « garantir sa personne des puantes actions de son fils. »

CHAPITRE VII

D'AUBIGNÉ RÉFUGIÉ A GENÈVE, SA VIEILLESSE, SES
RAPPORTS AVEC SON FILS CONSTANT, SA MORT.

D'Aubigné emploie les dernières pages de sa *Vie* à
exposer ses légitimes griefs contre un fils indigne,
qu'il a flétri et déshérité dans son testament[1]. Il faut
insister sur ces « offenses enormes, » car elles ont humilié, torturé le cœur de d'Aubigné, lui ont inspiré
quelques-unes de ses pages les plus douloureusement
éloquentes, et, comme il ferme son autobiographie
sur cet amer souvenir, on pourrait croire que la plume
lui est tombée des mains de honte et de douleur.

. Les plus heureuses dispositions, secondées par une
éducation dirigée « avec tout le soin et despense
qu'on eut peu employer au fils d'un prince[2], » ne surent
préserver du désordre et de l'opprobre ce misérable,
affamé de grossiers plaisirs. Tous les crimes ont souillé

1. « Je déclare Constant d'Aubigné, mon fils ainé et unique, pour
le destructeur du bien et honneur de la maison, et en tant qu'en
lui a esté, et pour avoir merité d'estre entierement desherité par
plusieurs offences enormes, particulierement pour avoir esté ac-
cusateur et calomniateur de son pere, en crime de leze-majesté. »
(*Testament de Th.-Agrippa d'Aubigné, Œuvres complètes,*
t. I⁰ʳ, p. 120.)
2. Jean d'Aubigné eut même à lutter contre le mauvais vouloir de sa seconde femme, Anne de Limour, qui « portait impatiemment et la despense et la trop exquise nourriture » employée
par le père. (*Œuvres complètes,* t. I⁰ʳ, p. 5.)

son existence : ivrognerie, débauches, jeu, fabrication de fausse monnaie, assassinats, enlèvements. D'Aubigné pardonna plusieurs fois ces scandales, essaya de couvrir son fils de son crédit, de son honorabilité ; mais ce que l'austère protestant ne pouvait guère pardonner, ce fut de voir son propre sang pratiquer les Jésuites, renier sa foi, en trafiquer et tromper les deux partis. En vain le père lui donna la lieutenance de Maillezais, pour le rattacher au devoir ; Constant, qui a transformé la place en brelan, boutique de faux monnayeurs et mauvais lieu, essaie de la ravir par force à son gouverneur. Deux fois Maillezais et le Dognon offrirent le triste spectacle d'un fils, d'un beau-frère et d'un père se donnant assaut et luttant avec soldats, échelles et pétards, pour la reprise de ces places. Ces entreprises criminelles sembleraient trop insensées, si elles n'eussent été encouragées par la connivence de la cour ; aussi Rohan, gouverneur de la province, n'en put jamais obtenir justice.

En 1624, Constant vint à Genève tenter une réconciliation avec son père, mais un rapport fait au Petit-Conseil le signale comme créature des Capucins et des Jésuites et, quoique naguère en fort petit équipage à Paris, bien en couche et muni d'argent. Si la réconciliation ne se fit pas alors, un échange de lettres entre le père et le fils prouve que tant d'offenses n'avaient pas encore complètement découragé l'indulgence paternelle.

Le 18 juillet 1625, d'Aubigné remercie le connétable Lesdiguières de « l'excès de ses courtoisies envers le pere et le fils[1]. Si on luy tient promesse, je

1. *OEuvres complètes*, t. Ier, p. 316.

mettray l'espaule sous la sienne, pour luy aider à la tenir. » Il s'agissait sans doute de conduire des troupes en Saintonge, mais d'Aubigné qui connaît son fils, ne veut pas s'engager pour lui, s'il n'a d'autres ressources que la bourse paternelle, et se tient sur une prudente réserve : « J'ay bien veu, lui écrit-il, reussir des voyages entrepris temerairement, et comme l'on dit, des embarquements sans biscuits, à ceux qui ne portoyent que leurs personnes, et non pas à ceux qui ont plus de charge d'âmes qu'un curé[1]... »

L'apostasie arrache à d'Aubigné de véritables cris de rage : « Surimeau, tenez pour certain que l'apostasie ou l'atheisme me sont insuportables envers ceux qui ne me touchent point de sang, [mais] qu'il n'y a regle mediocre en ma douleur ny en ma juste colere, quand le Diable a mis les ongles dans mes entrailles pour triompher du fils que Dieu m'avoit donné... Vous demandez que je vous ouvre, pour vous jetter à mes pieds, et je vous dis que ma porte ne vous peut recevoir que vous n'ayez brizé ou franchy les portes d'Enfer[2]. » Dans une autre lettre, également sans date, mais évidemment de la même époque, d'Aubigné écrit à Constant : « Vos desbauches et dettes vous ont osté l'oreillier de la maison et le repos. La condition où

---

1. Lettre à Constant (1626) *OEuvres complètes*, t. Ier, p. 192. Voir aux *Documents et pièces justificatives* une lettre inédite de Constant, tirée des manuscrits de Bessinges (vol. III, f. 57 et 58). Nous pouvons regretter de n'avoir pu l'insérer au tome Ier des *OEuvres complètes*, avant la lettre xxv, p. 192, car elle rend plus intelligible la réponse du père.

Il y a évidemment une erreur de date ou de mois, la réponse précédant la question, à moins, ce qui est possible, que le fils ne soit revenu à la charge dans plusieurs lettres.

2. *OEuvres complètes*, t. Ier, p. 298.

vous estes vous est en horreur. Toutes ces maladies implicites demandent un grand changement d'air et le bain de vos sueurs. » Est-ce à ce moment qu'il fut question de l'envoyer auprès du roi de Suède ? « Je suis après à envoyer mon desbauché dans l'armee de Danemark, où je lui ai preparé un ami pour le recevoir travesti et inconnu pour le commencement[1]. » D'Aubigné avait prudemment disposé d'étape en étape le viatique indispensable à ce grand voyage[2], mais Constant voulait de l'argent comptant, et, trouvant « tout cela trop eslongné de ses pretentions, il convertit ce voyage en celuy d'Angleterre[3]. »

C'était le temps où Buckingham, affolé par sa passion pour la reine, humilié de son échec à Saint-Martin, assuré du concours de la Rochelle, se préparait à rompre avec Richelieu (1627). Quelques lignes adressées par d'Aubigné à M. de Savignac à Londres, (22 novembre 1626), malgré l'obscurité de termes généraux, montrent l'agitation inquiète et les espérances du parti, plusiéurs mois avant la rupture définitive (avril 1627): « Vostre lettre m'a resjoui, me voyant... en possession d'une amitié que la parité des veuës, des desirs violents, des perils, des haynes, des sympathies et peut estre des *desseins*, a fait toucher à la main et conjoincte sur l'autel du Tout Puissant. Si tout cela se pouvoit mettre en prattique, en nous tenans vous et moy par nos fidelles mains, Dieu, de foibles les rendroit fortes[4]. » Mais il fallait s'entendre avec le parti, et Constant, malgré les

---

1. *OEuvres complètes*, t. Ier, p. 576.
2. Lettre citée d'après M. H. Bonhomme. *Mme de Maintenon et sa famille*, p. 32.
3. *OEuvres complètes*, t. Ier, p. 112.
4. *OEuvres complètes*, t. Ier, p. 486.

trop justes méfiances de son père, fut choisi pour porter
les lettres en Angleterre. Il eut l'honneur d'être admis
à un conseil secret, composé du roi, de Buckingham,
de quatre Mylords et d'un envoyé du duc de Rohan [1].
Entre autres résolutions, on décida : « d'envoyer querir
d'Aubigné, » et Constant sut se faire donner cette
commission. A l'aller comme au retour, malgré défense expresse, Constant avait passé à Paris, vu de
nuit Shomberg, puis le roi, et livré les affaires d'Angleterre et de son parti. De retour à Genève, le fils,
malgré ses serments, ne put tromper la perspicacité
du père : « Voilà, écrit d'Aubigné, ce qui a deschiré
l'amitié d'entre le pere et le fils. » Agrippa avait pu
tout pardonner ou feindre l'oubli, mais, quand le re-
négat eut vendu son parti, d'Aubigné n'hésita plus à
lui appliquer l'irrémissible flétrissure et à l'appeler,
comme en son testament : « destructeur du bien et
honneur de la maison [2]. »

En octobre 1628, d'Aubigné avait vu succomber la
Rochelle devant l'opiniâtre ténacité de Richelieu ; en
mars 1629, le roi en personne forçait le pas de Suze ;
à ce moment, d'Aubigné, retenu au lit par l'érysipèle,
écrit à Rohan que la fièvre couche aussi dans le sien.
Deux des plus héroïques défenseurs de la Cause sont ma-
lades, comme le parti lui-même. Le 27 mai, Privas, capitale du Vivarais protestant, est emporté d'assaut et ses
meilleurs hommes pendus « pour couper le bras droit
à M. de Rohan, » comme écrivait le roi à sa mère.

1. *OEuvres complètes*, t. Ier, p. 112.
2. Constant d'Aubigné est mort à Orange, le dernier jour
d'août 1647, dans la foi de la religion réformée, ainsi que le
constate un extrait de son acte de décès, délivré le 9 janvier 1650,
par les Pasteurs et Anciens de l'Eglise protestante de cette ville.

Rohan, dont la correspondance avec d'Aubigné paraît assez active en ces années fatales au parti, lutta jusqu'au bout, on le sait, et, quand la paix fut signée, le 28 juin 1629, à Nîmes, cet indomptable porteur de l'étendard d'Israël, qui avait rêvé le rôle de Coligny, partit pour Venise, ne désespérant pas encore de fléchir et ramener la fortune. Dans une lettre sans suscription et sans date, mais qui semble adressée à Rohan, peut-être après la paix d'Alais, d'Aubigné écrit : « Vous prendrés donc la chemise blanche que vos sueurs demandent, premierement entre les bras de Madame, et puis entre les mains fidelles de ceux de qui Dieu vous a donné les cœurs[1]. » Dans une autre épître, également sans date, mais adressée sûrement à Rohan, il envoie au vaillant lutteur non pas un *adieu* — et il explique pourquoi, — mais les vœux et souhaits avant le départ : « Cette lettre n'est pas pour vous dire en papier l'adieu que la prudence a empesché de vive vois, c'est une fasson que j'ai accoustumee il y a long temps, et qui s'apelle en Poitou le privilège d'Obigni. Aussi ne puis-je conter pour absens que les mors ou les revoltez ; tous autres demeurent en mesme maison qui est l'Esglise de Dieu, et encores par là je tiens pour superflu de dire à Dieu à ceux qui meurent au Seigneur[2]. » A ce compte, certes d'Aubigné ne pouvait regarder Rohan comme un absent, car le duc restait, au moins de cœur et jusqu'au bout, en la maison de Dieu.

A partir de 1627, la vie militante de d'Aubigné cesse ou se ralentit, plutôt parce que son activité de-

1. *OEuvres complètes*, t. Ier, p. 497.
2. *OEuvres complètes*, t. Ier, p. 525.

meure sans emploi que parce qu'elle est épuisée. La musique, sa correspondance, l'impression de ses ouvrages occupent des loisirs qui s'écoulent, soit dans la maison de ville de sa femme, soit dans son château du Crest. Un jour il traite la princesse de Portugal et ses six filles et leur offre en sa maison un grand concert de musique, comme nous l'apprend une pièce de vers adressée en cette circonstance à la princesse[1].

Deux lettres, datées de la dernière année de sa vie (1630) à Mesdames Rohan et des Loges, sont un envoi de ses *Petites œuvres meslées*[2]. A la première, il écrit galamment, à l'imitation des poètes antiques, qu'il porte envie à son livret, prêt de recevoir la clarté de ses yeux et d'estre touché par ses mains pures, et il lui recommande surtout la lecture de deux Psaumes. A la seconde il rappelle, non sans charme, le souvenir d'un danger qu'elle courut jadis, une nuit, à Maillezais, « avec sa gentille bande, » quand « une des roues de son carosse eschappa dans un fossé taillé en roche de trente pieds de haut. »

Le vieillard a beau s'écrier, s'adressant à ses volages humeurs, à son caractère irascible et belliqueux[3] :

> Laissez dormir en paix la nuict de mon hyver !

jusqu'à son dernier jour, il attirera des tempêtes sur

> Ce chef blanchi dessous les neiges entassees.

---

1. *Œuvres complètes*, t. III, p. 307.

2. *Œuvres complètes*, t. Ier, p. 521 et 522. M. Sayous, qui a le mérite d'avoir un des premiers extrait quelques pages curieuses de la mine de Bessinges, commet donc une légère erreur, quand il conjecture que la publication de ce petit volume fut faite après la mort de d'Aubigné, par les soins de Tronchin, son ami, et de Nathan, son fils naturel.

3. *Œuvres complètes*, t. III, p. 297.

C'est sa femme qui l'écrit à son gendre, M. de Villette, trois semaines avant de lui fermer les yeux [1]. « La grande promptitude de Monsieur n'est point amoindrie avec l'âge, ni son excellent esprit, à qui il donne quelquefois plus de liberté que les affaires de ce temps ne permettent. Je lui dis souvent qu'il est temps d'arrêter sa plume. Ce sera du soulagement pour lui et pour ses amis. Il a eu, ces jours passés, une bourrasque à cause du livre de F. (*Fœneste*) augmenté de nouveau, qui n'a pas été bien pris en ce lieu-ci, où les personnes pensent trois fois une chose avant que de la mettre en effet une [2]. » Cette *bourrasque* avait valu à l'imprimeur Pierre Aubert une amende de cent écus ; l'auteur, appelé en l'auditoire par les Scholarques et autres Seigneurs, avait été réprimandé, prié de s'abstenir de telles publications, et l'édition du livre confisquée.

Au milieu de regrets amers et des plus sincères témoignages d'affection, la veuve de d'Aubigné, Renée Burlamachi, confesse que feu son mari « s'allait mettre dans un labyrinthe de fâcheuses affaires, et qu'il y a beaucoup de particularités qui ne se peuvent écrire [3]. » Jusqu'au dernier jour, notre proscrit reste ce que nous l'avons vu toute sa vie, un indépendant redoutable à ses ennemis, parfois même gênant et importun à ses amis.

Anne de Rohan terminait par ces vers un sonnet

---

1. Théodore-Agrippa d'Aubigné mourut le 9 mai 1630, le jour de l'Ascension.

2. Cité d'après Heyer, p. 43, ouvrage déjà cité.

3. Cité d'après M. Lud. Lalanne (*Mémoires de Th.-Agrippa d'Aubigné*, p. 451) qui reproduit lui-même la Beaumelle. On sait combien cette source est suspecte.

adressé à la ville de Genève *Sur la mort de Monsieur d'Aubigné* [1] :

> Toi, grave sur sa tombe en tes larmes trempee :
> Ci-gist de qui l'esprit et la plume et l'espee
> Me pouvoient conseiller, louer et secourir.

Genève souscrivit aux vœux et aux prescriptions de cet éloge funèbre. Elle fit inhumer son citoyen adoptif au cloître de la cathédrale de Saint-Pierre, et plus tard recueillit dans l'intérieur de l'église l'inscription latine composée par le défunt lui-même pour décorer son tombeau [2]. Le contraste du caractère genevois, austère et puritain, et de l'humeur toujours gauloise et frondeuse du vieux Saintongeois explique les démêlés des derniers jours. Ces légers nuages entre le Conseil et le réfugié ne diminuent point la dette de gratitude de la France protestante envers la cité calviniste, qui recueillit, honora, protégea, pendant dix ans, une des plus glorieuses victimes de nos guerres civiles. D'Aubigné d'ailleurs, s'il inquiéta quelquefois Genève, sut acquitter lui-même par de réels services le prix de cette hospitalité.

1. *Recherches sur les poesies de M*^{lle} *de Rohan-Soubise,* par P. Marchegay, p. 17.
2. Voir aux *Documents et pièces justificatives.*

DEUXIÈME PARTIE

APPRÉCIATION DE D'AUBIGNÉ

HOMME PRIVÉ, HOMME PUBLIC

CHAPITRE PREMIER

PORTRAIT, CARACTÈRE DE D'AUBIGNÉ.

Nous avons raconté, d'après ses propres témoignages, la vie d'Agrippa d'Aubigné. Fidèle à la méthode historique que l'historien s'est lui-même imposée, nous avons réservé notre jugement, ne voulant point mêler la critique à l'exposition des faits. Etudions maintenant les mobiles de sa politique, de sa conduite; mais, avant de juger l'historien et l'homme public, essayons de pénétrer dans son intimité, dans sa conscience et d'apprécier l'homme privé.

D'Aubigné blâme dans la préface de son *Histoire* « ces imprimeurs curieux de representer en taille douce les autheurs aux premieres pages de leurs livres. Tel soin, dit-il, est inutile, car il ne profite point au lecteur de voir le visage et les lineamens de celui qui l'enseigne, mais bien ceux de l'ame[1]; » modestie sincère ou simple réminiscence de Tacite[2], puisqu'il

---

1. Préface de l'*Histoire universelle*, p. 6.

2. « Id filiæ quoque uxorique præceperim, sic patris, sic mariti memoriam venerari ut omnia facta dictaque ejus secum revolvant, famamque ac figuram animi magis quam corporis complectantur. » (*Vita Agricolæ*, ch. XLVI.) C'est ainsi qu'il convient à la fille et à l'épouse d'Agricola de révérer la mémoire d'un père, d'un époux ; c'est en méditant continuellement ses actions et ses paroles, en s'attachant à sa renommée, *à l'image de son âme, bien plus qu'à celle de son corps*.

a deux fois au moins laissé peindre son image. D'après les deux portraits que nous connaissons de lui[1], esquissons d'un trait rapide cette figure dont l'ensemble rappelle, moins la vivacité narquoise, la physionomie du Béarnais. Le portrait de Bâle est plus jeune[2] et de plus fière allure que celui de la bibliothèque de Genève. Dans ce dernier, d'Aubigné a soixante-douze ans. Ses yeux sont en amande, peu d'ensemble; le regard paraît un peu éteint et comme légèrement voilé. L'accord des deux artistes ne permet guère de croire à une trahison de leur pinceau. La tête est longue, le front haut, un peu étroit et fuyant. On sent que la foi a occupé ce cerveau tout entier, que l'idée religieuse a été le mobile de toute cette existence. Le nez puissant et busqué, la mâchoire et le menton carrés, indiquent une volonté opiniâtre. La bouche largement fendue, mais aux lèvres minces, est bien d'un satirique impitoyable. A la vue de cette tête, sans la connaître, nous dirions : c'est un huguenot du seizième siècle. D'Aubigné n'est donc pas un beau cavalier, un de ces élégants muguets, de ces Italiens parfumés, une de ces « épées dorées » qu'il a souvent raillées dans les

1. Nous avons fait photographier en 1871 le portrait qui se trouve à la bibliothèque de Genève. Nous devons à l'obligeance de M. Ch. Read, un érudit dévoué à la gloire de d'Aubigné, une fort belle épreuve d'un autre portrait qu'il a découvert à la bibliothèque de Bâle en 1874.

2. Le portrait de Genève porte en haut, à droite, dans l'intérieur du cadre, en face des armes, l'inscription suivante : *Scribendus scripsit, cecinitque canendo?* (sans doute pour *canendus*) 1622. *Ætatis suæ LXXII.* Cette inscription le ferait naître en 1550. (Voir la note 2, p. 4, sur cette question.) Cette toile date donc de l'année qui précède son second mariage; elle a pu être commandée pour Renée Burlamachi qu'il épousa le 24 avril 1623.

Tragiques et *le Baron de Fœneste*. S'il n'a point laissé
de membres sur les champs de bataille, comme la
Nouë, bras de fer, s'il n'est pas défiguré d'une arquebusade « à travers les deux joues, » comme Montluc,
il reproche assez souvent à son roi, pour que nous
n'en ignorions, « sa peau percee en plusieurs endroits[1], » « ses douze playes sur son estomac[2]. »
Lui-même nous apprend qu'il est marqué au front
d'un charbon, contracté à la peste d'Orléans[3], qu'une
tentative d'empoisonnement « lui fit tomber tous les
cheveux et peler la peau[4]. » Bien que son robuste
tempérament ait triomphé de vingt accidents, tant
d'escalades, de chutes, de duels et de combats, où il
est laissé pour mort, ont inévitablement gravé leur
ineffaçable sillon sur ce corps « ferré, » sur cette face de
rude soldat. Pendant cinquante-quatre ans, à travers
la furieuse mêlée des guerres religieuses du seizième
siècle, ce téméraire, amoureux de la mort, a couru au-
devant de tous les coups, de toutes les blessures. S'il
est vrai, comme l'affirme d'Aubigné, que la beauté
de Diane Salviati, éloignée de lui, ne fit plus que
languir dans la mélancolie[5], nous estimons que le
talent du poète, « la fureur[6]» des sonnets de son *Printemps* durent émouvoir et toucher la jeune fille au
moins autant que les grâces de son amant. N'oublions
pas cependant qu'il fut pendant quelque temps, avec
le Béarnais et le duc de Guise, de toutes les fêtes,

1. *OEuvres complètes,* t. Ier, p. 32.
2. *OEuvres complètes,* t. Ier, p. 36.
3. *OEuvres complètes,* t. Ier, p. 9.
4. *OEuvres complètes,* t. Ier, p. 27.
5. *OEuvres complètes,* t. Ier, p. 24.
6. *OEuvres complètes,* t. Ier, p. 18.

« mascarades, balets et carrousels de la cour; » c'est
« un des meilleurs hommes de barriere, de tournoi et
de bague; » il est bel esprit, *académicien*, frondeur,
déjà plein de reparties amères, « qui faillirent à l'envoyer en prison[1]. » D'Aubigné avait donc, à défaut de
la beauté régulière des traits, l'esprit, l'adresse, l'audace poussée jusqu'à la folle témérité, et cette fierté
vis-à-vis des hommes, appuyée sur la conscience de
sa force, qui plaît singulièrement aux femmes.

D'Aubigné apparait, parmi les hommes du seizième
siècle, l'égal de qui que ce soit en courage, en intelligence, en savoir; fier, vaniteux, plein d'honneur et
de probité; mais ce type d'indépendance hautaine,
d'inflexible droiture, ne se dégage pas d'abord et tout
d'une pièce, comme ceux de la Nouë, de Plessis-
Mornay, qui semblent avoir échappé aux emportements
d'une orageuse jeunesse. On croirait que ceux-ci pas-
sent presque sans transition de l'enfance à la pleine
maturité; ils sont nés sages. D'Aubigné, auquel man-
quèrent les soins d'une mère, que son père, peu de
jours avant sa mort, « baisa hors sa coutume[2], » et
qui semble, dès l'âge de huit ans, n'être entre ses
mains qu'un instrument de vengeance, est toute sa
vie un indiscipliné, en révolte avec ses pédagogues et
son tuteur, comme avec le roi et ses courtisans.

1. *Histoire universelle*, t. II, col. 771.
2. Jean d'Aubigné, nous l'avons dit, donna les plus grands
soins à l'éducation de son fils malgré les récriminations d'une
belle-mère avare, mais il a quelque chose de cette froideur qui
arrachait à Montluc des regrets pathétiques, quand il se reproche
de n'avoir pas assez aimé son deuxième fils, tué à Madère. « Ce
pauvre garçon, disoit-il, n'a rien veu de moy qu'une contenance
refrongnee et pleine de mespris, et a emporté cette creance que
je n'ay sceu ny l'aimer ny l'estimer selon son merite. » (*Essais*
de Montaigne, liv. II, ch. VIII.)

A dix-huit ans, il a subi toutes les épreuves, tout goûté, tout affronté : l'érudition, la magie, la peste, la misère, la maladie, la guerre, la pensée du suicide, la débauche; il a vu la mort face à face, et de si près, qu'on s'explique sa croyance aux pressentiments, au surnaturel. D'Aubigné, nous l'avons vu, est resté jusqu'au bout homme d'épée, amoureux « de gentils exercices de guerre, » de coups hardis, de duels[1]. Il aime à jouer des mains, à défier le sort, à tenter l'impossible, à marcher au combat en pourpoint, en chemise et aussi à le raconter. Pourtant, même avant l'âge mûr, cette fièvre d'activité, sans se refroidir, se concilie avec la raison, avec une ombrageuse et inflexible austérité. A l'âge où ses compagnons d'armes ne reconnaissent d'autre loi que celle du plaisir, de la débauche et de l'intérêt, il s'est imposé un code immuable d'honneur et de devoir. Pas plus que le Béarnais, d'Aubigné n'a mis impunément le pied à la cour des Valois. Un instant affolé de plaisirs, il subit le prestige des Guises, au point de s'enrôler sous leur drapeau, de s'égarer un jour à Dormans dans les rangs catholiques, d'oublier les têtes d'Amboise et la menace de malédiction paternelle. Mais bientôt il s'affranchit, se

---

1. Bien que d'Aubigné abuse du récit des beaux coups d'épée, il ne racontera pas, nous dit-il, le duel de Brignac, parce qu'il « a banni de son ouvrage les duels, horsmis ceux qui se font de *parti à parti*, prenant en cela loi de la Loi qui a prononcé contre les vaines gloires, les arrets du vrai honneur. » (*Histoire universelle*, t. II, col. 900.) « Ce discours, ajoute-t-il, ne sera pas du goût des galans de ce temps, ni de *celui de sa jeunesse*, mais c'est en faveur des vrais vaillants qu'il donne ce coup de fouet à la vanité et fletrit le faux point d'honneur. » On le voit, il peut être dangereux, avec d'Aubigné, d'opposer les paroles aux actions, mais il ne faut pas oublier les transformations nécessairement amenées par l'âge et la raison.

retire « de cette corruption » que Jeanne d'Albret redoutait justement pour son fils[1], entraîne après soi son maître, le forçant à reconquérir dans le présent sa dignité, dans l'avenir un trône. Dès lors, et chaque jour, l'esprit de d'Aubigné se dégage et se moralise, non pas qu'il prêche la vertu, ce n'est pas un saint, mais il repousse avec indignation la corruption vénale, les bassesses intéressées, les services honteux, les accommodements et les capitulations de conscience. Nul n'a mieux saisi que Sainte-Beuve le trait original de cette physionomie : « Il gardait au cœur, en toutes ses licences, un coin de *puritain*, qui persista sans jamais tuer le vieil homme et qui gagna seulement avec l'âge. Il dut à sa race, à sa trempe d'éducation et au rude milieu où il fut plongé, de conserver, à travers ses passions contradictoires et qu'il combattait très peu, un fond de moralité qui étonne et qui ne fait souvent que leur prêter une plus verte sève. »

Il faut donc distinguer trois périodes dans l'existence de d'Aubigné. C'est d'abord, après un dur apprentissage des armes, l'ami des Guises et le soldat de Dormans. L'émancipation de son maître achève sa réhabilitation ; homme d'action et de parole, il ne risquera plus de défaillances. C'est enfin le malcontent, imployable railleur, « l'imployable partisan, » cherchant de ses mains impuissantes à soulever l'Europe pour son parti, c'est le prédicant religieux et, au milieu de ses crudités gauloises, l'austère moraliste.

1. « Je désire que vous vous retiriez de cette corruption. » (*Lettre de Jeanne d'Albret à son fils*, 4 mars 1572.)
2. *Causeries du Lundi*, Agrippa d'Aubigné, t. X, p. 255.

CHAPITRE II

Comme nous avons esquissé, d'après deux portraits
du temps, la physionomie et les traits du visage de
d'Aubigné, il nous faut analyser de plus près ce caractère, ce tempérament, faire les aveux que réclame
la vérité, justifier notre protestant — car il a eu beaucoup d'ennemis — des accusations fausses, exagérées
et des calomnies.

On ne saurait séparer l'homme de l'historien. Réservant pour une autre partie de ce livre notre opinion sur les qualités et les défauts de son œuvre,
nous devons examiner, dès maintenant, une importante question[1], c'est la valeur morale de l'historien,

1. La discussion de textes et d'assertions soulevée par quelques
critiques dépasserait les limites imposées à cette étude. Ainsi,
par exemple, on a absolument contesté l'authenticité de la lettre
du vicomte d'Ortez (*Histoire universelle*, t. Ier, col. 506), comme
l'attentat du roi, « giboyant aux passants, » de sa fenêtre du
Louvre. Nous renvoyons, pour ce dernier fait, et pour d'autres
questions soulevées par la Saint-Barthélemy, à l'intéressante brochure de M. Henri Bordier : *La Saint-Barthélemy et la critique moderne* (Genève, H. Georg, et Paris, Fischbacher ou
Champion, 1879).

Nous avons, pour notre part, dans ce travail, montré, sans
y pouvoir insister comme nous l'eussions voulu, combien les
démentis infligés à d'Aubigné par M. Poirson, l'historien de
Henri IV, et M. l'abbé Féret sont loin d'être appuyés de preuves
irréfragables.

le degré de confiance qu'il mérite. Nous en croyons d'Aubigné, quand il affirme qu'il a bien pu « dire quelque menterie, sans estre menteur [1]. » Il ne faut pas d'ailleurs mesurer ces âmes exaltées, échauffées par la foi, « ferrees, » comme dit d'Aubigné lui-même, sur le patron de nos cœurs amollis, de nos esprits égoïstes et sceptiques. Ce qui nous paraît l'impossible est possible pour eux, ce qui nous semble folie est, à leurs yeux, tout simplement le devoir. « Alors, il fut permis d'avoir le cœur haut et de le sentir [2]. » La génération qui vit la fin du dix-huitième siècle a, par un phénomène d'atavisme, retrouvé quelques gouttes de ce sang généreux ; en elle s'est éteinte la descendance de cette forte race du seizième siècle.

La passion et la vanité ont-elles, sinon dévoyé la conscience de d'Aubigné, du moins obscurci son jugement ? Quelques passages et le ton général de sa *Vie à ses enfants* ne sont-ils pas, particulièrement pour ce qui concerne Henri IV, en contradiction avec l'*Histoire universelle* ? Autant de questions qui intéressent l'homme aussi bien que l'historien et sont le cœur même de notre sujet.

Nous affirmons, après une consciencieuse étude, que nul historien du seizième siècle, ni du Haillan, ni la Popelinière, ni Davila « qui se sont montrés parties, » ni Régnier de la Planche, ni le sage de Thou lui-même, n'ont eu un aussi grand souci de l'impar-

---

1. *OEuvres complètes*, t. Ier, p. 495.
2. Qui parle ainsi ? un voluptueux, presque un cynique, La Fare, dans ses *Mémoires*, d'autant plus capable, par le contraste même, d'apprécier les mâles vertus. D'ailleurs, avant les déboires de sa carrière et la haine de Louvois, La Fare fut un brillant officier, capable de mériter l'estime et l'amitié d'un Turenne.

tialité. S'il a accusé la Popelinière de « prevarication achetee, de servitude reprochee en face à son auteur et qu'il a confessee avec larmes [1], » s'il a pu blâmer en de Thou « quelques affectations contre la maison de Lorraine, » et un changement à sa première édition « qui montre ou precipitation ou foiblesse de courage, » c'est que, fort d'une bonne conscience sur ce point, il a lui-même constamment voulu « fouler aux pieds ses passions. »

L'historien sait et répète sans cesse que « son mestier est d'ecrire sans juger des actions, comme les præmisses d'un argument, duquel celui qui lit amasse la judicieuse conclusion. » Il écrit au marquis de Courtaumer : « Donnez quelques soirees à un ami qui essaye de bien faire, si mon *Histoire* vous a apris que je serve à la louange ou au decry de mes amis et de mes ennemis, sans estre poussé aux mensonges, ny par la hayne, ny par l'amitié, en n'establissant ny la louange, ny le deshonneur, que par les actions simples et nuës sans y aporter jugement[2]. » Et ce n'est pas seulement lui-même, ce ne sont pas seulement ses amis qui lui rendent ce témoignage. Un jésuite a dit de d'Aubigné et de son *Histoire* « qu'il ne quittoit pas son chemin pour juger, ni pour dire paroles injurieuses, mais qu'il faisoit parler les choses[3]. » Dans la bouche d'un ennemi, ces mots ne sont-ils pas comme un aveu forcé d'exactitude et d'impartialité ?

---

1. Préface de l'*Histoire universelle*, p. 4. Voir (dans l'*Histoire universelle*, t. 1er, col. 380) la confirmation et le développement de cette accusation... « Là-dessus il se tut, la larme à l'œil, laissant bien juger que sa plume estoit vendue. »

2. *OEuvres complètes*, t. 1er, p. 366.

3. *Histoire universelle*, t. III, Préface, p. 6.

S'il juge d'un mot et en passant ses ennemis, il dit le bien autant que le mal. Les Valois, « la *Florentine,* » marqués au fer chaud dans les *Tragiques*, redeviennent des justiciables qui ont droit à l'équité. Il écrira de Catherine de Médicis « qu'elle n'avoit rien de commun en vices ni en vertus [1], » et ailleurs « qu'elle n'avoit rien de bas; » il reconnaîtra ses intentions sincères de conciliation au concile de Trente. N'est-ce pas le ton véritable de l'histoire ce jugement définitif sur la mère des Valois et n'y sent-on pas comme un souffle de Tacite? « Chacun admiroit de voir une femme estrangere, nee de condition impareille à nos Rois, au lieu d'estre envoyee en sa maison, comme plusieurs Roines douairieres, se jouer d'un tel royaume et d'un tel peuple que les François, mener à sa cadene de si grands Princes; mais c'estoit qu'elle se sçavoit escrimer de leurs ambitions, bien mesnager les esperances et les craintes, trancher du cousteau des divisions et ainsi docte en toutes les partialitez, employer pour soi les forces qu'elle devoit craindre [2]. »

D'Aubigné se vantera, et c'est peut-être pousser bien loin « l'æquanimité, » de n'avoir pas une fois prononcé « le vocable de cruauté, ny celuy de la rigueur, » à propos de la Saint-Barthélemy [3]. De même il se refusera à parler des victimes des Espagnols en Amérique, « parce qu'il ne scauroit entrer en ce discours sans passion contre leurs cruautés et perfidies [4]. » Scrupule véritablement blâmable, poussé jusqu'à ce

1. *Histoire universelle,* t. Ier, col. 198.
2. *Histoire universelle,* t. II, col. 689.
3. *Œuvres complètes,* t. Ier, p. 467.
4. *Histoire universelle,* t. Ier, col. 41.

point, puisqu'il substitue le silence à la justice et
supprime le crime pour n'avoir pas à le flétrir.

D'Aubigné plaide au besoin, mais toujours d'un
mot, les circonstances atténuantes, qu'il s'agisse d'a-
mis ou d'ennemis. Antoine de Navarre « s'estoit ployé
à tous sens et changements, plus par foiblesse de cer-
velle que de cœur[1]. » Guise est « un grand capitaine,
duquel le naturel se fust porté non à la ruine, mais à
l'estendue de la France, en une autre saison et sous un
autre frere[2]. » Il a d'ailleurs toujours professé pour
ce prince une haute admiration, souvenir de jeunesse
et sympathie d'homme d'épée pour les vaillants. Ce
dernier sentiment explique une sorte d'indulgence relative pour le baron des Adrets lui-même, « un rene-
gat et un bourreau, » que sa férocité n'a pas empêché
d'être « un capitaine excellent, » un maître en ce genre
de guerre qu'a aimé et pratiqué d'Aubigné. On sent
que ce terrible exécuteur, digne pendant de Montluc,
avait fait une forte et durable impression sur l'esprit
de d'Aubigné enfant (1562). Comme celui-ci lui demandait un jour pourquoi rien ne lui avait succédé,
quand il eut quitté le Parti : « C'est, répondit le Baron, qu'avec les Huguenots j'avoys des soldats[3]. »
De tels éloges rachetaient sans doute, aux yeux de

1. *Histoire universelle*, t. Ier, col. 220.
2. *Histoire universelle*, t. Ier, col. 251.
3. *Histoire universelle*, t. Ier, col. 216. Nous avons vu (p. 36)
un pareil hommage rendu par le duc de Mayenne, vaincu au
combat d'Arques, à la vaillance des protestants. Voici la réponse complète du baron : « Avec les Huguenots j'avoys des
soldats, despuis je n'ai eu que des marchands qui ne pensent
qu'à l'argent. Les autres estoyent ferrez de crainte sans peur,
soudoyez de vengeance, de passion et d'honneur ; je ne pouvois
fournir de rennes pour les premiers, ces derniers ont usé mes
esperons. » (t. Ier, col. 217.)

l'historien, bien des cruautés. D'ailleurs d'Aubigné est un soldat de guerre civile, ne l'oublions pas ; il ne condamne que « les tueries plusieurs jours aprés[1] » et les capitulations mal gardées.

On s'étonne d'entendre accuser d'Aubigné d'avoir marchandé l'éloge, par esprit de dénigrement et d'étroite jalousie. Disons plutôt qu'il le prodigue, aux catholiques comme aux protestants. Il a ses héros dans les deux camps, et ils sont nombreux en ces temps de guerres civiles : c'est l'Hospital, qu'il loue si bien d'un mot, en l'appelant : « le seul Chancelier[2] ; » c'est l'Amiral Coligny « qui excedait son siecle[3] ; » c'est un Montbrun dont un jeune capitaine suisse disait : « Jules Cæsar, le roi François et lui ont deffaict notre nation[4] ; » c'est un Seré qui, mourant, envoie son gant sanglant à sa sœur « damoiselle de courage qui le garda entre ses plus precieux joyaux[5] ; » c'est Chambaut, qui tout blessé « se fait porter dans une chaire[6] ; » c'est la Rivière, « le plus diligent et plus laborieux caval leger qui fust au service du Roi[7] ; » c'est ce vaillant Martigues, « un des plus hasardeux et resolus capitaines du royaume[8], » loué par d'Aubigné, aussi bien que

1. Par exemple à la prise d'Yssoire (*Histoire universelle,* t. II, col. 903).
2. *Histoire universelle,* t. II, col. 666.
3. *Histoire universelle,* t. Ier, col. 517.
4. *Histoire universelle,* t. II, col. 709. D'Aubigné reproduit ainsi dans ses *Tragiques* ce magnifique éloge :

> Montbrun qui n'a receu du temps et de l'histoire
> Que Cæsar et François compagnons de victoire.
>
> (*Œuvres complètes,* t. IV, *Trag. Fers,* p. 207.)

5. *Histoire universelle,* t. II, col. 935.
6. *Histoire universelle,* t. II, col. 1007.
7. *Histoire universelle,* t. Ier, col. 474.
8. *Histoire universelle,* t. Ier, col. 375.

par La Nouë [1], pour avoir, au combat de la Levée,
fait une si belle trouée dans les rangs des Réformés ;
c'est Saint-Luc, « envié des courtisans, aimé des
gens de guerre jusques à la mort, et aprés elle re-
gretté [2] ; » c'est Chicot lui-même, cité à l'ordre du
jour, pour s'être fait tuer cinq chevaux sous lui, en
voulant se venger de Mayenne qui l'avait battu [3] ; c'est
Givry, tué à Laon, « de qui l'on disoit qu'en esprit,
en courage et en bienseance, nature avoit mis ses délices en lui [4]. » Et, si l'on se plaît au contraste des
personnages, c'est un Maurice de Nassau [5], restaura-
teur des mœurs et de la discipline militaire ; c'est La
Nouë ; c'est le meilleur ami de d'Aubigné [6], Claude de
la Trémoïlle ; c'est Rohan [7], combattant encore, comme
dit Sénèque, un genou en terre. Arrêtons-nous, il faudrait, dans le camp des protestants, citer cette inter-
minable liste de martyrs tirés de l'oubli [8], depuis les
Vaudois et Wiclef et Zisca, jusqu'aux dernières victimes du martyrologe des Réformés, justement confondus en ces pages, comme sur des tables funéraires,
puisque tous, pouvant choisir entre la vie ou le renon-
cement [9], voulurent mourir pour affirmer la liberté

1. *Mémoires* chap. xix, (année 1568).
2. *Histoire universelle*, t. III, col. 538.
3. *Histoire universelle*, t. III, col. 361.
4. *Histoire universelle*, t. II, col. 474.
5. *Histoire universelle*, Attache aux deux premiers tomes,
col. 1184.
6. *Œuvres complètes*, t. Ier, p. 74-76. *Histoire universelle*,
t. II, col. 623, etc.
7. *Œuvres complètes*, t. Ier. Voir les treize lettres adressées
au duc par d'Aubigné.
8. Voir *Histoire universelle*, t. Ier, col. 95, 541 et suiv.
9. D'Aubigné distingue très expressément et n'honore du titre
de martyrs que ceux qui « eurent le choix de la vie ou du re-
noncement. » (*Histoire universelle*, t. II, col. 556.)

de la conscience humaine et le droit de se séparer de
Rome.

Ainsi l'historien distribue l'éloge aux chefs illustres,
comme aux moindres capitaines, dont les actions d'éclat
sont parvenues jusqu'à lui. Regardant cet hommage
comme une dette, il gourmande l'incurie et l'indifférence des fils « qu'il faut inutilement prier. » « Vous
diriez que la gloire du pere rend le fils honteux, et que
de peur d'estre obligé aux excellents traicts et parfaites
beautez de nos ayeuls, nous en voulons supprimer la
memoire et jetter au feu les tableaux[1]. » Ici d'Aubigné se plaint de ne pouvoir, « par la stupidité et le
mespris de la renommee », donner le nom d'un faible
navire, qui fît sauter un vaisseau ennemi[2] ; là, il
regrette de ne pouvoir nommer « plusieurs simples
soldats, qui ont mis le premier genou sur les creneaux
ou arresté une desroute par leur vertu. » Ces noms
ignorés, il les réclame dans les mémoires dont il demande l'envoi, comme matériaux de son *Histoire*.

Non seulement d'Aubigné, qui cite tant de justiciables à son tribunal, se plaît plus à l'éloge qu'au
blâme, mais il ne veut pas déshonorer toutes les défaillances. Il sait que Dieu « s'est reservé sur les courages[3] » et que les seuls *Fœnestes* n'ont jamais eu peur.

---

1. *Histoire universelle*, Attache aux deux premiers tomes,
col. 1187 et suiv. Molière ne prêtera ni de plus nobles sentiments, ni un plus beau langage à don Louis gourmandant son
fils don Juan... « Vous descendez en vain des aïeux dont vous
êtes né ; ils vous désavouent pour leur sang et tout ce qu'ils ont
fait d'illustre ne vous donne aucun avantage ; au contraire, l'é-
clat n'en rejaillit sur vous qu'à votre déshonneur, et leur gloire
est un flambeau qui éclaire aux yeux d'un chacun la honte de vos
actions. » (MOLIÈRE, *Le festin de Pierre*, acte IV, scène VI.)
2. *Histoire universelle*, t. III, col. 545.
3. *Œuvres complètes*, t. 1er, p. 18.

S'il confesse que les soldats du prince de Condé « de Reformés s'estoient rendu *defformés*[1] ; » s'il constate avec douleur « les vices desjà coulés » dans les armées protestantes, « qu'elles avaient fait la premiere guerre en angés, la deuxieme en hommes et la troisieme en diables encharnés[2] ; » s'il n'est pas avare d'amères censures générales aux deux partis, il épargne souvent la tache d'une mention à des hommes dont il retient volontairement le nom au bout de sa plume. Ainsi, la ville d'Amiens est surprise par une ruse des Espagnols et la lâcheté de quelques gentilshommes français[3]. L'historien les laisse, sans les nommer, se rejeter les uns aux autres la honte de leur panique ; il ne désigne que le brave et irréprochable Saint-Surin[4]. A Fontaine-Française[5], il donne la place d'honneur à La Trémoïlle, « qui s'estoit convié à servir au Roi de miroir, » « abattant avec d'Elbeuf la rosee devant lui, » mais il « n'arbore pas » les noms des gentilshommes de marque qui avaient fui, les excusant sur un passé sans réproche. D'Aubigné, qui s'y connaît en bravoure, nous a montré des soldats, parmi les plus hazardeux, pris de frayeurs subites[6], et semble faire la part, en certains instants, d'une sorte de fatalité. Quelquefois il mettra sur le compte d'un sentiment de dédaigneuse commisération une lacune de sa mémoire qu'il ne tient pas à réparer : « Je ne suis pas marri d'avoir oublié le nom de ce gouverneur[7]. » Il s'agit d'un gouverneur de Vitré,

1. *Histoire universelle*, t. II, col. 889.
2. *Histoire universelle*, t. II, col. 576.
3. *Histoire universelle*, t. III, col. 533 et suiv.
4. *Histoire universelle*, t. III, col. 535.
5. *Histoire universelle*, t. III, col. 489-490.
6. *Œuvres complètes*, t. Ier, p. 18.
7. *Histoire universelle*, t. III, col. 191.

« corrompu par presents du Duc de Mercœur. » Il faut
avouer que contemporains, et Bretons surtout, ne pouvaient guère s'y tromper.

Malgré ce parti pris d'impartialité et même parfois
d'indulgence, bien que l'historien répète fréquemment qu'il n'est « apologue d'aucun des partis et
renvoye à leurs escrits, » l'*Histoire* est une longue
apologie du parti, mais jamais il ne s'échappe en dé-
clamations ; il laisse parler les faits d'eux-mêmes, les
mettant habilement en relief, s'en rapportant à leur
éloquence ou concluant par une réflexion brève et pé-
remptoire. Bien que controversiste à ses heures, d'Aubigné semble, dans son *Histoire*, presque dénué du sens
et de la faculté critiques ; il ne discute pas, il ne veut pas
s'attacher à démêler la vérité entre relations diverses
d'un même fait. Ce n'est point son gibier, et il nous
le dit expressément : « Je ne me suis pas attaché à
cette histoire pour les contrarietez des rapports [1]. » Il ne
s'écarte de cette réserve que rarement, et pour quelque
intérêt religieux. En ce cas, il exposera avec équité
la confession de chaque parti, « ne refusant à aucun un
tiltre honorable : c'est celui que chacun s'attribue,
afin que nul ne se puisse plaindre de son choix, sauf
à renvoyer au jugement des consciences pour scavoir
qui abuse de son tiltre [2]. » Cela dit, il transcrit par articles et sans commentaires la confession et les thèses
des catholiques comme des protestants. Ce nom même
de *Papiste* et de *Huguenot* (dont le premier surtout
sent un peu le mépris), s'il se lit en quelque lieu, l'historien déclare que « ce sera en faisant parler quelque

1. *Histoire universelle*, t. II, col. 712.
2. *Histoire universelle*, t. Ier, col. 51.

partisan passionné, et non du stil de l'autheur [1]. » En un mot, ce sont pièces officielles qu'il se borne à insérer en simple rapporteur, en greffier consciencieux.

Il faut avouer pourtant qu'ailleurs d'Aubigné a aussi pratiqué la méthode de Tacite, l'historien de l'antiquité qu'il préfère et imite souvent [2]. Il excelle, comme lui, en rapportant les bruits de la renommée ou les opinions des uns et des autres, à insinuer indirectement la sienne, à se décharger d'accusations qui pèseraient à sa conscience et démentiraient son plan d'absolue « æquanimité. » Il a contre la compagnie de Jésus de personnels et légitimes griefs; il lui en veut même de sa « superbe » appellation. Mais c'est la Sorbonne, avec son jugement sur les menées et agissements des Jésuites, c'est Estienne Pasquier, avec sa plaidoirie contre Versoris, leur avocat, qu'il charge d'exécuter ses implacables ennemis. Dans l'exercice même de ses rancunes, il relève encore d'un mot de redoutables adversaires; ainsi fait-il pour cette secte « qui nous taillera tant de besogne, adoree de tant de gens, haye de plus,

1. Cette pensée rappelle les belles paroles de l'Hospital : « Ostons ces mots diaboliques, noms de parts, factions et seditions, lutheriens, huguenots, papistes ; ne changeons le nom de chrestien. » (Harangue prononcée à l'ouverture de la session des Etats Généraux assemblés à Orléans, le 13 décembre 1560. *OEuvres complètes* de l'Hospital, publiées par Duffey. 6 vol. 1824, t. Ier, p. 402.)

2. Catherine de Médicis, nous l'avons déjà vu, a souvent bien inspiré d'Aubigné. Les lignes suivantes ne sont-elles pas comme la pure moëlle et la substance de Tacite ? A la mort de Charles IX, Catherine voulut « faire enterrer le mort plus honorablement que l'ordinaire, adjoustant à la despense les larmes et regrets si bien composez, qu'elle croyoit par là arracher de la pensee des grands et du peuple l'opinion que presque tous avoyent qu'elle eust apporté de la fraude et de l'artifice à la mort de son fils; mais cela profita envers peu. » (*Histoire universelle,* t. Ier, col. 700-701.)

mesprisee de nul [1]. » Jugement équitable en somme, et dont la portée ne s'arrête pas au seizième siècle.

On ne saurait demander à celui qui écrivit les *Tragiques, Fœneste*, et probablement *la Confession de Sancy*, de s'abstenir toujours d'un coup de langue, de repousser le trait qui s'offre à sa main. Il nous montrera Condé faisant la paix contre les volontés de l'Amiral et l'intérêt protestant, parce qu'il est : « desireux de la Cour, où il a laissé quelque semence d'amourettes [2]; » ce qui ne l'empêchera pas de rendre justice dans une page d'un grand souffle au courage héroïque de ce prince chevaleresque, mais « hesitant et peu sur [3]. » Il effleurera d'une main légère, à propos de son abolition à Rome, l'ordre des *Frères humiliés,* « qui, par ceste humilité estoient parvenus à si grandes richesses [4]. » A propos de l'enthousiasme des ambassadeurs Polonais, reçus à une fête des Tuileries, et déclarant que le bal de France est chose impossible à contrefaire à tous les rois de la terre, d'Aubigné ajoute d'un trait concis : « J'eusse mieux aimé qu'ils eussent dit cela de nos armees [5]. » Voulez-vous voir un homme bien drapé en cinq lignes ? Écoutez ce portrait de

1. *Histoire universelle*, t. Ier, col. 270.
2. *Histoire universelle*, t. Ier, col. 328.
3. Récit de la bataille de Jarnac et mort du prince de Condé (*Histoire universelle*, t. Ier, col. 395). « Il arriva que ce Prince mettant son casque, un coursier du comte de la Rochefoucaut lui met l'os de la jambe en pieces, qui perçoit la botte, il monstre ce spectacle aux plus proches, et leur ayant dit : « Voici, Noblesse » vrayement Françoise, ce que nous avons tant desiré, allons » achever ce que les premieres charges ont commencé, et vous » souvenez en quel estat Louys de Bourbon entre au combat » pour Christ et le pays. »
4. *Histoire universelle*, t. II, col. 633.
5. *Histoire universelle*, t. II, col. 665.

Bussi : « Ainsi mourut Bussi, homme sans ame, ayant un grand esprit, tant aux choses qu'aux langues, un courage desmesuré, mais qu'il employoit plus à mordre les chiens de sa meute que sur les loups ; tellement qu'un bon capitaine l'eust desiré chez ses ennemis [1]. »

D'Aubigné a aussi des réticences trop claires, des discrétions par trop indiscrètes. Il se retient « d'apposer un tableau publié de son temps pour montrer la haine que Monsieur (frère du roi) avait acquise, de crainte qu'on le prenne pour certificateur des enormitez [2]. » Si l'historien se croit de bonne foi discret et réservé à l'égard de ce prince, « qui mourut ayant autant d'ennemis que de cognoissans, » il oublie nous avoir révélé, à la page précédente, qu'à la cour, « par le bruit de ses vices, il se voyoit toutes les dames ennemies. » On se demande quel trait peut bien manquer au tableau [3] !

1. *Histoire universelle,* t. II, col. 1095.
2. *Histoire universelle,* t. II, col. 1095.
3. *Monsieur* a exercé la verve railleuse de l'historien comme celle du poète. Tantôt il nous le montre « se sauvant sur un courtaut, ayant vestu, avant que partir, le mesme pourpoint qu'il avoit sur lui le jour que La Mole fut décapité, et disant à ceux de sa suite qu'il le porteroit encores un jour de bataille pour gage d'une grande vengeance. Nous lairrons là La Mole bien vengé, ajoute-t-il, pour mener Monsieur jusques à Romorantin. » Quelques lignes plus loin, le même personnage écrit aux Rochellois pour les confirmer dans leurs privilèges « sans oublier de leur demander un peu d'argent. » (*Histoire universelle,* t. Ier, col. 762.) Ce sont là des traits délicats qui n'appuient pas trop et sont dans le meilleur ton de l'histoire, à égale distance de la sécheresse et de la déclamation.

CHAPITRE III

VANITÉ DE D'AUBIGNÉ, VARIATIONS APPARENTES
DE SES JUGEMENTS.

Nous n'avons pas révoqué en doute la sincérité de l'historien. Qu'il se borne, suivant son plan, à l'exposition des faits, ou qu'il s'échappe en réflexions d'une concision expressive, il a trop sous les yeux, en écrivant, *la Postérité*, à laquelle il dédie fièrement son œuvre, pour n'avoir pas repoussé de toutes ses forces l'esprit de parti, les basses suggestions, les rancunes personnelles. Son énergique volonté pour y parvenir n'est pas contestable. Y a-t-il toujours réussi ? Et d'abord l'amour-propre, la jactance ne sont-ils pas la source d'une inévitable partialité, puisque ces défauts faussent le point de vue, en grossissant notre mérite, en diminuant celui d'autrui, en nous portant à pallier nos erreurs, à exagérer celles du prochain ? L'*Imprimeur* défend son auteur contre ses rivaux, qui ont dit assez méchamment que « l'*Histoire* est vrayement *sienne*, pour ce qu'elle est *de lui* principalement. » « Je respons, apologue de mon Mæcene, qu'ayant commencé son premier siege dans Orleans (1562) et pourtant esté soldat 54 ans, capitaine 50, maistre de camp 44 et mareschal de camp 32 annees, à compter dès l'an 1616,

date de la première impression, il auroit esté trop
lasche ou trop malheureux, s'il n'avoit à respondre en
son nom de plusieurs exploicts ; je dis en son nom,
pour ce que là où il a peu le taire sous quelque qualité,
comme d'*Escuyer du Roi*, *Enseigne* ou *Lieutenant de
compagnie*, ou sous le mot vague de *Quelqu'un*, et cela
aux plus hasardeux traits de sa jeunesse, il a laissé
cette connoissance à ses plus proches et familiers, la
desrobant au reste de ses lecteurs ; ce que, où il a eu
tiltre de chef, et s'est trouvé responsable des gestions,
il n'a peu ni deu faire, et ne l'a voulu aux negociations
qui cedent aux coups d'espee en vanité. On lui avoit
demandé permission de noter les endroits où il a des-
guisé son nom par sa marque qui est un aleph (·/.) ;
il la refusa, en quoi on lui a desobei, à la seconde
edition, presque par tout. Je l'ai pourtant ouy deffen-
dant les Commentaires de Cæsar et ceux de Monluc,
alleguant que le plaisir de dire est juste aprés la peine
et le peril des actions, et que la modestie d'un courtisan pesant et froid est ordinairement secouee par la
teste gaillarde d'un soldat. Il adjoustoit, qu'estre exact
à conter ses actions estoit vanité ; n'oser produire son
nom, une immodeste modestie, et une trop vaine et
lasche discretion[1]. » Est-il besoin d'ajouter que si
l'*Imprimeur* tient la plume, c'est l'*Auteur* qui dicte ?
Son style le trahit assez. Oui, nous partageons son
avis sur la fausse modestie, pire qu'un peu de vanité
souvent légitime ou excusable. Depuis le combat de
la Roche-Abeille[2] jusqu'à l'entrée du Béarnais dans

1. *Histoire universelle, l'Imprimeur au Lecteur*, p. 11 et 12.
2. D'Aubigné nous a dit dans sa *Vie* qu'il se trouva « au grand
combat de la Roche-Abeille ; » dans l'*Histoire*, il révèle indirectement sa présence par cette phrase : « Ceste bande... fut la pre-

Paris, que de pages où le nom de d'Aubigné s'impose, où sa place est marquée sur les champs de bataille, dans les conseils et dans l'intimité du prince !

D'Aubigné aime à se vanter, mais, s'il ne veut rien perdre de ses avantages, s'il ne veut pas surtout que ses enfants en ignorent, du moins il ne ment pas. L'écrivain prend soin d'établir une distinction entre son *Histoire* et la *Vie à ses Enfants*; il a raison et nous ne saurions trop y insister. Lui-même confesse et explique, dès les premières pages de *sa Vie*, cette diversité. Sans doute l'auteur qui écrivait, au moins les dernières pages, postérieurement à l'année 1628[1] est vieux, triste et mécontent, mais pourquoi se croirait-il obligé d'y conserver le ton officiel de l'historien? Il s'adresse, non plus *à la Postérité*, mais *à ses Enfants*, comme s'il les « entretenoit encore sur ses genoux[2]. » De là un langage différent, des confidences permises ici, qui seraient déplacées ailleurs, des anecdotes sur sa personne que la modestie et les proportions du cadre ne le contraignent plus de taire. Le voile des pseudonymes, voile plus que transparent, il faut l'avouer, dans l'*Histoire*, se soulève. « Cet *Enseigne*, ce *Guidon*, ce *Lieutenant*, ce *Capitaine*, dit-il à sa famille, c'était moi, » et nous nous en doutions un peu. Si l'on était tenté de faire un reproche à l'auteur de la *Vie*, ce ne serait pas de raconter, encore moins d'avoir imaginé ces folles bravades, ces hasardeuses témérités, mais de les raconter

miere à qui nous avons veu tirer le pied joint. » (*Histoire universelle*, t. 1er, col. 408.)

1. Le Muet «leur marqua tout ce que fait aujourd'hui le Roi Louys, comme les combats maritimes de la Rochelle, son siege, son demantellement et les ruines du Parti. » (*Œuvres complètes*, t. 1er, p. 93.)

2. *Œuvres complètes*, t. 1er, p. 4.

avec un repentir, au fond assez peu sincère, de se confesser avec une contrition suspecte et quelque peu vaniteuse.

Si d'Aubigné maltraite son maître qui ne l'a pas toujours ménagé non plus, ne l'oublions pas, c'est à l'oreille de ses enfants, dans un manuscrit dont il a expressément ordonné qu'il n'y eût que deux copies toujours gardées dans la maison, confidences privées et domestiques, dont il a pu ne pas prévoir l'impression. L'historien n'a voulu voir et transmettre que les traits principaux du roi, ceux qui intéressent la postérité ; le père de famille jugeant l'homme, le compagnon, ne s'est cru obligé de dissimuler aucune de ses faiblesses. Les anecdotes que le vieillard a souvent racontées à son foyer, interrogeant sa mémoire plus ou moins fidèle, ses souvenirs en partie déjà recueillis par son jeune ami Esaïe Baille, il les couche sur le papier pour lui et les siens, aidé de sa propre correspondance qu'il a sous les yeux[1]. Peut-on lui contester le droit de réserver pour ses Mémoires « les choses trop particulieres qui n'estoient pas dignes de l'histoire ? » Encore un coup, il n'y a pas là contradiction, mais supplément d'informations personnelles ; ici l'officiel, là le particulier.

1. La plus grande partie de la correspondance comprise dans le tome Ier des *Œuvres complètes* (sept séries sur huit), était recueillie avec soin par d'Aubigné lui-même, recopiée par un secrétaire avec quelques corrections de la main du maître et comme prête pour l'impression.

CHAPITRE IV

DÉMÊLÉS DE HENRI IV ET DE D'AUBIGNÉ, ACCUSATIONS
ET GRIEFS DU SERVITEUR CONTRE LE MAITRE.
COMMENT D'AUBIGNÉ JUGE CE PRINCE.

Qui a tort, qui a raison, dans les nombreux démêlés
du maître et du serviteur ? Laissons la *Confession de
Sancy*, dont l'authenticité n'est pas douteuse, mais c'est
un pamphlet que son auteur n'a pas signé. Encore moins
irons-nous puiser au *Divorce satyrique* [1]. Un tel procès

---

1. Nous disions dans une note, au bas de la première page
du *Divorce satyrique* (*Œuvres complètes*, t. II, p. 655) : « L'authenticité du *Divorce satyrique* ne nous avait pas semblé suffisamment établie pour reproduire dans notre édition ce violent
et médiocre pamphlet. Notre opinion ne s'est guère modifiée,
mais l'avis de quelques juges compétents, tels que MM. Ch. Read,
Henri Bordier, Ch. Lenient, Tamizey de Larroque, etc., nous décide à le réimprimer sous toutes réserves. » Nous estimons que
l'avis de ces érudits justifie pleinement la réimpression de
cette satire. Nous nous proposions de donner dans nos notes
le résumé des diverses opinions de la critique; qu'on nous
permette du moins de signaler ici un curieux détail. On lit
au *Divorce* (*Œuvres complètes*, t. II, p. 675) quatre méchants
vers que l'auteur attribue à la reine Marguerite :

> A ces bois, ces prez et cet antre
> Offrons les vœux, les pleurs, les sons,
> La plume, les yeux, les chansons
> D'un poete, d'un amant, d'un chantre.

Ces vers ont été recueillis, suivis de quatre autres aussi mauvais,
parmi les odes, dans cette sorte de *farrago* que nous avons comprise, à la suite de l'*Hécatombe à Diane*, sous le titre de *Prin-*

exige des documents dont la valeur n'ait pas même été contestée. Ces documents sont la *Vie* et l'*Histoire*. On a lu la *Vie*, pièce de 112 pages, de facile et prompte lecture[2], d'ailleurs arrangée plus tard « au goût du lecteur. » On connaît beaucoup moins l'*Histoire* qui compte près de 2000 colonnes d'in-folio. Oui, dans la *Vie*, les accusations contre le roi, qui vont s'accumulant de plus en plus graves, peuvent parfois sembler calomnieuses. « La malice poussoit (le roi) à lui faire toutes sortes de querelles, à luy empescher tous payements, et mesme à lui gaster ses habillements, pour le reduire à la necessité. » C'est là ce que l'auteur appelle ailleurs « des picquoteries[1]. » Le dépit d'un

temps. M. Ch. Read voit dans cette coïncidence une preuve à peu près certaine de l'authenticité du *Divorce.* Nous croyons que c'est exagérer l'importance de ce rapprochement. L'*Hécatombe* avait seule été préparée, comme la correspondance, par l'auteur, pour l'impression. Ces vers rocailleux d'une muse royale, faits pour la musique, étaient chantés, comme le dit l'auteur du *Divorce* « par les belles voix de la Cour. » Ne peut-on supposer que cette mauvaise romance s'est trouvée dans les papiers de d'Aubigné, sans qu'il en fût nécessairement l'auteur ? Ou même, en admettant qu'il fût coupable de cette poésie, le pamphlétaire l'a pu recueillir et insérer dans son pamphlet, ce qui ne prouve en rien que ladite satire soit de d'Aubigné.

1. Il ne faut pas non plus oublier que le siècle est singulièrement grossier ; l'esprit manque encore de cette délicatesse, au moins extérieure, que devait enseigner l'âge suivant ; les plaisanteries les plus lourdes, parfois les plus cruelles, y semblent pure malice. Le bon tour joué à cet apprenti courtisan, c'est le *Baron de Fœneste* lui-même (*Œuvres complètes*, t. II, p. 398), qu'on force de se brûler à moitié les jambes à un grand feu, pour avoir l'honneur de tenir la bougie du roi bien abrité d'un écran, c'était là ce qu'on appelait un passe-temps de cour innocent. *Fœneste* est un répertoire des plus riches en ce genre, et l'on peut supposer que d'Aubigné a souvent été de ces parties, du côté des rieurs. Il faut lire dans Brantôme les gentillesses et tours aimables que se font le maréchal Strozzi et Brusquet, sans rancune et pour se divertir (*Capitaines estrangers.* Discours 52. Le mareschal Strozzi). « Les habille-

prince amoureux, qui ne trouve que rebuffades là où il attendait la complaisance d'un courtisan sans scrupules, la rancune d'un maître souvent malmené par un censeur sarcastique expliquent ces querelles, ces brouilles, toujours suivies de raccommodements.

« Nourri aux pieds de son Roi, desquels il faisoit son chevet en toutes les saisons de ses travaux, quelque temps eslevé en son sein et sans compagnon en privauté[1], » Agrippa d'Aubigné fut, si nous osons dire, le *camarade* du Béarnais, tous deux, ou peut s'en faut, du même âge[2]. Pouvait-on deviner, vers 1572, et plus tard encore, la fortune réservée au prince de Navarre? Compagnons de tente et de table, ils ont partagé les plaisirs aussi bien que la gêne, la faim et la froidure. Henri, touchant déjà la couronne de la main, trouvait souvent sa marmite renversée. Pareille vie

ments gastés » sont un de leurs divertissements. Nous lisons aux *Mémoires de la vie de M. de Thou* (p. 204-205) le récit d'une querelle entre le maréchal de Biron et Crillon, colonel du régiment des gardes, qu'il accusait d'avoir maladroitement exposé ses troupes au siège de Rouen : « Ce dernier, étant venu dans le cabinet du Roi pour s'excuser, passa des excuses aux contestations, des contestations aux emportements et aux blasphèmes. Le Roi écoutait patiemment. Biron avait fait semblant de s'endormir sur un coffre, et Crillon, s'étant approché de lui, lui criait qu'il n'était qu'un chien galeux et hargneux. Ne croirait-on pas entendre s'injurier des héros d'Homère?

Louis XIV, le grand Roi lui-même, que nous nous sommes habitués, sur la foi des poètes courtisans, à enfermer dans un nuage d'or, en descend et se fait parfois traiter en simple mortel. C'est Sainte-Beuve qui cite dans une de ses *Causeries* (t. VII, p. 3) une plaisante anecdote tirée des *Mémoires de Villeroy*. Une demoiselle d'honneur, agacée par le monarque, couvrit un jour son auguste chef du contenu d'un saladier. Assurément une femme hardie, usant du droit de légitime défense, a pu se rendre coupable d'une audace aussi originale, mais quelle distance de ces réalités bourgeoises à la légende quasi divine !

1. *Préface* de l'Histoire, p. 6.

2. D'Aubigné est né en 1552; Henri IV en 1553.

efface les distances, engendre liberté, surtout si le
maître aime à rire et le sujet à gronder, car d'Aubigné
n'est pas né seulement satirique, mais sermonneur[1].
Le calvinisme, avec ses allures graves et sententieuses,
son caractère austère et arrêté, s'accommodait mal
avec la mobilité gasconne. De là ces brouilles, ces récriminations, ces médisances, ces calomnies, si l'on
veut, dont d'Aubigné n'a pas conscience. Ce sont blessures continuelles de part et d'autre, entre deux na-
tures opposées, qui n'ont pas tort dans leurs mutuels
reproches. Tandis que le caractère du serviteur s'épure,
que sa conviction religieuse s'affirme, se fortifie jusqu'à l'inflexible austérité, le maître, flottant, indécis,
égal à tous les partis, instruments possibles de sa grandeur future, qui a un trône à ménager, pourra garder,
au plus profond de son cœur, quelque attachement pour
les compagnons désintéressés de sa fortune, pour les
ouvriers de la première heure, mais il sera forcé de
les sacrifier chaque jour à ces consciences qu'il s'agit
de rassurer ou de gagner, surtout à ces appétits qu'il
faut bien satisfaire. Agrippa n'a jamais pardonné au
Béarnais ce qu'il appelle son infidélité et la trahison
de son parti, pas plus que le roi au sujet sa raideur
frondeuse, son intraitable fidélité à sa foi. Henri a devant les yeux son intérêt uni à celui de la pacification,
d'Aubigné son serment, sa croyance, l'intérêt exclusif de
son parti. Entre les hautes raisons politiques et la voix
impérieuse d'une conscience, entre la conduite du roi
et celle du sujet, chacun a le droit de choisir, mais

1. Les *Méditations sur les Psaumes*, qui datent, il est vrai,
de la fin de sa vie, ont presque le caractère de la prédication
évangélique. Un grand nombre des discours de l'*Histoire* sont
d'éloquents réquisitoires, souvent animés d'un souffle religieux.

nul, même au nom de la raison d'Etat, toujours si
contestable, n'a droit de condamner la fidélité au devoir et au serment.

Quand l'auteur de la *Vie* reproche à son maître « la
resolution de le poignarder et le jetter en l'eau, » quand
il l'accuse d'avoir résolu la mort « de celuy que Dieu
a choisi pour instrument de sa vie[1] » on se demande
si, dans un moment d'implacable rancune, d'Aubigné
n'a pas prêté au roi lui-même la pensée de voies de
fait et de crimes dont ses nombreux ennemis, croyant
ne pas déplaire au maître, doivent seuls porter la responsabilité. L'écrivain n'infirme-t-il pas, ne semble-
t-il pas démentir lui-même ces allégations par certaines
preuves d'intérêt et de sincère affection que le mutiné
relate avec une orgueilleuse satisfaction ? D'Aubigné
ne se complaît-il pas dans ces projets homicides, prêtés
à son maître, et qui flattent encore sa vanité ? Il n'est
pas donné à tous les sujets d'irriter leur prince jusqu'à
lui suggérer la pensée d'un crime, encore moins de
lui faire perdre « quelques repas[2] » par repentir ! Le
Béarnais a bien des défauts, bien des vices, il est
égoïste et ingrat, comme tous les cœurs légers ; mais,
par cela même, il n'est ni cruel, ni vindicatif. Faisons
la confession de d'Aubigné à son tour. Il est naturellement moqueur, cassant, agressif, incapable de retenir
un bon mot ou une remontrance importune. Si Fervacques essaie de l'assassiner, c'est qu'il s'est entendu
reprocher par lui « son inceste » avec la dame de Car-
navalet. Serviteur dévoué, mais morose, parfois injuste, souvent prévenu, plus importun qu'un véritable

1. *OEuvres complètes,* t. Ier, p. 32.
2. *OEuvres complètes,* t. Ier, p. 38.

ennemi, qu'il s'en vante ou s'en accuse, sa *Vie* est remplie de violences, tranchons le mot, de brutalités sans excuse. Quand M. de la Caze, le menant à Condé, voulait, disait-il, « le donner à ce Prince : » « Meslez-vous de donner vos chiens et vos chevaux[1], » repart le jeune gentillâtre. Ce garçon de vingt ans, presque besogneux, ne payait-il pas d'une incongruité un bon office qu'il pouvait refuser poliment et l'emploi d'un terme consacré? Quand d'Aubigné conduit de Ségur près d'une fenêtre, le menaçant de lui « faire voir ce saut[2], » si le roi retourne à la cour, on conviendra que la menace est brutale et que de tels procédés expliquent de violentes représailles.

Le jour où d'Aubigné accomplissait l'évasion du Béarnais, évasion longtemps préméditée, qui sauva son honneur et prépara de loin son avènement, il lui a réellement ouvert « le chemin de la vie et de la gloire[3]. » Ce jour-là, le serviteur a racheté au centuple, dans le passé et dans l'avenir, toutes les brusqueries, tous les vices de son caractère; ce jour-là, il a aussi bien mérité de son roi qu'en ces deux occasions où il lui sauva la vie, qu'en tous ces combats, où il recevait pour lui « douze plaies sur son estomac. » Henri a trop oublié ce service, comme aussi le serment de la *Coulture Sainte Catherine*, le baiser donné à la joue de ses sept serviteurs, comme il devait oublier le serment notable prêté devant Jeanne d'Albret et toutes ses forces, près de Tonnay-Charente, « serment presté sur son ame, honneur et vie, de n'abandonner jamais la Cause[4]. »

1. *Œuvres complètes,* t. 1er, p. 15.
2. *Œuvres complètes,* t. 1er, p. 50.
3. *Histoire universelle,* t. II, col. 775.
4. *Histoire universelle,* t. 1er, col. 398.

Il ne faudrait pas croire que, comme Procope se vengeait par les confidences de l'*Histoire anecdote*[1] des éloges officiels qu'il décernait à l'empereur Justinien, d'Aubigné n'a quelquefois maltraité son maître dans sa *Vie*, qu'après avoir fait un complaisant panégyrique du roi dans son *Histoire universelle*. Depuis la préface, où l'historien répond au prince, qui lui demandait de consigner en son *Histoire* un exploit cynégétique : « Sire, commencez de faire et je commencerai d'escrire[2], » jusqu'à la fin de son œuvre, d'Aubigné ne cesse d'enregistrer avec liberté les fautes du roi « dignes de l'histoire. » « Il auroit bien voulu, écrit-il, cacher les imperfections de la *Maison*[3], mais ayant presté serment à la verité, il ne peut espargner les choses qui instruisent. » En cela, l'historien se croit l'émule de Commines, qui a fait comme lui : « chevet au pied du lit des Rois. » Il nous représente donc Marguerite de Navarre, persuadant au roi, son mari « qu'un Cavalier estoit sans ame, quand il estoit sans amour, » tandis qu'elle-même ne cachoit nullement « l'exercice qu'elle en faisoit, voulant par là que la publicque profession sentist quelque vertu, et que le secret fust la marque de vice. » « Le Prince, (tendre de ce costé), eust bien tost apris à caresser les serviteurs de sa femme, elle à caresser les maistresses du Roi, son mari, les instruisant qu'elles avoyent en leur puis-

1. En rappelant que nous avons nous-même risqué ce parallèle, il y a quelque douze ans, avant un commerce plus intime avec d'Aubigné, on nous permettra d'aller au-devant d'un reproche de contradiction.

2. *Histoire universelle, Préface*, p. 6. Un poète du grand siècle s'écriera d'un autre ton :

Grand roi, cesse de vaincre, ou je cesse d'écrire !

3. *Histoire universelle*, t. II, col. 989.

sance la vie de leur maistresse et la disposition des plus grands affaires de la France, si bien qu'en concertant avec elles, la paix ou la guerre du Royaume estoient entre leurs mains. » Du seizième au dix-huitième siècle, et peut-être au delà, combien la France n'a-t-elle pas vu de *guerres de Dames!* Mais ce qu'on lit avec surprise, même chez d'Aubigné, c'est cette connivence diplomatique d'un double adultère, mis au service des ambitions conjugales, c'est l'impudence de la femme instruisant à cette école un mari trop docile. Cette profession de foi, cette théorie, voilée dans l'*Histoire* sous une forme moins hardie que dans le *Divorce satyrique*, n'est autre pourtant que celle du cynique pamphlet.

Hasardons, sans toutefois y insister, une conjecture que nous permet de risquer la grossièreté des mœurs. On se demande, en lisant ces lignes, s'il est bien certain que le prince sentît plus tard tout le cynisme de révélations faites par un mari sur les désordres de sa femme, et si le pamphlétaire, quel qu'il soit, qui met dans la bouche du mari de tels aveux, n'est pas plus indiscret que calomniateur?

« La vertu et l'honneur guerriere du roi de Navarre, (le second mot explique le sens du premier) commença, dit l'historien, à se demonstrer vers ce temps-là [1] (1579). » Jamais il n'a contesté le courage du roi, mais il nous le montre faisant peu à peu son apprentissage sur les champs de bataille. Le courage, à ses yeux, on le sait, n'est pas ce sang-froid intrépide qui sied à un futur chef d'État, c'est l'aveugle témérité d'un soldat. Aussi, s'applaudit-il de le voir, de jour en

---

1. *Histoire universelle*, t. II, col. 997.

jour oublier son rang et sa grandeur, qui ne l'atta-
chèrent jamais, comme son petit-fils, au rivage. Un
jour, le téméraire s'enfonce dans un marais jusqu'à la
ceinture, couvert de fange, bravant à cent cinquante
pas la mousqueterie[1] ; une autre fois, nous avons vu
d'Aubigné lui-même hésiter un instant à suivre le
prince. A ce coup, toute rancune dut un instant s'effacer de son esprit !

Nous avons déjà remarqué un procédé familier de
l'historien pour exprimer des griefs personnels. Une
partie de ses reproches, il les fait endosser par l'assemblée de la Rochelle (1588). Malgré sa précaution
d'éloigner de l'assemblée quelques-uns de « ses domestiques » les plus mécontents, le prince ne put
échapper à certains reproches des plus graves[2], entre
autres « des Capitaines blessez, morts de necessité, les
despences de ses amours, ausquels il avoit sacrifié les
fruicts de la bataille de Coutras, la vendition d'Oleron
à Saint-Luc, durant la prise du Gouverneur, — c'était,
on se le rappelle, pour d'Aubigné un grief des plus
personnels — les Maîtres de Camp despouillés de leurs
prisonniers ; par contre, les benefices dont il donnoit
main-levee aux Liguez. » Encore, « y eut-il d'autres
choses plus aigres, et que les vertus de ce Prince con-
damnent à l'oubli. » Ces griefs, dont quelques-uns pouvaient être légitimes, il les entendit avec une merveilleuse patience. Il trouva plus dur de voir les provinces
travailler devant lui contre ce qu'ils nommaient la *tyrannie protectorale*[3]. Des cautions et garanties qu'elles

---

1. *Histoire universelle*, t. II, col. 159.
2. *Histoire universelle*, t. II, col. 190.
3. Condé assassiné à Jarnac en 1569, les calvinistes avaient
proclamé chef et protecteur des Eglises le Béarnais, fils de Jeanne

lui offraient naquit un dépit que le roi sut dissimuler, car « il acheva l'assemblee par la recherche et reconciliation de tous ceux qui avoyent mal parlé de lui, desquels il savoit les paroles et les gestes par un moyen que pourront prattiquer les plus avisez d'entre les Grands. C'est qu'il avoit un serviteur secret, payé pour lui dire tout de tous, sans espargner des choses odieuses et sales, fausses ou veritables, sans que ce fidele mirouër espargnast les termes et gestes licentieux. La compagnie se separant, communia à la Cene, à laquelle ce Prince se composa, au contentement de tous. » Le passage est curieux et bien étudié, mais que nous sommes loin du type légendaire de Henri, gai, jovial, facétieux, insouciant, prompt à la riposte, sans détour ni malice, incorrigible paillard, mais bon cœur, une sorte de Louis XII plus spirituel, en un mot, du monarque populaire de *la poule au pot* ! Nous estimons que le portrait tracé ici par d'Aubigné n'est

d'Albret ; acte impolitique, mais qui semble alors indispensable. La république religieuse, constituée par les assemblées de Montauban, Milhaud, Nismes, abdiquait en faveur d'un prétendant. Le protectorat d'Antoine de Navarre et de Condé eût dû les dégoûter du patronage des princes, mais il fallait bien « donner une tête au Parti. » Tandis que les· provinces appelaient la tutelle royale « tyrannie protectorale, » le prince, de son côté, ne subissait qu'avec une déférence apparente les plus dures remontrances. Aussi, le Parti présentait, dans quelques cités, ce singulier spectacle d'une majorité animée de sentiments républicains, tout au moins de tendances populaires, et qui eût voulu faire dominer le principe de la suprématie des assemblées électives, mais était rattachée, en dépit de ses théories ou de ses passions, par les nécessités politiques et militaires, à la tradition monarchique, au protectorat d'un prince royal. D'Aubigné, agitateur des assemblées calvinistes, serviteur mécontent de la royauté, et qui semble en constante opposition avec tous les partis, est, à quelques égards, la personnification frappante de ce principe contradictoire.

pas trop éloigné de la vérité. Cette merveilleuse patience à supporter des reproches amers, ce désintéressement apparent des questions personnelles, ce maniement habile des hommes et des consciences pratiqués secrètement et isolément par des procédés policiers, n'était-ce pas un apprentissage à l'art de gouverner un royaume? L'orateur de l'assemblée de la Rochelle préludait aux souplesses, à l'adroite bonhomie mêlée de quelques rudesses, qui devait mâter et séduire les notables de Rouen (1596). Et qu'on ne croie pas que ces finesses gasconnes, cette longanimité, naturelle ou calculée, ne se concilient pas avec l'emportement de la passion? Ne vit-on pas ce roi, déjà vieillissant, courir, travesti, après une jeune princesse dont il avait éloigné le mari? Ne le vit-on pas aussi ardent à cette ridicule équipée que dans sa jeunesse, lorsque, après la victoire de Coutras, il en compromettait le succès pour porter ses drapeaux conquis aux pieds de la belle *Corisandre?* Folies justement reprochées, et que l'histoire a enregistrées sans conteste.

Un des historiens les plus autorisés du règne de Henri IV, Auguste Poirson[1], qui déteste d'Aubigné de toute la vénération qu'il porte à son monarque préféré, ne veut pas que le roi, « pour monstrer combien il estoit juste aux mesures, se soit, le lundi matin, donné le plaisir de la chasse, » comme le prétend d'Aubigné, le jour même où l'archiduc Albert d'Autriche, à la tête des vieilles bandes espagnoles, venait essayer de délivrer Amiens par une victoire. Il ne

---

1. *Mémoires et documents nouveaux relatifs à l'Histoire de France, à la fin du seizième siècle,* par A. Poirson. Paris, 1868, p. 91 et suivantes.

veut pas que ce soit Mayenne qui seul, en l'absence
du roi, ait soutenu le premier choc et forcé l'ennemi à
reculer. L'argumentation de l'historien nous paraît
peu probante. « D'Aubigné, dit-il, n'assistait pas aux
faits qu'il raconte; son témoignage est suspect de partialité; il est notoirement entaché d'inexactitude; il est
contredit par tous les auteurs contemporains, au
nombre de sept. » Qu'il nous suffise, faute d'espace
pour une discussion en règle, de demander si les sept
historiens contemporains assistaient à l'affaire? Si les
écrivains royalistes sont plus impartiaux que d'Aubigné? Si les relations officielles, publiées au jour le
jour, sur lesquelles la plupart des historiographes bâ-
tissent l'histoire, pouvaient mentionner l'absence
royale? Si ne point parler d'un fait c'est démontrer sa
fausseté? Enfin, était-ce la première fois que le roi
sacrifiât le devoir ou les prescriptions de la prudence à
une frivole fantaisie? Nous tenions, en indiquant au
moins les deux thèses, dans un procès de probité historique, à prouver que celle de d'Aubigné n'a pas été
entamée par Poirson [1].

1. La défense du sieur de Sancy, par le même critique, une
plus mauvaise cause encore, ne nous paraît guère plus heureuse.
En admettant que l'auteur de ce pamphlet ait méconnu de véritables services rendus à Henri, quand Sancy alla lui lever des
mercenaires en Suisse, que la haine de d'Aubigné contre un re-
négat l'ait aveuglé, il n'en reste pas moins établi que Sancy qui
fit preuve d'incapacité notoire dans l'administration financière,
réclamait au trésor 300 000 livres qui ne lui étaient pas dues,
réclamation mal excusée par le nombre de ses enfants et sa ma-
nie de constructions. De tels actes ont un nom dans toutes les
langues et le fait reconnu emporte la flétrissure. Que Sancy n'ait
point commis à Orléans, lors de la Saint-Barthélemy, les cruautés que lui impute le pamphlet, parce que l'*Histoire* ne l'a pas
nommé, nous voulons bien lui laisser le bénéfice de ce silence,
mais en vérité était-ce la peine de dépenser tant d'encre pour

Il est difficile de ne point reconnaître, ce que nous voulions établir, que si d'Aubigné a souvent été sévère pour le roi, il ne l'a pas été moins dans l'*Histoire* que dans la *Vie*, et que la différence réside plus dans le ton et la forme que dans le fond des jugements.

Il faut lire dans un des meilleurs chapitres de l'*Histoire* (Le déclin de la Ligue [1]) le parallèle de Mayenne et de Henri IV. L'écrivain, loin de faire, comme quelques-uns, une caricature du premier, relèvera les qualités d'un esprit que l'obésité n'avait alourdi ni émoussé; il louera « sa probité humaine, une facilité et une liberalité qui le rendoit trés agreable aux siens : c'estoit un esprit judicieux et qui se servoit de ses experiences, qui mesuroit tout à la raison, un courage plus ferme que gaillard, et en tout se pouvoit dire capitaine excellent. »

Si le portrait semble un peu flatté, celui du roi est de main de maître, ou plutôt de vieux serviteur qui connaît le fort et le faible : « Le roi avoit toutes ces choses, hormis la liberalité; mais à la place de cette piece, sa qualité (de Prince heritier) arboroit des

prouver, contre d'Aubigné, que Sancy fut un voleur, mais non un assassin? Le Duchat, dans sa préface sur *la Confession de Sancy*, avec la prétention d'excuser ce personnage, bien traité par de Thou, ne parvient à établir tout au plus que la jalousie de d'Aubigné. Poussé, dit-il, par ce sentiment, il s'en prend aux abjurations du personnage, « qui dans toutes occasions avait témoigné ne vouloir suivre que celle qui s'accommodait le mieux à ses vues d'intérêt et d'ambition » (note de *la Confession de Sancy*, à la suite du *Journal de Henri III*, par P. Lestoile, la Haye, 1744, t. V, p. 40.) Faites la part du sel un peu gros d'un pamphlet, l'auteur ne dit pas autre chose. La cause du sieur de Sancy est bien désespérée, ou il a rencontré de bien médiocres avocats!

1. *Histoire universelle*, t. III, col. 393.

esperances de l'avenir qui faisaient avaler les duretez
du present. Mais il avoit, par dessus le Duc de
Mayenne, une promptitude et vivacité miraculeuse et
par delà le commun. Nous l'avons vu mille fois en sa
vie faire des responses à propos, sans ouïr ce que le
requerant vouloit proposer, et aller au devant des
demandes sans se tromper. Le Duc de Mayenne estoit
incommodé d'une grande masse de corps qui ne pouvoit supporter ni les armes ni les courvees. L'autre,
ayant mis tous les siens sur les dents, faisoit cercher
des chiens et des chevaux pour commencer une chasse,
et quand ses chevaux n'en pouvoient plus, forçoit une
sandrille[1] à pied. Le premier faisoit part de cette
pesanteur et de ses maladies à son armee[2], n'entre-
prenant qu'au prix que sa personne pouvoit supporter.
L'autre faisoit part aux siens de sa gayeté et ses capitaines le contrefaisoient par complaisance et par emu-
lation[3]. Les deux sens externes, principaux officiers
des actions, estoyent merveilleux en ce Prince, premierement la veuë, laquelle mariee avec l'experience,
jugeoit de loin non seulement les quantitez de troupes,
mais aussi les qualitez, et à leurs mouvements, s'ils

---

1. Sainte-Beuve interprétait ce mot dans le sens de femelle
de sanglier ou petite laie; d'autres entendent par là une portée.
La première conjecture nous paraît plus vraisemblable. M. G.
Guizot nous a un jour interrogé sur la signification et l'étymo-
logie de ce mot et nous avouons n'avoir rien trouvé de satisfai-
sant à lui répondre.

2. Au combat d'Aumale, le duc « estoit dans un petit chariot
descouvert, des pantoufles dans les pieds. » (*Histoire universelle*, t. III, col. 361.)

3. C'est ainsi que les officiers et courtisans d'Alexandre
copiaient ses gestes familiers et jusqu'à l'attitude de son cou
qu'il penchait un peu sur l'épaule gauche. (Plutarque, *Vie
d'Alexandre*, ch. v.)

8

branloyent ou marchoyent resolus : et c'est sur quoi il a executé à propos : mais l'ouïe estoit monstrueuse, par laquelle il apprenoit des nouvelles d'autrui et de soi mesme parmi les bruits confus de sa chambre et mesme en entretenant autrui. »

Comme exemple de cette finesse de l'ouïe *monstrueuse*, l'auteur cite « un petit conte » bien plaisant. Frontenac et lui, à l'autre coin de la chambre, en un lit faisant pendant à celui du roi, drapaient leur maître à l'envi. D'Aubigné ménageait sa voix, les lèvres sur l'oreille de son compagnon qui lui répétait souvent : « Que dis-tu ? » — « Sourd que vous estes, interrompit le roi, n'entendez-vous pas qu'il dit que je veux faire plusieurs gendres de ma sœur ? » « Nous en fusmes quittes pour dire, ajoute d'Aubigné, qu'il dormist et que nous en avions bien d'autres à dire à ses despens. »

Si le roi a l'oreille trop fine et trop curieuse, d'Aubigné, il faut bien le reconnaître, est une bien mauvaise langue qui ne ménage pas au prince ses vérités. Ajoutons que ce n'est pas un trop méchant maître que l'on ose impunément traiter avec cette familiarité.

On a pu remarquer dans le portrait précédemment cité que l'écrivain ne vante guère du roi que son esprit de repartie, son tempérament de fer, sa vigoureuse santé, l'acuité extraordinaire de ses sens. N'est-ce pas faire bien modeste la part des talents militaires, quand Mayenne a été nommé par lui « capitaine excellent » ? C'est que le roi de Navarre est bon surtout pour entraîner les siens, payer de sa personne et affronter la mort dans une mêlée, où ses compagnons sont toujours assurés de trouver son panache blanc au chemin de l'honneur [1]. »

---

1. Un jour Napoléon appréciant les qualités militaires de plu-

L'éloge qu'on fit de d'Aubigné, en le lui présentant, que « c'estoit un homme qui ne trouvoit rien de trop chaud[1] », pouvait s'appliquer aussi bien au maître qu'au serviteur. Mais combien cette vaillance, cette *furia francese*, semble frappée d'impuissance dans les occasions où sont requis le jugement et le sang-froid ! Combien le duc de Parme, secourant Paris et Rouen, « sous la moustache du roi[2] », justifie l'éloge de d'Aubigné qui l'appelle « le plus accompli de son temps en toutes les vertus de capitaine general[3]. »

D'Aubigné ne pardonne pas au roi sa « ladrerie[4] ».

sieurs généraux, Turenne, Condé, le prince Eugène, Henri IV, Catinat, s'exprimait ainsi : « Henri IV a toujours mis la bravoure à la place de tout : il n'a livré que des combats et ne se fût pas tiré d'une bataille rangée. » (*Mémoires* de Mme de Rémusat, 1802-1808, chapitre v.)

1. *OEuvres complètes*, t. Ier, p. 21. Selon Tallemant, le roi, quelque brave qu'il fût, ne pouvait, quand on lui annonçait l'ennemi, se défendre « d'une espèce de devoyement » ; mais lui, tournant cela en raillerie, disait : « Je m'en vais faire bon pour eux ! » (*Historiettes*, éd. Techner, 9 vol. in-8°, t. Ier, p. 19.)

2. *Histoire universelle*, t. III, col. 330.

3. *Histoire universelle*, t. III, col. 446.

4. Le *Discours par stances* (*OEuvres complètes*, t. IV, p. 320) est la plus dure, la plus sincère expression des sentiments de d'Aubigné sur Henri IV. C'est un réquisitoire en règle contre sa faiblesse et son ingratitude. Les reproches y sont directs et personnels :

> Où est le sein amy qui chauffa ta froidure,
> La main qui t'arracha de la prison obscure
> Et l'ami qui te fit gouster la liberté?
> Tout cela est errant, exposé aux orages !
> D'opprobres tu payas tes fidelles courages
> Et tes liberateurs de la captivité.

Du jour que le prince a renié Dieu, trahi les siens, il s'est livré lui-même

> Au bras d'Enfer gravant du haut ciel la justice
> Sur le sein condamné d'un miserable Roy.

Entre autres railleries assez impertinentes que d'Aubigné se permettait contre l'avarice royale, il faut citer le sonnet que le

Encore l'attribue-t-il à un passé besogneux : « Les miseres, dit-il, avoyent laissé long temps sur sa peau la crasse de la chicheté[1]. » Mais la conversion est à ses yeux le crime irrémissible du Béarnais. L'historien suit et explique avec une vive pénétration la décadence de la Ligue, l'avènement du *Tiers-parti*[2], composé des compagnons du vieux cabinet et serviteurs du feu roi, auquel venaient se joindre un Lavardin, « las d'avoir tant esté à un parti, d'O, ennuyé d'estre financier sans argent,» et, dans le nombre, quelques-uns « qui prenoyent à bon escient le mescontentement de la Religion. » Les Réformés se moquaient de ce tiers-parti, « lequel ils croyaient aussi peu que le troisieme lieu qui est le purgatoire » et « en parloient au Roi avec grand mespris... » Mais, « comme les corps fievreux sentent douleur des moindres attouchemens, l'esprit du Roi malade de tant de symptomes divers prit à bon escient la fievre et trembla de cette menace, disant à ses familiers que ce parti, quelque mal faict qu'il fust, en perissant feroit perir l'Estat[3]. Cette frayeur, car le roi n'est véritablement intrépide que sur un champ de bataille, est comme le premier symptôme de son changement. L'historien raconte tout le travail savant de la conversion, les menées suivies pour « oster au Roi

satirique fit coudre au cou d'un grand épagneul du roi, nommé Citron, qui s'était égaré et mourait de faim, sonnet terminé par cette moralité :

> Courtisans, qui jettez vos desdaigneuses veuës
> Sur ce chien delaissé, mort de faim par les ruës,
> Attendez ce loyer de la fidelité.
>
> (*Œuvres complètes*, t. Ier, p. 37.)

1. *Histoire universelle*, Appendix, col. 740.
2. *Histoire universelle*, t. III, col. 403.
3. *Histoire universelle*, t. III, col. 404.

l'horreur du siege de Rome, » les pratiques de quelques ministres affamés et avaricieux, Morlas, Rottan,
d'un du Perron, « de qui le courage, l'esprit et l'impatience excedaient ceux de Morlas. » D'Aubigné accorde d'abord au roi l'honneur d'une assez sérieuse
défense, mais d'O, Sanci, Salettes « plus privé qu'eux
au cabinet, » le ministre de Serres, inquiet d'une
vieille créance, arrivent à la charge, renforcés du
baron de Salignac, de Sponde, qui, pour preuve de
sincère conversion, trame une entreprise, s'en démèle
et laisse rouer ses compagnons. La cheville ouvrière
c'est du Perron, « monstrueux en savoir, » avec lequel
d'Aubigné va se mesurer un jour, qui entretenait le Roi
familièrement à son chevet, de vers français, de bons
contes et finalement de conversion. A ce deploiement
de forces s'était jointe une alliée bien redoutable :
Gabrielle, qui, au commencement de ses amours avec
le roi, « ne recevoit un serviteur qui ne fist la cene, »
et, sur l'espérance du mariage, « employa sa grande
beauté et les heures commodes des jours et des nuits »
pour achever la défaite de son amant.

Henri a écrit à sa maîtresse : « Ce sera dimanche
que je fairay le sault perilleux [1]. » Mot léger, pour
ne pas dire plus, qui ne semble guère indiquer les
tourments d'une conscience aux abois. D'Aubigné ne
paraît pas croire à une comédie habilement préparée
pour sauver les apparences, encore moins à une
indifférence cynique. Ce sont là des soupçons qui
n'entrent pas facilement dans ces âmes profondément

---

1. Lettre à Gabrielle d'Estrées, du 23 juillet 1593. (*Recueil
des lettres missives de Henri IV,* publié par M. Berger de
Xivray, t. III, p. 821.)

religieuses du seizième siècle. Il croit à une conquête savamment entreprise et péniblement achevée ; il croit « aux larmes » du Béarnaïs. C'est une conscience qui subit un siège régulier et doit, comme toutes les places, succomber à la longue. L'historien nous montre « insensiblement attendries les fermetez du Roi, qui vid en mesme temps prés de soi tous les Grands mutinez, son parti s'en aller en pieces, les Liguez sur le poinct des Estats et de l'Election d'un Roi, ses anciens serviteurs Reformez contemptibles par la pauvreté, la pluspart esloignez de sa presence, aprés y avoir mangé jusques à la chemise, privez, non seulement des recompenses, mais des moyens de subsister [1]. » Sans doute l'excuse tourne, suivant l'habitude, en amères récriminations, les circonstances atténuantes disparaissent bientôt sous les chefs d'accusation ; cependant ne faut-il pas tenir compte à d'Aubigné de signaler cette sorte de nécessité politique, que lui n'admet pas, pour son compte, mais qui paraît s'imposer fatalement au roi ? L'historien a mesuré l'âme du roi sur le patron de la sienne, et, sans pardonner la capitulation, il suppose le combat réel, sincère et douloureux. Aux yeux des protestants, la grande tache, inexpiée par l'Edit de Nantes, c'est d'avoir estimé que « Paris vaut bien une messe, » c'est d'avoir acheté le trône par l'apostasie. Eh bien ! d'Aubigné qui a entendu « souspirer le Roi en ses perplexités, » qui l'a vu hésiter, souffrir, pleurer, se révolter à certains instants, lave cette tache autant qu'il est en lui par le tableau même de ces souffrances. C'est un service rendu à la mémoire royale, capable de racheter « quelques franchises et

---

1. *Histoire universelle*, t. III, col. 406.

sévérités de son village » et les plus indiscrètes médisances.

Enfin voici le roi « au precipice de sa conscience » et bientôt à la messe. Le jour où d'Aubigné entendit de sa bouche ces paroles : « Aubigné, ne vous y trompés plus, je tiens ma vie temporelle et spirituelle entre les mains du Sainct Pere, veritablement vicaire de Dieu[1], » tout fut consommé entre ce fils rentré au giron de l'Eglise catholique, apostolique et romaine et celui qui appelait le Pape « l'Antechrist; » le dernier lien du cœur était rompu. Il faudra que la mort[2] ait passé par là pour rappeler au serviteur ce long passé, pour lui faire verser de vraies larmes, pour évoquer une image de Henri le grand purifié, idéalisé.

1. *OEuvres complètes*, t. Ier, p. 83.
2. La mort même ne triomphe pas complètement de son ressentiment. Dans le *Discours par stances* déjà cité, le poète veut pleurer avec toute la France ; les premières stances sont un éloge enthousiaste du prince, mais l'idée fixe de la conversion lui remonte au cœur et tarit ses larmes. Il ne peut chasser de son esprit l'ingratitude du roi bannissant :

Ces gagneurs de batailles
Qui l'avoient faict prier et combattre en françois.
(*Discours par stances*, v. 321.)

CHAPITRE V

Nous ne suivrons pas les péripéties du dernier acte
de la conversion et les humiliations imposées au
nouveau converti, que l'historien ne manque pas de
relever. Mais nous ne donnerions pas à ce jugement
critique sur l'historien sa conclusion, si nous omet-
tions de dire que *l'Histoire Universelle* est une des
plus belles apologies du Protestantisme au seizième
siècle. L'Ecrivain a beau s'en remettre à l'éloquence
des faits, fidèle à sa méthode de les exposer sans jugements, il s'échappe en quelques passages pour présenter les revendications légitimes du Parti.

D'Aubigné, « encore dans sa jeune ardeur, » animé
d'une véritable vocation, annonçait déjà dans ses *Tragiques* le dessein d'écrire une histoire, non monarchique, mais religieuse, donnant gloire à Dieu, à ses
élus, à ses martyrs.

> Que si Dieu prend à gré ces premices, je veux,
> Quand mes fruicts seront meurs, luy payer d'autres vœux,
> Me livrer aux travaux de la pesente histoire
> Et en prose coucher les hauts faicts de sa gloire.
> Alors, ces heureux noms, sans eslite et sans choix,
> Luiront en mes escrits plus que les noms des Rois[1].

Dans une lettre où l'historien demande des *mémoires*, c'est-à-dire des matériaux, il rappelle expres-

---

1. *Œuvres complètes,* t. IV, *Tragiques. Feux,* v. 43, p. 150.

sément le but de son labeur entrepris, « pour ce seul
esgard que nous puissions faire sçavoir de nos nouvelles à la Posterité par nos mains, à ce que nostre
justice et vertu [ne] soyent estouffees, comme il est
advenu aux Albigeois, nos predecesseurs[1]. »

Les accusations, « les invectives, » ont été nombreuses et précises contre les Réformés[2] : Infidelités au
roi, presque abandonné au siège d'Amiens par les Protestants, qui devaient être à Amiens, et non à Cha-
tellerault ; violence faite au roi pour le sommer de
changer une trève religieuse en édit de paix perpé-
tuelle ; comparaison de ces exigences avec la douceur
des premiers Réformés, qui, désarmés, prêchaient en
secret, priant pour ceux qui les menaient à la mort.
Ceux-là ne demandaient que la liberté du prêche, et
eux réclament plus de deux cents places de sûreté,
des Chambres mi-parties... et avec tant de parité que
« cela se peut appeller *faire un Estat dans l'Estat.* »
L'argumentation de d'Aubigné est serrée et précise.
C'est un chapitre auquel il attache de l'importance,
car il en a reproduit les idées en plusieurs endroits, et
particulièrement le passage suivant, mot à mot, dans
son traité *Du debvoir mutuel des Roys et des subjects*[3] :
« A quoi les Reformez respondoyent, et par discours
et par escrits, que tout ce que disoyent leurs adversaires en termes generaux n'estoit que trop vrai ; que
toutes differences, qui faisoyent parti estoyent rui-
neuses en un Estat ; les termes de guerre, de paix,
de traité, d'envoi de tambours, de trompettes, de re-

---

1. *OEuvres complètes,* t. Ier, p. 492.
2. *Histoire universelle,* t. III, col. 626 et suiv.
3. *OEuvres complètes,* t. II, p. 57. *Du debvoir mutuel des
Roys et des subjects.*

presailles, et tout ce qui s'observe entre gens de diverses nations ; mais sur tout les demandes des pleiges (garanties) à la foi Royale, et les places de seureté et d'ostage estoyent vocables ignominieux à la France, et ruineux à l'Estat, et que partant les autheurs et causes de telles horreurs sont execrables devant Dieu et punissables à jamais. Que donc il faloit mettre le doigt de l'espreuve sur ceux-là, pour executer sur eux la vengeance de Dieu, devant lequel ils ont à respondre de cinq cent mille morts [1] par le cousteau, par le feu, par la faim, sans distinction de l'enfant, de la femme et du vieillard. »... Après sept ou huit mille morts par supplices exquis et dont les archives font foi, les plus grands, lassés d'épandre le sang, voulurent vider la querelle du juste et de l'injuste au Colloque de Poissy. « La Religion Reformee de là fut toleree par l'Edict de janvier, et eut une paix gagnee par les morts sans revanche, et par le sang des agneaux ; et ne se pouvoit telle paix appeler extorquee, ni l'attribuer aux armes des subjets contre leur Roi : et est à noter pour jamais, que *tant qu'on a fait mourir les Reformez par les formes de la justice, quelque inique et cruelle qu'elle fust, ils ont tendu les gorges et n'ont point eu de mains.* Mais quand l'authorité publique, et le magistrat, lassé des feux, a jetté le cousteau és mains des peuples, et, par les tumultes et grands massacres de France, a osté le visage venerable de la Justice, et fait mourir au son des trompettes et des tambours le voisin par son voisin, qui a pu defendre

---

1. Ce chiffre est une exagération évidente, ou plutôt une erreur, puisque le *Traité des devoirs* donne le chiffre de cinquante mille morts.

aux miserables d'opposer les bras aux bras et le fer
au fer, et prendre d'une fureur sans justice la contagion
d'une juste fureur[1] ?... »

Il faudrait citer tout ce magnifique et éloquent chapitre. L'historien, continuant sa triomphante apologie,
démontre que toutes les prises d'armes n'ont jamais
été que pour défendre des édits violés et répondre à
des ruptures de paix, que tous\les édits ont toujours
été faits pour réparations à la rupture et confirmation
des premières paix.

Mais « pourquoi à l'insuffisante foi Royale a-t-on
du joindre la parole des Estrangers et la caution
de tous les corps de France? » L'apologie répond :
« Quand tant de seaux ont esté brisez par les massacres generaux de la Sainct-Barthelemi, ceux qui ont
repris vie dans les cendres du Parti, ne voyans plus
de foi publique, ont demandé des places de refuge,
d'ostages et de seureté, qui sont des noms fascheux,
reprochables à ceux qui ont diffamé la France, mais
sans fraude à ceux qui les doivent à la benediction
de leurs armes et à la necessité. »

A ceux qui accusent les Protestants de n'avoir point
fourni au siège d'Amiens, selon leur proportion, l'*His-*

---

1. *Histoire universelle.* t. III, col. 627-28. Le besoin de concision fait supprimer dans l'*Histoire* quelques lignes du Traité *Du
debvoir...* « et voyant sans merci à leur sein les injustes
poinctes des espees homicides, avoir desiré d'en saisir les pom-
meaux ? Suivant Tertullien : *Adversus [hostem] omnis homo
miles est*. Voilà comment les armes receuës par force et non cer-
chees, ont esté tirees des estomacs offencez pour les mettre dedans les mains justes qui en ont serré la poignee, non pour donner, mais pour repousser la mort, et puis, par degrés, on a fait
les patiens deffendeurs, la persecution guerre, les agneaux des
lions. » (Traité cité, p. 59.) Ces dernières lignes ont été reprises
dans un autre passage de l'*Histoire.*

toire répond qu'ils sont « mauvais arithmeticiens, » qu'il y avait, sur une armée de quinze mille hommes plus de quinze cents des plus grands Seigneurs du parti, que la besogne la plus difficile fut faite par le régiment de Navarre, qui y perdit plus de trois cents hommes et son Commandant. C'est assez répondre, ajoute d'Aubigné, au reproche « qu'il n'est pas temps de remuer les partialitez du royaume, quand il est attaqué par le dehors. » Incontestable vérité en thèse générale, et pourtant fera-t-on un crime aux protestants, d'avoir, sans refuser au roi le secours de leurs bras, usé de ses nécessités pressantes pour essayer d'obtenir de lui des garanties indispensables ?

Les Protestants impartiaux ne sont point embarrassés pour répondre aux adversaires qui leur reprochent d'avoir sacrifié à l'intérêt leurs devoirs de citoyens et de fidèles sujets, ils comprennent cependant les griefs et les accusations des partisans de la monarchie catholique ; ceux-ci habitués à contempler avec une pieuse admiration un certain idéal politique et religieux, ne pardonnent à aucune défense même légitime, à aucune revendication qui en ait pu retarder ou contrarier l'avènement ; ils ne songent point au prix dont la France l'a payé ; ils ne se demandent pas si notre nation n'aurait pas atteint, et surtout conservé, un plus haut degré de puissance, de fortune, de dignité, à supposer entre les deux partis un déplacement de la victoire.

Le chapitre sur « l'ordre nouveau pour les Réformez aprés la mutation du Roi[1] » contient des révélations intéressantes qui ôtent toute envie de « jouer du

----

1. *Histoire universelle,* t. III, col. 507.

poulce, » selon le trop modeste conseil de l'auteur. *L'ordre nouveau* est une contrepartie, nous dirions presque une contrefaçon de la Ligue [1], mais infiniment moins séditieuse. La question religieuse et la question politique, toujours inséparables, dominent à tour de rôle. Sans doute le Conseil de la Province s'arrogeait une partie des pouvoirs royaux, sans doute il était fâcheux de faire intervenir dans les affaires du protestantisme « la Reine d'Angleterre et MM. des Pays-Bas, » mais, sans compter que l'intervention de l'étranger, soldé par son gouvernement ou par ceux qui l'appelaient, paraît au seizième siècle aussi naturelle que légitime à tous les partis, il ne faut pas perdre de vue ce qu'était la France en 1594, un champ de bataille où la persécution, la perfidie, l'assassinat et toutes les iniquités ont fait descendre les Réformés. Nous le répétons hautement : même vingt-deux ans après la Saint-Barthélemy, ils avaient raison de réclamer toutes les garanties, de maintenir leurs deux cents places de sûreté, de trouver à peine suffisantes contre la monarchie catholique les garanties de l'Edit de

---

1. Voir le manifeste de la Ligue à Péronne. (*Histoire universelle*, t. II, col. 824.) Point n'est besoin de dire qu'elle n'admettait ni l'exercice libre, ni les sûretés pour le *Parti.* Cette vaste association, dont les ramifications s'étendaient à toute la France, « ne suivant que le chef principal de ladite confederation, » englobant gentilshommes, soldats et bons marchands, combattant les ennemis, avant qu'ils fussent assemblés, s'assurant de la fidélité de ceux qui étaient aux places, villes et châteaux, tenant par l'espionnage tous les membres de l'Union, réputant ceux qui refusent d'adhérer comme ennemis et « poursuivables par toutes sortes d'offenses et molestes, » quel but poursuivait-elle, sinon l'anéantissement de l'autorité royale, en même temps que la destruction définitive du protestantisme français ?

Nantes[1]. Cela est si vrai, que le premier serment imposé au souverain montant sur le trône de France, était l'obligation « d'exterminer les hérétiques. » Entre la Saint-Barthélemy et la révocation de l'édit de Nantes, entre le massacre de trente mille Français d'une part et de l'autre les dragonnades et la proscription de cent mille Français, quel esprit impartial osera contester la légitimité de leurs méfiances, la justice de leurs revendications? Sans doute, à la date de 1594, les réformés n'en étaient plus à redouter les bûchers et les massacres en masse, ils tenaient encore vaillamment tête à leurs adversaires; mais le formidable travail des ministres corrompus, des Jésuites tout-puissants, la foi vacillante du roi désireux de la paix à tout prix, et prêt à l'acheter par toutes les concessions au plus fort parti, n'était-ce pas là d'assez menaçants symptômes que les traités les plus formels seraient à peine une sauvegarde suffisante pour leurs libertés? Sans vouloir sonder les secrets replis de la conscience du roi, voyons ses actes: Henri ridicule-

1. M. H. Martin et les historiens contemporains non prévenus ont répondu à cette grave accusation, si souvent répétée contre les Réformés, d'avoir voulu *former un Etat dans l'Etat*. Leur admiration pour les services de Henri IV et de Richelieu ne les a pas empêchés de reconnaître que les protestants ne faisaient qu'user d'un droit de légitime défense, que les garanties réclamées étaient pour eux une question de vie ou de mort.

Un écrivain contemporain a justement apprécié leur situation : « Les protestants étaient hors du droit commun, ils n'étaient que tolérés ; leur faiblesse avait besoin de garanties spéciales, telles que places fortes, assemblées particulières, et ces garanties étaient regardées par beaucoup comme un danger pour l'unité nationale. Plus leur position était précaire, plus ils avaient besoin de se protéger : ainsi leur faiblesse même les rendait plus menaçants, leur infériorité numérique plus exigeants. »

Revue des Deux-Mondes. Henri de Rohan (1er mai, 1er juin 1879), par A. Laugel.

ment ajourné, malgré ses génuflexions, par l'inflexibilité papale, jusqu'au jour où il reçoit la bastonnade sur le dos d'Ossat et de du Perron, Henri suivant les processions, touchant les écrouelles, jurant « d'exterminer les heretiques », Henri faisa nt enlever à Saint-Jean d'Angely le petit Condé pour qu'il fût élevé dans le culte catholique, Henri rendant à Mercœur la Bretagne, qui d'elle-même abandonnait son duc, pour marier avec sa fille le petit César, bâtard de Gabrielle ; Henri laissant mourir à trente ans, de misère et de faim, Châtillon, le fils de Coligny, Henri tournant le dos à tous ces vaillants « qui l'avoient apporté sur leurs espaules de deçà la riviere de Loire, » voilà le prince, voilà le protecteur sur qui reposaient toutes les espérances du parti ! Lorsque Henri IV, débarrassé des intrigues espagnoles et jésuitiques, de la noblesse catholique repue d'or et de gouvernements, assis lui-même sur le trône, au milieu du luxe et des délices de la cour, accordait enfin son fameux Edit de Nantes, pour salaire de leurs sueurs et de leur sang, aux Huguenots, à ces gens « cousus en leurs cuirasses comme tortues, ennemis de l'aise et du repos [1], » croit-on qu'il les payât trop cher, croit-on surtout qu'il cédât à des exigences immodérées ? Et encore cet édit, on le sait, ne fut-il enregistré, après de longues luttes, par certains parlements que deux ans, et même dix ans plus tard, avec des restrictions défavorables aux Protestants [2].

Ne nous étonnons donc pas de la mauvaise humeur évidente de d'Aubigné dans la sèche et courte analyse

1. *Histoire universelle*, t. III, col. 404.
2. Voir Henri Martin, *Histoire de France*, tome X, p. 427.

qu'il nous donne de l'Edit: « Vous n'attendez plus que la paix promise à la fin du livre, et l'œuvre à la lecture de laquelle je ne convie que ceux que leurs affaires y convieront, encore vous en aurez les articles abbregez [1].... » Et le chapitre, de deux petites colonnes, se termine par ces mots: « Le reste est du style. Cet Edict donné à Nante, l'an 1598. » Cet acte, qui clôt l'ère des guerres civiles, qui assure du moins un minimum de libertés indispensables, célébré peut-être avec un peu trop d'enthousiasme par les historiens les plus impartiaux [2], d'Aubigné l'enregistre comme par scrupule d'exactitude et comme un simple papier d'affaires! Le moindre reproche qu'on puisse adresser ici à l'historien, c'est, en étranglant un fait capital, d'avoir manqué aux lois d'une juste proportion.

1. *Histoire universelle*, t. III, col. 730-732.

2. « L'ombre de l'Hôpital dut applaudir, sa pensée triomphait, les démons de la Saint-Barthélemy étaient vaincus... l'édit « perpétuel et irrévocable » tendait à constituer définitivement la dualité de culte sous le commun patronage du pouvoir temporel, et à ouvrir une ère nouvelle où la société laïque ne serait plus basée sur l'Eglise. » (Henri MARTIN, t. X, p. 425.) Notre historien national, dont tous les partis reconnaissent l'impartialité, ne pêche-t-il pas ici par excès d'optimisme? Un culte prépondérant et qui a derrière lui des siècles d'autocratie, reconnaît-il jamais la dualité de culte constituée par le pouvoir temporel, admet-il même l'ingérence de ce dernier en ces questions?

CHAPITRE VI

LE RÉPUBLICANISME DE D'AUBIGNÉ, SA POLITIQUE,
A-T-IL ÉTÉ TRAÎTRE ET FACTIEUX?

Nous voulons nous arrêter sur les opinions, ou du moins sur les tendances républicaines qui ont été prêtées à d'Aubigné. On a montré, dans un livre érudit et ingénieux [1], chacun des deux partis, catholique et protestant, suivant les circonstances et son intérêt, passant tour à tour de l'opinion monarchique à l'opinion démocratique. Il importe en effet de ne voir, à aucun instant, dans ces revirements une évolution sincère de l'opinion publique ; ce ne fut jamais qu'une vaine et fugitive apparence, un prétexte à couvrir l'intérêt de l'heure présente. Les Ligueurs, qui ont un moment absorbé tout le parti catholique, ont pu traîner le roi et la royauté dans la fange, soutenir la légitimité du régicide, mettre à la fin par deux fois leur théorie en pratique, organiser dans Paris, pendant un interrègne, une sorte de commune fanatique, mais ils ont si peu songé à supprimer la royauté soumise à Rome, qu'ils ont, avant de se vendre au Béarnais converti, battu monnaie pour le vieux car-

---

1. *De la démocratie chez les prédicateurs de la Ligue*, par Ch. Labitte, p. 79 et alias.

dinal Charles X et conspiré de livrer le trône à une
infante d'Espagne mariée au jeune duc de Guise. Les
Réformés ont pu se faire l'illusion d'asseoir un jour,
avec le prince de Navarre, leur foi sur le trône, mais,
déçus de cet espoir, ils n'ont jamais pensé, pas plus
que les catholiques, à le renverser.

D'Aubigné a été, dans le sens des opinions dé-
mocratiques, moins loin que la plupart des pamphlé-
taires du seizième siècle[1] : il est ennemi de la tyran-

1. La seconde moitié du seizième siècle a produit une multitude
de hardis pamphlets contre la royauté. Qu'il nous suffise de citer
les plus connus : « *Short treatise of political power* (1558)
de Jean Poynet, le premier traité ouvertement démocratique
qui, écrit en anglais, ne devint pas populaire en France, mais
fournit une mine d'arguments aux publicistes qui vinrent après
Poynet ; *Traité de la servitude volontaire ou Contr'un*, de
la Boétie, publié seulement en 1578, mais composé certainement depuis longtemps, vers 1546 ; la *Franco-Gallia* (1573)
de François Hotman (ou plutôt Hotoman) ; *Vindiciæ contra
tyrannos* (1579), de Hubert Languet ; *De jure regni apud
Scotos* (1579), de Buchanan, l'illustre maître de Montaigne. On
sape à l'envi la royauté, on la flétrit, mais c'est le roi, le tyran
surtout qu'on veut diffamer bien plus encore que l'institution
elle-même. Si on discute la royauté, si on s'efforce de la limiter,
si on la somme de produire ses titres, toujours jugés inférieurs
à ceux de la souveraineté nationale, c'est que les rois ont dis-
crédité la royauté. Cette haine pourtant n'est encore que plato-
nique, nous voulons dire philosophique et littéraire, bien plutôt
que politique. L'idée de faire passer violemment la théorie
dans le domaine des faits, — nous ne parlons pas de quelques
régicides fanatisés — de renverser par une révolution populaire
la royauté au profit d'une république ne vient guère à l'esprit des
plus révoltés, ou du moins c'est l'exception. En ce sens, Étienne
Marcel, au quatorzième siècle, nourrit peut-être un plus téméraire espoir. Mais, au seizième siècle, c'est à peine si, de loin
en loin et par hasard, cette pensée de révolution radicale germe
dans quelques cerveaux, au sein de quelques populations misérables. « Tant de peuples et de villes se mettoient du parti de
l'Union, aucuns sous les bonnes esperances qu'ils s'estoient
imaginez de vivre desormais *à la maniere des Suisses*, d'estre
exempts de taille et de payer les cens et redevances à leurs

nie, non de la royauté ; il poursuit les princes, non l'institution. D'ailleurs partout et toujours, nous le verrons, il met au-dessus de tout le service de Dieu. Si Henri IV, dont il a prédit la mort, a été assassiné, « c'est que Dieu sçait vendanger les esprits de ceux qui l'abandonnent [1]. » Son amour des républiques s'est accentué en Suisse où il a respiré l'atmosphère d'une république protestante. Dans son exil, rèvant l'union des républiques et des protestants contre les monarchies catholiques, répondant aux attaques personnelles du jésuite Arnou, qui l'accuse « de montrer dans son *Histoire* des affections cachees et partisannes en tout ce qui touche la Religion et les republiques [2], » il ne se défendra plus du titre de « republiquain, » mais il ne faut pas donner à ce mot plus de portée qu'il n'en a sous sa plume. Son œuvre entière démentirait une signification exagérée.

Les violentes invectives contre la tyrannie et les débauches royales qui remplissent les *Tragiques* ne prouvent rien contre notre thèse ; mais laissons d'Aubigné se défendre lui-même dans la préface de

seigneurs. » (Palma-Cayet, *Chronologie novennaire*, liv. Ier, p. 102.) On le voit, ce que ces malheureux ambitionnaient, n'était pas la réalisation d'un idéal politique, mais, contre l'impossible, un allègement, un affranchissement d'une dure servitude, tentatives toujours impitoyablement réprimées par une société féodale et monarchique, qui ne rèvait pas même l'aurore d'une démocratie. Ajoutons que les peuples, avides de bien-être et inhabiles aux spéculations politiques, ont toujours été indifférents à la forme du gouvernement, quel qu'il soit; ils ne deviennent les instruments aveugles d'une révolution que parce qu'on les leurre d'illusions décevantes, qu'on leur fait espérer la délivrance des oppressions endurées.

1. *OEuvres complètes*, t. Ier, p. 510.
2. *OEuvres complètes*, t. Ier, p. 312 et 313.

son poème[1]. On l'avait accusé devant le roi, « d'affecter plus le gouvernement aristocratique que le monarchique. » En présence des sieurs du Fay et du Pin, « lesquels discourroient avec luy sur les diversitez des Estats, » interrogé quelle estoit de toute administration la meilleure, d'Aubigné répondit : « que c'estoit la monarchicque selon son institution entre les François, et qu'aprés celle des François, il estimoit le mieux celle de Pologne. Pressé davantage sur celle des François, il repliqua : Je me tiens du tout à ce qu'en dit du Haillan, et tiens pour injuste ce qui en a esté changé, quand ce ne seroit que la submission aux Papes....... En ses escrits vous verrez plusieurs choses contre la tyrannie, nulle contre la Royauté. » Cette profession, qui met nettement la royauté héréditaire au dessus de la royauté élective, est confirmée dans trois stances où l'auteur range, dans les premiers vers, les gouvernements par ordre d'excellence.

> Le Regne est beau mirouër du regime du monde,
> Puis l'Aristocratie en honneur la seconde,
> Suit l'Estat populaire, inferieur des trois[2].

Le traité *du Debvoir mutuel des Roys et des Subjects*[3] nous fournit une autre profession qui, malgré quel-

---

1. *Préface des Tragiques, aux lecteurs. OEuvres complètes*, t. IV, p. 10 et 11.

2. Dans une lettre à M. Boullet, l'auteur semble tracer ainsi le plan d'un éloge de la royauté : « Nous pourrions faire l'ouvrage triparty : au premier poinct, la description d'un Roy vertueux, et cela distingué par les quatre vertus cardinales ; le second de l'utilité que reçoit le peuple de ces vertus, et pour le tiers, la félicité qui en redonde à luy-mesme. » (*OEuvres complètes*, t. Ier, p. 470.)

3. *OEuvres complètes*, t. II, p. 45.

ques restrictions, n'est pas moins explicite : « Or avant sortir du palais de la conscience, je leve la main à Dieu que, nonobstant ces choses, je tiens l'estat de la Royauté le plus honorable et excellent de tous, quand elle est appuyee des correctifs qui l'empeschent de tomber en la Tirannie ; car les mesmes accidents peuvent arriver aux autres Gouvernements, selon que Dieu les benit ou les maudit..... Nous tenons l'estat où chacun se trouve pour le plus desirable, en practiquant ce que dit Guicciardin, qui est de le rappeler souvent à sa premiere institution. » Ainsi, loin d'être un *révolutionnaire*, subordonnant la forme du gouvernement à des droits naturels, imprescriptibles, à la justice absolue, au bonheur populaire, d'Aubigné partage sur ce point l'opinion du sceptique Montaigne et celle du bon M. Pibrac :

> Aime l'Estat, tel que tu le vois estre :
> S'il est royal, aime la Royauté :
> S'il est de peu [1], ou bien Communauté [2],
> Aime l'aussi, car Dieu t'y a faict naistre.
> (Quatrains moraux, 109e.)

Inutile d'ajouter que d'Aubigné ne pousse pas aussi loin que ces écrivains l'insouciant optimisme. Il lui faut des garanties contre la tyrannie possible. La première de ces garanties est une aristocratie digne, quelque peu hautaine, faisant payer à la royauté ses services par une indépendance souvent gênante, mais toujours désinteressée. Elle n'a point « les genoux escorchés [3] » ni rien de commun avec ces « champignons » ambitieux et cupides « qui possedent l'Estat et le mangent,

1. De peu (ὀλίγοι), gouvernement oligarchique.
2. Communauté, gouvernement populaire, démocratique.
3. *OEuvres complètes*, t. Ier, p. 503. *Lettre à Louis XIII.*

qui n'ont plus de place que celle du Roi où ils puissent poser leur coussinet. » Ces nobles sont les ennemis de la véritable aristocratie[1], trop souvent pusillanime, infidèle à ses parents, amis, compagnons de fortune et à elle-même; mais ils sont encore bien plus les ennemis de la royauté que d'Aubigné menace «du desespoir des peuples[2]. » «Le grand monarque d'Espagne n'ayant peu souffrir (les Flamands) pour subjects et serviteurs, a esté contrainct de les advouer pour souverains. »

D'Aubigné ne veut de la royauté ni tyrannique, ni esclave. Si elle abdique et subit un joug étranger, celui de Rome surtout, il la méprise, il la dégrade :

> Mais j'appelle les Roys, ploiez soubs un supresme,
> Tyrans tyrannisez, et non pas des vrais Roys.
>
> . . . .
>
> Roys de Septentrion, heureux Princes et sages,
> Vous estes Souverains, qui ne debvez hommages,
> Et qui ne voyez rien entre le Ciel et vous[3].

Pour le service de Dieu, nous l'avons dit, il ne compose pas. Ces fières paroles qu'il met dans la bouche de M. de Rohan sont sa propre profession de foi, son ultimatum politique:

« De l'honeur et du bien du Party, c'est de quoy je ne trafique point. Il y en a plus experimentés que moy : je feray gloire de leur obeir quant ilz voudront avoir pour but le bien de l'Eglise...... Aux despans de la foy donnee et des sermans prestez devant la face de toute l'Eglise, je ne puis accepter

1. *OEuvres complètes*, t. Ier, p. 515. *Lettre aux Princes et Grands du Royaume.*
2. *OEuvres complètes*, t. Ier, p. 506. *Lettre à Louis XIII.*
3. *Discours par stances* déjà cité. (*OEuvres complètes*, t. IV, p. 324.)

l'amitié de personne : de toutes autres choses, j'en feray litiere pour la reunion [1]. »

En France, pays longtemps soumis au régime monarchique, on s'est habitué à appeler républicain un homme d'opposition ; En ce sens d'Aubigné est un républicain. Mais il ne le fut pas, et ne pouvait l'être, s'il faut entendre par ce mot un ennemi de l'institution monarchique ; nulle part, non plus, en dehors de la question religieuse, il ne manifeste ce sentiment du droit populaire ou du moins cette sympathie, cette indignation généreuse à la vue des faibles opprimés, qui est le véritable signe de l'esprit démocratique.

De même que Rohan, d'Aubigné, en France comme

---

1. *Œuvres complètes*, t. II, p. 107. Le *Caducee ou l'ange de paix.*

Si l'on ne craignait de multiplier inutilement les preuves, après avoir interrogé le poète et le controversiste, on pourrait interroger l'historien. Ces lignes par lesquelles il conclut son *Histoire* ne sont-elles pas, en même temps qu'une oraison funèbre, un hymne triomphant en l'honneur de la royauté. D'Aubigné, en pleurant l'effondrement de ses espérances, à la mort de Henri IV, ne cache pas combien il aimait à voir la royauté planer au-dessus de toutes les autres puissances du royaume : « Quant aux Grands, le plus proche du premier en marchoit si loin, qu'il n'avoit garde de lui escorcher les talons ; les estrangers demandoyent leurs dettes par supplications, non par menaces, et le chapeau bas, qu'ils avoyent enfoncé autrefois. Le Roi voyoit autour de son lict et de sa table une florissante multitude d'enfans, bien que differents de condition, tous obligez à son appui, et, chose inouïe aux Rois de France, il avoit sous la clef du Duc de Suilli, cent canons de batterie, les armes de quarante mille hommes, poudres et boulets pour deux cent mille coups en son arsenal, mis en son thresor vingt-deux millions : ces richesses comparees aux pauvretez souffertes et ces douceurs aux amertumes du passé : pour l'excellence de cela, toutes ces armes ne faisoyent que parer la Majesté Royale, elle lors n'estant armee que de ses loix. » (*Histoire universelle, Appendix*, col. 734.) On ne loue un roi en pareils termes que lorsqu'on est un partisan sincère de l'institution monarchique.

dans son exil à Genève, n'a jamais eu qu'une préoccupation, les intérêts du Parti. Il fut en Suisse, nous l'avons vu, le *Procureur des Eglises* bien plus que le fidèle sujet de son roi. Dans les premières années de son exil, il déploie une fiévreuse activité. Ainsi, en 1622, dans une mission remplie à Berne, il s'efforce de réveiller « cest ours endormy[1]. » Grâce à des Mémoires traduits en allemand, notre exilé parvient à mettre sur pied douze mille hommes, « à joindre à ce gros amas de fer un peu d'acier estranger, et à dresser de ce seul canton une armee de trois mille six cents hommes. » A cette troupe qui manque de chefs, d'Aubigné promet de donner « les meilleures testes de Montauban[2]. » Et si l'on redoute « ces courages violens, » l'ancien écuyer du roi de Navarre écrira à l'ambassadeur de Venise, Cavassa: « J'ay apris aux escuries que les chevaux de bon espron ne laissent pas d'avoir la bouche bonne et estre de facile arrest[3]. »

Le faisceau des villes de l'Union évangélique, formé par Henri IV pour la défense des libertés germaniques, union expirée en mai 1621, avait été rompu. Autant que le pouvaient ses mains débiles, d'Aubigné essayait de le renouer. Cette pensée lui fait oublier ses dissentiments avec Bouillon qui semble, vers 1621, repris d'un accès de zèle religieux; elle lui

---

1. D'Aubigné a souvent gourmandé rudement « la mollesse des Bernois » (*Œuvres complètes*, t. Ier, p. 232) ou « la troupe dormante des Suisses reformés. » (*Œuvres complètes*, t. II, p. 23.) On peut voir aussi une sanglante épigramme « aux degeneres Suisses. » (*Œuvres complètes*, t. IV, p. 362.)

2. *Œuvres complètes*, t. Ier, p. 215. *Lettre à M. de Mayerne* (1622).

3. *Œuvres complètes*, t. Ier, p. 239.

fait aussi fermer les yeux sur la défection de Lesdiguières qui abjurait à Grenoble, vingt-neuf ans, jour
pour jour, après son roi[1]. Le nouveau Connétable
jouait un rôle militaire trop important dans le Midi,
pour que notre réfugié ne s'efforçât pas d'entretenir
avec lui, dans l'intérêt protestant, de bonnes relations.
L'union du Parti, c'est pour lui la condition du salut.
En 1622, il écrivait à M. Lutzelmann, magistrat de
Bâle : «Ce seroit une marque de nostre paix faite avec
le Ciel, si, comme toute l'Europe infidelle renge ses
hommes, ses tresors et ses desseins (qui estoyent
divers) soubs l'estendart de persecution et de la croisade, ainsy, si *tous nos divers partis n'en faisoyent
qu'un*, et si nous prenions de bons yeux pour voir les
desroutes encores plus prochaines que celle de Prague,
et que par tel exemple, nous peussions devenir advisez, sans que ce fust à nos despends[2]. »

Le passage suivant d'une lettre aux seigneurs de
Berne est encore plus formel : «Il est certain que les
divers intercts de tous les Princes qui abaissent leur
sceptres soubs le joug de Rome sont aujourd'huy

1. Ces rapports n'empêchaient pas d'Aubigné de le juger avec
une juste sévérité : « M. le Connestable dict à ses familiers que
sa revolte n'est par cognoissance de religion, mais au bien des
Eglises pour lesquelles il se damne. Nous devions estre preparez à ce langage, commencé par un Prince qui nous a dict les
mesmes choses avec plus d'apparence et aussi peu de raison et
moins de succez... Ce grand capitaine, pour nous rendre plus
considerables, acheve de nous accabler. Voilà en quelles mains
on a conseillé et on conseillera encores aux oprimez et à ceux
qu'on veut oprimer d'avoir recours. » (*OEuvres complètes*, t. 1er,
p. 227. *Lettre au gouvernement de Berne.* 1622.) On voit que
d'Aubigné, sans se faire illusion sur la sincérité de cette conversion, comprenait l'utilité d'un aussi puissant allié.

2. *OEuvres complètes,* t. 1er, p. 223.

adunis et ameutez à un dessein qui est d'esteindre deux choses, premierement la verité de Dieu et puis les Republiques et leur liberté[1]. Nous cognoistrons que Dieu aura faict la paix avec nous, et que nos pechez seront hors de devant sa face, quand nous respondrons à la fureur de nos ennemis par la fermeté de nos courages, et sur tout à leur complot et conjuration generale par une generale et saine union[2]. »

Les intérêts politiques du parti font ici de d'Aubigné un franc républicain, ce qui n'infirme point nos assertions précédentes. Quand il aspirait à former des républiques « une generale et saine union » contre les ennemis de la vérité de Dieu, il ne songeait nullement à combattre une forme de gouvernement, mais à unir contre les nations papistes leurs ennemis naturels, les républiques, même celle de Venise. Il tient son ambassadeur en méfiance contre la cour de France : « Jamais monarque, lui écrit-il, ne fut bon support des republiques[3]. » C'est le même conseil qu'il donne à Berne, un instant partagée entre l'alliance française ou espagnole. « Il l'engage, « si l'entreprise se tourne en vanité, d'estre armez pour le retour de la foire[4]. »

Quand d'Aubigné peut concilier ses sentiments de Français et de Calviniste, comme dans le différend de la Valteline, où la France et l'Espagne se disputent cette

---

1. Pour d'Aubigné l'ennemi véritable, le seul, c'est Rome. Il le déclare en adversaire passionné, sans mesure, mais loyal, dès le premier vers de ses *Tragiques :*

> Puisqu'il faut s'attaquer aux legions de Rome,
> Aux monstres d'Italie....
> (*Œuvres complètes*, *Tragiques*, liv. Ier, Miseres, p. 29.)

2. *Œuvres complètes*, t. Ier, p. 218.
3. *Œuvres complètes*, t. Ier, p. 242.
4. *Œuvres complètes*, t. Ier, p. 232.

porte ouverte sur l'Italie, alors son activité redouble, on le sent plus à l'aise ; sa correspondance avec Lesdiguières, Rohan, le comte de la Suze, l'ambassadeur Cavassa est plus fréquente et moins énigmatique ; ses lettres deviennent presque claires; point de lacunes, plus de pages déchirées, de sous-entendus accompagnés de ce refrain, irritant pour notre curiosité : « Ceci n'est point bon pour le papier, ou bien encore : « Cela ne se peut faire que par un trés bon chiffre. »

De la double politique de Richelieu, implacable aux Protestants français, favorable à ceux de l'étranger, d'Aubigné n'a vu se réaliser que le premier acte ; la chute de la Rochelle a retenti douloureusement dans son cœur, car, malgré ses ressentiments personnels contre la municipalité Rochelloise, il savait rendre justice à l'héroïsme et ne put se dissimuler que c'était l'anéantissement de la Réforme comme parti politique. Singulier rapprochement : Richelieu vainqueur de la Rochelle, parmi tant d'honneurs décernés à l'arbitre de la France et bientôt de l'Europe, recevait le modeste titre de gouverneur de Brouage et des îles de Ré et d'Oleron, de ces îles dont d'Aubigné, à cette heure proscrit, s'était cru un instant maître et gouverneur.

Libre du côté de la France, Richelieu, qui avait déjà commencé contre l'Autriche un système de guerre indirecte, allait se jeter dans la mêlée et faire reculer la fortune de l'Autriche. D'Aubigné, dont la correspondance [1] trahit l'impuissante agitation, de 1620 à 1628, n'avait rien pu pour conjurer les succès du Cardinal-Ministre. En vain offre-t-il à Mansfeld, comme à

1. Voir les parties de la *Correspondance* qui ont pour titre : *Missives et discours militaires. — Lettres et Memoires d'Estat* (t. Ier, p. 131 à 287).

tous les chefs du parti, le secours « de sa petite espec »
et son inépuisable devouement. Il a vu triompher
l'Autriche sur toute la ligne, l'union évangelique
dissoute, le Palatin dépouillé, le Danemark deux fois
vaincu par Waldstein et Tilly, la Bohême asservie
et dépeuplée de ses sujets Réformés, tous les états
protestants écrasés par l'empereur Ferdinand et son
terrible lieutenant Waldstein. Dans une admirable
épitre de consolation que d'Aubigné adresse à Rohan,
après la mort de son fils, il trace un éloquent tableau
de l'état de l'Europe vers 1626 : « Vous voyez,
Monseigneur, quel est le visage de l'Europe entiere,
espouventable de trente-quatre grandes armees, sur
lesquelles le ciel gresle et faict plus de meurtres
justes que d'injustes : le couteau, la faim et la
peste marchent au son des tambours, et font leurs
charges plus souvent que les trompettes ne la sonnent.
L'Italie, l'Almagne, la France et les Pays-Bas sont
puants de morts, et plus que les charougnes y puent
les défections, les infidelitez et le mespris de toute
vertu, en un temps où elle feroit tant de besoin. Les
chefs des armees enseignent leurs soldats au mespris
de la foy, et font trafic avec la mort de ces ames miserables, pour emplir leurs coffres d'or et de sang. Ceux
qui sont cogneus pour y aporter plus de probité
sont rejettez, la faveur partage les honneurs, et la
vertu repoussee enfonce le chappeau : si bien qu'un
mourant courageus, à qui la vie montreroit d'un
des costez du lict ce tableau pour y venir vivre,
tendroit la main gauche vers la ruelle à la mort qui
luy en promettroit l'exemption[1]. »

____

1. *OEuvres complètes*, t. Ier, p. 403 et 404.

L'auteur ou l'instrument de tous ces maux, on l'a reconnu, c'est Waldstein. Le premier échec du redoutable envahisseur au port de Stralsund date de novembre 1628. C'est la flotte suédoise qui eut l'honneur d'arrêter l'invasion du Nord. Ce succès est comme le préliminaire des négociations que Charnacé, l'envoyé de Richelieu, va entamer et péniblement ménager pendant deux années entre le roi de Suède et la France. Elles aboutissent enfin; un traité est conclu qui met au service du génie politique l'épée d'un grand capitaine. La France et la Suède, alliées en mars 1630, vont terrasser l'Autriche; c'est six semaines après la conclusion de ce traité que meurt Agrippa d'Aubigné.

En comparant ces dates et remarquant la fatalité qui avait réservé tant d'amertumes à la vieillesse du proscrit protestant, sans lui laisser entrevoir la glorieuse revanche, le relèvement du Protestantisme européen, pour le consoler de l'écrasement de la Réforme en France, nous nous rappelions les triomphantes paroles dont l'historien saluait *le grand dessein* interrompu par le couteau de Ravaillac. « Le consentement des peuples, qui est bien souvent la voix de Dieu, sembloit promettre sa benediction. Les nations avoyent posé leurs haines, vouloyent arracher leurs bornes pour l'amour d'Henri, les Alemans s'armoyent à la Françoise, pour combattre de mesme..... Tout cela pour faire un Empereur des Chrestiens, qui de sa menace arresteroit les Turcs, pour reformer l'Italie, dompter l'Espagne, reconquerir l'Europe, et faire trembler l'Univers[1]. » D'Aubigné ne devait pas voir réaliser ce grand dessein de Henri IV, débarrassé de

1. *Histoire universelle, Appendix de l'Histoire*, t. III, c. 740.

rêveries chimériques, conçu et modifié d'après un plan pratique, préparé par la lassitude et l'effroi de l'Allemagne, mûri et exécuté par le concours de deux hommes de génie.

Nul doute que d'Aubigné eût salué cette ère nouvelle avec joie, qu'il eût à demi pardonné la ruine de la Rochelle et des places fortes du Midi, qu'il se fût du moins sincèrement rallié à la politique française et à un ministre qui relevait en Europe la cause du Protestantisme.

Pour pénétrer la pensée et la politique de d'Aubigné pendant cette période de six années, nous n'avons que sa correspondance militaire et diplomatique ; or rien n'est plus vague et plus obscur. Les perpétuelles fluctuations de la politique française et savoisienne [1], les périls incessants courus par Genève dont notre réfugié s'est constitué le défenseur et le pourvoyeur [2], les précautions imposées à un exilé quatre fois condamné à mort en France, en butte aux soupçons, aux persécutions de ses ministres, les conseils et renseignements qui risquent de ne point arriver à leur adresse [3], autant de motifs qui, joints à l'obscurité naturelle de l'écrivain, épaississent les nuages sur ces

---

1. Les partis eux-mêmes semblent ne savoir si les armées qui s'avancent sont amies ou ennemies. A propos d'une armée de trente mille hommes qui se forme en Savoie, d'Aubigné écrit à M. de Mayerne : « Les uns disent que cela menace la Suisse protestante avec l'ayde des Cantons papistes, les aultres qu'ils tourneront à nous. » (1622). (*Œuvres complètes,* tome Ier, page 217.)

2. Dès le 4 septembre 1621, le Petit Conseil de Genève l'avait désigné comme un des officiers connaissant le service du siège et l'on a vu qu'il fut en partie exécuteur des fortifications de Genève et de Berne.

3. « Ne vous irritez pas, si vous n'avez point de mes lettres

missives et ne laissent pas toujours facilement lire entre les lignes, à deux siècles et demi de distance.

D'Aubigné a-t-il été factieux, traître à son roi et à son pays ? Bien que nous aimions les questions précises et les réponses nettes, autant que nous détestons les distinctions subtiles de temps et de personnes, il est des circonstances où la réponse catégorique, par oui ou non, est impossible. C'est un progrès des mœurs et de la moralité publique que la question du devoir vis-à-vis de la patrie ne puisse jamais être douteuse en notre temps. Il n'en était pas ainsi aux seizième et dix-septième siècles. Pour un Biron que l'on verra payer sa trahison de sa tète, les Rohan, les Soubise, les Bouillon, et plus tard les Turenne, les Condé semblent avoir pu, sans se déshonorer, appeler l'étranger au secours de leurs ressentiments personnels ou des intérêts de leur parti. La France alors n'est point encore la France ; elle est un champ clos où luttent Protestants et Catholiques, où le coreligionnaire étranger est un allié naturel contre le concitoyen dissident. En temps de guerres civiles religieuses, c'est le culte qui semble faire la nationalité. Au milieu des fluctuations et revirements de la politique française, avant la direction imprimée par Richelieu, où était le devoir pour un croyant tel que d'Aubigné ? Il veut, comme l'écrivait Claude de la Trémoïlle, « toujours rester François, » mais subordonne ses vœux et sa conduite à la cause de l'Eglise : « Il n'y a rien, dans les bornes du service de Dieu, que je ne face avec gayeté de cœur et passion [1]. »

par la commune voye, je suis trop subject aux mauvaises interprétations. (*OEuvres complètes*, t. Ier, p. 235. Lettre au comte de la Suze.)

1. *Appendice à la Correspondance,* t. II, p. 695.

Nous devons l'en croire, et de même quand d'Aubigné écrit au roi (février 1617) : « Despuis la paix de Loudun, je me suis privé de toutes compaignees, et ceux qui m'ont recherché chez moy ne se peuvent vanter que j'aye favorisé, ny de parolle ny d'effect, aulcun partisan, ne respirant que le service de Vostre Majesté et le repos de ma derniere vieillesse soubz ses bonnes graces [1]. » L'année suivante, d'Aubigné renouvelle à M. de Pontchartrain les mêmes protestations de fidélité, y ajoutant même une sorte de confession et d'amende honorable..... « *L'extreme violance de ma jeunesse* ne peut faire estimer qu'un autre aage m'aye donné d'autres mœurs, joint qu'estant obligé de sermens és mains de ceux qui les ont mesprisés et qui les avoient exigés, je n'ay pas reglé ma foy à mes autheurs, mais en la guardant, je me suis angagé à un miserable parti, bien que je le recongnusse pour tel [2]. » Qui pourra, connaissant d'Aubigné et sa vie, mettre de tels aveux sur le compte de la faiblesse et de l'intérêt? Nous croyons fermement que, dégoûté de la pusillanimité, de la vénalité des siens, il put quelquefois regretter de s'être engagé si avant, qu'il eût voulu « mourir serviteur Partisan du Roi. » Mais il était de ceux qui n'estiment pas que l'infidélité d'autrui délie les serments de fidélité. Ce qui l'afflige et l'irrite, c'est qu'on oublie ses services passés, c'est qu'on ne tient nul compte de ses promesses et de ses serments. En vain invoque-t-il « les services d'un

1. *OEuvres complètes, Appendice à la Correspondance,* t. II, p. 689.
2. *OEuvres complètes, Appendice à la Correspondance,* t. II, p. 690.

père, d'un frère,[1] de dix parents morts à la querelle
des Bourbons, en vain se défend-il d'avoir parlé
«licentieusement» de la personne royale, en vain
demande-t-il que la pension de 7000 livres, qu'on
ne lui servait plus, soit restreinte à un écu, pour
lui permettre « d'adjouster la marque de domes-
tique à celle de subject;» peines perdues; la cour
semble ne vouloir jamais oublier ce mot terrible du
prince de Condé : «que d'Aubigné estoit ennemi de
la Royauté et capable d'empescher un Roy de regner
absolument, tant qu'il vivroit[2]. »

Dans une lettre, sans date ni suscription, notre
Réformé a écrit ces belles paroles: «J'ai resolu n'entretenir point Vostre Altesse des affaires françoises :
car ma conscience ne les pouvant approuver, *ny ma
condition les condamner*, il ne me reste que le taire et
attendre le resultat du Ciel[3]. » C'était là sans doute la
meilleure ligne de conduite, mais pouvait-on demander
ce rôle de silence et d'abstention, en de pareils temps, à
un tel caractère ? Quand la politique française semble,
même par hasard, osciller du côté de la Réforme, quand,
par exemple, elle menace l'Espagne et l'Autriche,
d'Aubigné regrette son inactivité et son exil; il ren-
trerait en France, s'il le pouvait honorablement[4]. Il
écrit, et sa parole ne peut être suspecte, adressée à
Rohan : « Si j'avois auprez de nostre Roy (Louis XIII)
le quart de credit que le pere m'avoit donné (l'aveu,

---

1. Nous avons vu que son frère cadet, le capitaine d'Aubigné, fut tué au siège de Montaigu.
2. *OEuvres complètes,* t. Ier, p. 89.
3. *OEuvres complètes,* t. Ier, p. 285.
4. Deux fois il a écrit dans ce sens à M. Dade (ou Dadou) son
gendre.

quoique tardif, est à enregistrer), j'espererois luy faire
un des signalez services que pauvre soldat ait jamais faict à Prince, mais Dieu ne permet pas qu'il y ait
oreilles pour nous[1]. » La politique française menace-
t-elle les alliés naturels de la Réforme, veut-elle contre-
carrer leurs desseins, d'Aubigné combat cette influence
et ne ménage pas ses avis aux membres de l'Union ;
Il détourne Rohan de toute alliance, hors celle de
Venise : « Tout ce que vous negotierez avec qui que
ce soit, horsmis les Venitiens, se tournera en infidelité,
et changement pourpensé de longue main, et pour les
voisins, en mesfiances, longueurs et mortelles stupi-
ditez [2]. »

Dans une autre lettre il revient plus clairement
sur ces « mesfiances, » et conseille à la Serenissime
Seigneurie « de ne confondre pas les forces Veni-
tiennes dans les forces Fransoises, mais les apliquer
au grand bien de l'Union et à l'avantage de Venise,
pour le fruit de ses despenses et labeurs. » Enfin, dans
une lettre sans suscription, probablement à M. de Cavassa[3], d'Aubigné met à la charge d'un ami un plan
qui consistait, avec une assistance de 200 000 escus
aux Grisons, à intervenir dans leur différend et à con-
trebalancer l'influence en ce moment prépondérante de
la reine mère. Cette année même, Fargis négociait
pour Richelieu un traité conclu à Madrid à l'insu
de Venise, de Turin, du duc de Savoie : le culte catholique était seul autorisé en Valteline, les Grisons étaient
sacrifiés et durent s'incliner comme leurs alliés. N'est-ce

1. *Œuvres complètes*, t. Ier, p. 247-248.
2. *Œuvres complètes*, t. Ier, p. 295.
3. *Œuvres complètes*, t. Ier, p. 529.

pas le résultat de ce traité que notre proscrit entrevoit et cherche à combattre dans ce plan ? A supposer que cette lettre eût été surprise, évidemment il encourait une cinquième condamnation capitale, comme coupable de conspiration à l'étranger contre la sécurité de l'Etat.

Au milieu des obscurités forcées d'une telle correspondance, quelques phrases trahissent l'attitude de d'Aubigné et la politique des principaux chefs du parti français. En 1621, il écrit au duc de Rohan : « Vostre lettre au Roy a esté reveuë, jugee utile et admiree en ce pays, sur tout pour vostre souplesse et dexterité à confire vos hardiesses et fermes advertissements en la douceur des respects et du debvoir[1]. » On ne saurait mieux dire; Rohan, comme d'Aubigné, en ces circonstances, excellait à envelopper la résistance sous une forme respectueuse. Ils plient et ne rompent point. D'Aubigné, exilé, assagi par la connaissance des hommes, de rang et de fortune plus modestes, se bornera au rôle de *Procureur*, de conseiller, de correspondant et d'ingénieur ; Rohan, jeune et ardent, une des plus illustres têtes du Parti, restera jusqu'au bout l'homme d'action, il luttera pied à pied, et, réduit aux abois, finira par traiter avec l'Espagne. Quelque jugement qu'il encourre pour cet acte de folie et de désespoir, Rohan, du moins, n'a jamais trahi son parti et ses amis. Quand il reprend les armes, deux ans après la paix, et publie son éloquent *Discours sur la paix de Montpellier*, c'est que les engagements de la cour n'ont pas été remplis envers ses coreligionnaires.

Sans instituer un parallèle entre deux hommes de conditions si inégales, placés dans des circonstances si

1. *Œuvres complètes*, t. Ier, p. 197 et suiv.

différentes, l'un prince et chef de parti, avec lequel on
dut toujours compter, l'autre, gentilhomme obscur et
sans fortune, serviteur importun par sa vertu et dont on
s'est débarrassé, nous croyons que d'Aubigné n'eût
jamais, pour son compte, servi l'Espagne contre la
France [1] ; mais nous reconnaissons qu'il n'a vu dans la
politique française que les intérêts protestants. Quand
elle les a servis, d'Aubigné, de son exil, a passionnément
souhaité faire acte de bon Français en même temps
que de zélé Protestant. Quand ces intérêts ont été
sacrifiés, il ne s'est point abstenu de vœux et de conseils
contraires à cette politique ; enfin, quand il offre à
M. de Bullion, à Lesdiguières, au roi de leur consacrer
les restes d'une ardeur qui ne peut s'éteindre, c'est
qu'il n'aura point, malgré ses ressentiments, à tirer
« sa petite espec » contre son roi, contre la France.

1. D'Aubigné avoue lui-même qu'il fut avec Ségur Pardaillan
sur le point de conclure, en 1585, « un traité avec le Roi d'Espagne, prejudicieux en France, » mais, en « prestant l'oreille aux
offres de l'Espagnol », Ségur et « son compagnon de Languedoc »
ne sont, à cette époque, que des instruments obéissant aux ordres
de leur maître, le roi de Navarre. (*Histoire universelle*, t. Ier,
col. 1143.)

CHAPITRE VII

CARACTÈRE MORAL DE D'AUBIGNÉ, SES RAPPORTS AVEC DIVERS CONTEMPORAINS. SES ANTIPATHIES : SULLY, DU-PLESSIS-MORNAY, SÉGUR, ETC. — SES AMITIÉS : LES ROHAN, LA TRÉMOÏLLE, LA DUCHESSSE DE BAR, ETC.

Nous ne pouvions séparer l'homme politique de l'historien. Pour achever de faire connaître l'homme, pour compléter son portrait, nous n'avons plus qu'à relever quelques traits de caractère, à répondre aux reproches qui lui ont été adressés.

Prosper Mérimée a écrit de notre auteur : « Il eut fort peu d'amis et je ne sais s'il aima personne[1]. » Nous avons vu que l'historien a prodigué l'éloge bien plus que le blâme ; on ferait une intéressante galerie des héros et aussi des *femmes évangéliques* que sa plume a illustrés. Nous ne nierons pas que, dans sa vieillesse surtout, il n'ait une pointe de jalousie contre de bons serviteurs, contre ceux qui possédèrent la faveur du roi. Ainsi d'Aubigné n'a pas grande affection pour Sully, auquel il attribue la confiscation d'une partie de ses pensions[2]. Il ne s'en cache pas à Rohan et relève cette injustice : « Monsieur vostre beau pere a trez bien prattiqué (la diminution) à mes des-

1. *Préface des Aventures du baron de Fœneste*, p. 6.
2. « Je ne puis attribuer la perte de ces mille escus qu'à la haine de MM. de Bouillon et de Seuilly. » (*Memoire des pensions du sieur d'Aubigné. OEuvres complètes*, t. II, *Appendice*, p. 697.)

pens, ce que j'attribuë, en faisant justice contre moy, pour n'avoir pas esté lors son confident[1]. »

Sully, protestant des plus tièdes, plus dévoué à la personne du roi qu'à la Cause, s'était heurté, lors de l'assemblée de Châtellerault, à l'inflexible rigueur de d'Aubigné. Mais ce n'était pas seulement sur le terrain des assemblées, qu'ils s'étaient rencontrés. Sully, gouverneur du Poitou, s'étant obligé à la reine que personne ne bougerait pour le prince de Condé, arriva à Maillezais, croyant intimider son gouverneur ; on en vint aux mains, et la cavalerie de Sully fut chassée[2]. A l'époque *du grand dessein*, d'Aubigné, comme vice-amiral de Saintonge et de Poitou, avait proposé au roi, on se le rappelle, d'équiper deux flottes et de nourrir son armée en Espagne ; c'est Sully qui « traverse l'affaire. » Le roi et son ministre agirent peut-être sagement, mais on sait que Sully manque de largeur d'esprit ; la routine et certains préjugés ont entravé les conceptions de sa haute intelligence[3]. Ces

1. *OEuvres complètes,* t. Ier, p. 346.
2. *OEuvres complètes,* t. Ier, p. 87-88.
3. Barth. de Laffemas, parmi de nombreux projets pour la régénération de l'industrie, est l'auteur d'un (*Reglement pour dresser les manufactures en ce Royaume,* 1597). Un édit de décembre 1602 chargea Laffemas, nommé contrôleur général du commerce, de diriger la répartition des mûriers et de la semence des vers à soie dans les paroisses, aux Tuileries, au château de Madrid, à Orléans, à Tours, en Poitou, en Normandie même. Sully, toujours plus favorable à l'agriculture qu'à l'industrie, combattit ce projet soutenu par l'illustre auteur du *Theatre de l'agriculture et mesnage des champs* (1600), Olivier de Serres. Henri IV traita parfois Barth. Laffemas d'esprit chimérique, mais sans lui être systématiquement hostile, comme Sully. Il semble avoir tenu assez équitablement la balance entre l'esprit de routine de son ministre et l'esprit d'innovation de son contrôleur général.

griefs personnels n'ont cependant pas empêché l'historien de rendre justice aux qualités de l'homme et du financier : « Le Roi mit les finances és mains du marquis de Rosni, depuis duc de Suilli, pource qu'il trouvait en lui un esprit fort general et laborieux et une austerité naturelle, qui, mesprisant les bonnes graces de tous, portait l'envie des refus, et par là fit la bourse du Roi. » Ne faut-il pas savoir gré à d'Aubigné de n'avoir pas insinué que cette austérité de l'*Argentier* du roi ne l'empêcha pas d'édifier sa fortune avec une âpreté peu édifiante ?

Pourtant il faut bien l'avouer, d'Aubigné que ses qualités, presque autant que ses défauts, ont empêché d'être ce que l'on appelle un politique, un homme d'État, parce que sa raison passionnée n'avait que des éclairs de conseils, ne pardonne pas volontiers à ceux qui ont eu un crédit plus suivi que le sien. Les d'Ossat, les du Perron, les Sully, les Duplessis-Mornay lui portent ombrage. Ne demandons pas l'impossible à l'impartialité de l'historien, qui ne peut voir en ces personnages que des rivaux, des adversaires ou même des ennemis.

Un homme que d'Aubigné n'a pas assez mis en lumière, et vis-à-vis duquel échoue son effort d'impartialité, c'est Duplessis-Mornay. Ne fut-il pas le négociateur ordinaire du prince de Navarre, n'est-ce pas lui qui conclut, entre autres, le traité qui rapprocha le Béarnais de Henri III[1] ? On croirait que cette haute personnalité gêne l'amour-propre de notre historien et qu'il en voudrait diminuer la stature. Ainsi, dans une

---

1. *Mémoires de de Thou,* traduction de Le Petit et d'Ifs. Rotterdam (1711), p. 148.

assemblée tenue à Guistres, près Coutras, devant le roi de Navarre, tandis qu'il prête un long discours politique à « *un Mareschal de Camp* » qui a soin de signer de son *Aleph*, il se contente d'ajouter négligemment: « Cette opinion fut fortifiée de quelques exemples qu'apporta le Plessis-Mornay [1]. » Disons, moins pour excuser que pour expliquer le sentiment de l'historien, que ces deux fidèles serviteurs de la Cause se sont souvent rencontrés, ou plutôt heurtés, sur le même chemin. Nous avons vu que l'exécution d'un projet conçu par d'Aubigné pour « assujettir l'embouchure de la Loire [2] » et dominer ainsi la Bretagne, fut confié à Duplessis-Mornay. Pourquoi ce choix? « Parce qu'il estoit plus au Roi, plus ductile à ses volontez et de qui la reputation ne donneroit que lustre à celle du superieur [3]. » D'Aubigné, en faisant ainsi d'un rival un instrument docile et sans conséquence, ne cède-t-il pas à un sentiment d'étroite jalousie? Il l'appelle pourtant quelque part « pilote de tempeste et non pas d'eau douce [4], » mais le confondant en ce passage avec Turenne, Bouillon, Clervaut, Constant et le secretaire Pin. Nulle part il ne lui dénie la décision et le courage militaire. A Henri IV qui se vante en riant d'avoir « su faire d'un ecritoire » un capitaine, d'Aubigné répond : » Que cet homme de lettres ne laisse pas d'être capitaine et qu'il l'a vu faire le soldat [5]. »

Est-ce pour ménager Duplessis, qui sembla vaincu, à la conférence de Fontainebleau, que d'Aubigné n'en

1. *Histoire universelle*, t. II, col. 1104.
2. *Histoire universelle*, t. III, col. 184.
3. *Histoire universelle*, t. II, col. 185.
4. *Histoire universelle*, t. I. col. 274.
5. *Histoire universelle*, t. III, col. 186.

dit rien, sous prétexte que « sa profession l'empesche de
la desduire davantage[1] ? » Passant presque sous silence
cette conférence fameuse, il pouvait se dispenser de
rappeler que « ceste meme dispute fut relevee à quinze
jours de là[2] par un *Gentilhomme* (qui signe comme
pour l'assemblée de Guistres) contre le mesme Evesque,
dont les extraicts deposés entre les mains du Roi se
pourront voir imprimés. » Un passage de la correspondance prouve d'ailleurs qu'en ce duel théologique,
d'Aubigné ne relève qu'une faute en Duplessis, capitale, il est vrai, c'est « de s'estre persuadé tant de services et de merites envers (le roi), qu'il presideroit
favorablement pour luy[3]. » S'il ne lui a manqué pour
triompher que la faveur, c'est-à-dire l'impartialité
royale, pourquoi d'Aubigné ne relève-t-il pas le vaincu
dans son *Histoire*, comme il fait dans sa correspondance? L'événement en vaut la peine, par le retentissement que lui donnèrent les catholiques[4].

Il faut dire que Duplessis n'aime pas plus d'Aubigné
qu'il n'en est aimé. Quand on voulut confier à ce dernier, en sa place de Maillezais, la garde du Cardinal de
Bourbon, Duplessis s'y opposa, objectant « les grands
mecontentements de d'Aubigné et ses perpetuelles
riottes avec son maistre[5]. » C'était, nous l'avons dit,
méconnaître sa probité et le calomnier. En résumé,

---

1. *Histoire universelle,* t. III, col. 648.
2. La conférence de Fontainebleau s'ouvrit le 2 avril 1600.
3. *Œuvres complètes,* t. Ier, p. 375.
4. De nos jours, on a, non seulement enchéri sur le triomphe
du cardinal du Perron, mais révoqué en doute la véracité de
d'Aubigné. Sa revanche sur du Perron ne serait qu'une invention de sa vanité et de son imagination. Nous reviendrons sur
cette accusation en traitant la question de controverse religieuse.
5. *Œuvres complètes,* t. Ier, p. 71.

sans nier que ces dissentiments avec un homme tel que Duplessis puissent jeter un jour fâcheux sur le caractère de d'Aubigné, reconnaissons que l'accord était difficile entre deux serviteurs dont l'un « le Pape des Huguenots » a joué toute sa vie le rôle de conciliateur, dont l'autre ne brilla point par des qualités de modération.

Peut-être pourrions-nous encore réclamer en faveur de quelques autres personnages de moindre étoffe. Ainsi, Ségur, que nous voyons jouer un rôle important dans la correspondance de Henri IV, et fréquemment envoyé par le roi auprès d'Elisabeth, figure deux fois[1], et seulement à côté de d'Aubigné, dans l'*Histoire*, pour y jouer un rôle diplomatique des plus effacés. Dans la fameuse négociation de Languedoc[2], si habilement menée par d'Aubigné, Ségur est « un homme *facile*, » une sorte d'homme de paille et de comparse que le maréchal Danville trompe et joue à plaisir. Un passage de la *Vie*, déjà cité, où d'Aubigné menace Ségur de le faire passer par une fenêtre, nous rappelle à propos les sentiments de notre historien pour son collègue d'ambassade. D'Aubigné a, comme il le dit, servi son maître « à sa fantaisie » et il est difficilement impartial pour ceux qui, ayant servi le roi à la sienne ou à la leur, s'en sont bien trouvés. Mais qui lui reprochera ses justes sévérités pour la trahison d'un Condé, pour l'insolence d'un d'Epernon, dont il connaît « la pesante haine[3], » pour un apostat comme Sancy, que, dans l'*Histoire*, il a plutôt ménagés.

1. *Histoire universelle*, t. Ier, col. 882 et 1143.
2. Voir page 21 de notre *Étude*.
3. *Histoire universelle*, t. II, col. 698.

Pour dire, avec Mérimée, « qu'il n'a point eu d'amis, qu'il n'a pas su se faire aimer, il faut oublier, non seulement tant de capitaines qu'il a si chaleureusement vantés[1], dont quelques-uns ont dû le payer de retour, un La Nouë, par exemple, dont il vante en vingt endroits avec une déférence affectueuse le courage, la clémence et la probité[2], mais un comte de La Suze qui l'appelait son père ; toute la famille Rohan, hommes et femmes, avec lesquels il entretient une correspondance si élevée et si touchante ; un Tronchin, le légataire de tous ses papiers, dont il écrit : « Je ne m'ayme pas tant que je crois estre aimé de luy[3], » un Esaïe Baille[4] qui l'entoure d'un filial et respectueux attachement. N'oublions pas surtout son grand, son meilleur ami, Claude de la Trémoïlle[5], dont l'affection suffirait à le venger d'une injuste accusation.

1. Voir à la page 88 de ce volume.

2. *Histoire universelle*, t. Ier, col. 299, 472, t. III, col. 185 et alias.

3. *OEuvres complètes*, t. Ier, p. 325.

4. Voir sur la lettre de ce jeune homme la note 1, p. 44. En voici un passage d'une touchante naïveté : « On dit que les vieillards et les enfants s'entraiment tendrement ; je veux bien que l'on m'estime enfant pour estre aimé de vous. Aussi bien ne suis-je pas encores majeur, et, quand je le serais, si aurai-je tousjours besoin de vostre discipline que j'ai trouvé de si bon suc durant tout un hiver. »

5. Dans une correspondance manuscrite de Claude de la Trémoïlle avec sa femme, dont nous devons communication à la bienveillance de son descendant, M. le duc Louis de la Trémoïlle, nous n'avons pas relevé moins de dix-sept passages où il parle de son ami « Dobigni. » Ces lettres, à défaut de révélations nouvelles pour notre biographie, attestent, de 1599 à 1604, l'intimité, la familiarité, la confiance réciproques de d'Aubigné et du duc de Thouars, l'un des plus nobles caractères de l'époque. Citons quelques passages : « Je n'ay point veu Obigni ; je croy qu'il ne m'aime plus. » « Si ne fust venu, j'estois en grand colere contre luy. » « Je n'ay su jouir de la présence de

Plusieurs épîtres de consolations, adressées à ses amis dans leurs deuils et afflictions, prouvent son influence morale et son autorité sur leur esprit. Nous avons déjà cité une belle lettre de ce genre à M. de Rohan. La lettre à la sœur du roi[1], la Duchesse de Bar, n'a pu être dictée que par une sympathie, une véritable affection mutuelle. Elle renferme des lignes d'une tendresse quasi paternelle, d'autant plus charmante qu'elle est plus discrète. Quand il rappelle à cette sœur si longtemps sacrifiée par l'égoïsme fraternel[2], si ferme en sa foi, ces airs de musique dont il fournissait autrefois les paroles, ces larmes qui semblaient mieux séantes à sa beauté que la gaieté même ; quand il la fortifie « pour le bon Combat, » on sent que cet ami, jadis poète de chambre, aujourd'hui directeur d'une conscience endolorie, est l'ami fidèle, éprouvé, des bons et surtout des mauvais jours.

La lettre à Catherine prouve les sentiments de d'Aubigné pour la princesse ; deux fragments de lettres

M. Dobigni que trois jours. » « Je suis après à marier M. Dobigni, je ne scay encore se qui en sera. » Claude écrit encore des eaux de Barbotan : « M. Dobigni m'empesche de m'ennuyer, sans luy jorais à souffrir » et ailleurs : « M. Dobigny me faict jouer tous les jours et luy gaigne son argent. » Enfin, dans un autre passage, où l'on voit que Mme de Rohan le voulait charger de lever un petit corps d'armée à l'étranger, d'Aubigné répond, et nous aimons à relever cette réponse : « qu'il estoit fransois et qu'il desiroit mourir en France. »

1. *Lettre à Madame, sœur unique du Roy.* (*Œuvres complètes*, t. Ier, p. 531.)

2. Dans le *Discours par Stances* (*Œuvres complètes*, t. IV, p. 320), le poète rappelle un mot dont l'historien a également consigné le souvenir. (Voir la note 2 de la page suivante.)

> Tu as persécuté ton sang, ta sœur unique,
> Qui fit voir en sa mort comment la loi salique
> N'avait point partagé la constance chez toi.

de celle-ci[1] montrent que d'Aubigné était payé de
retour par la duchesse de Bar : « M. d'Aubigné vous
avez satisfait... aux devoirs d'un amy, en ce que vous
n'avez point craint la hayne des puissances qui dominent aujourd'huy, pour m'instruire à mespriser ce que
ces lasches et ignorants adorent, en me faisant part
de vostre entendement et de vostre cœur... je n'ay que
fayre de vous exhorter à la continuation de tous ces
bons offices. Cela ne peult venir en doute qu'à ceux
qui ne vous ont pas cognu, ou qui malureusement
voudroient oublier les preuves de Vostre magnanimité. » Dans un autre passage de cette lettre, la princesse remercie d'Aubigné du bel éloge qu'il lui a
décerné en disant « que la loy salique n'avait pas partagé la constance en sa maison », c'est-à-dire l'avait
donnée aux femmes et refusée aux hommes[2]. D'Aubi-

1. Voir aux *Documents inédits et pièces justificatives* ces
deux fragments de lettres de Catherine de Bourbon, tirés du
tome III, feuillets 75 et 76, des manuscrits de Bessinges. L'un
d'eux a été imprimé dans le *Bulletin de l'Histoire du Protestantisme français*, 24° année (1874), p. 28. Ces fragments, où
l'on sent l'expression d'une affectueuse vénération, pourraient
bien faire partie de cette « response » de Madame au *Traité
des douceurs de l'affliction* que d'Aubigné promet « au recueil
qu'il espere faire. » (Préface des *Tragiques*.) Ce serait le
brouillon d'une copie qui n'a sans doute pas été livrée à l'impression. On sait que M. Ch. Read a réimprimé (1856) ce *Traité
des douceurs de l'affliction*, communiqué pour la première fois
au *Bulletin* par M. Chavannes. On lira encore avec un vif intérêt, au *Bulletin* (2° année, p. 141) dix pièces inédites « Lettres
et poésies de Catherine de Navarre avec deux lettres de Th. de
Bèze, écrites de 1598 à 1605, publiées par M. J. Bonnet.
2. Voici le passage de l'*Histoire* auquel la princesse faisait
allusion dans ses remercîments : « Les Jesuites declarerent au
Duc de Bar sa damnation pour avoir accointance avec une here-
tique, ainsi nommaient-ils ceste Princesse qui n'eust rien pour
parer à tout cela que des pleurs et de la fermeté. Enfin elle se
fit laisser en paix, mais elle acquit la colere du Roi pour avoir

gné n'est pas seulement un ami, c'est, nous l'avons dit, un véritable directeur de conscience pour Catherine.

Le roi, fatigué de voir sa sœur se rendre « opiniastre en sa Religion, » veut la mettre aux prises avec quelques docteurs choisis par lui. Il aime ces conférences, où triomphe l'éloquente érudition de du Perron. Ce sont tournois qui amusent sa curiosité et rassurent peut-être les inquiétudes de sa conscience. Catherine, obligée de subir cette nouvelle inquisition imposée à sa foi, cède et « lui laisse le choys des douze, horsmis de trois qu'elle a voulu nommer. » Ces trois hommes de son choix sont, avec M. de Courde, son Pasteur et d'Aubigné. Elle n'a qu'une terreur, « c'est qu'il ne fraude son esperance, par la profession qu'il fait d'un autre mestier et par les haines qu'il a desja acquises. »

En cela elle se trompe, d'Aubigné est bon sur tous les champs de bataille et s'inquiète moins d'encourir de nouvelles haines que de perdre d'anciennes amitiés.

---

dit à ceux qui la pressoient par l'exemple du frere, que cest exemple lui estoit loi en tout ce qui ne touchoit point l'honneur de Dieu, qu'elle savoit les bornes de l'obeissance et qu'enfin *la loi salique n'avoit pas fait les partages de la constance en leur maison.* » (*Histoire universelle*, t. II, col. 676.) C'était opposer la faiblesse du père et du fils à la fermeté de la mère et de la fille.

CHAPITRE VIII

Si tels furent la conduite et les sentiments de
d'Aubigné dans la pratique de l'amitié, on peut croire
qu'il n'a trahi aucun des devoirs d'un chef de famille.

Nous avons vu en quels termes il parle de sa docte
mère qu'il ne connut point, de son père qu'il connut
si peu. Nous savons aussi l'amère douleur que lui
infligea la mort de sa première femme. Quand il ne
nous raconterait pas lui-même ces trois années de
nuits pleines de larmes, l'étrange maladie qu'il con-
tracta « pour vouloir s'empescher de pleurer, » ses
œuvres, remplies de ce souvenir, nous montreraient
l'exquise sensibilité d'une âme qu'on a peinte comme
insensible à tout ce qui n'était pas orgueil ou intérêt.
Mais nulle part cet accent de regret conjugal n'est plus
touchant que dans une de ses *Méditations*[1] : « Tu ne
m'as point blessé aux extremités et membres qui,
retranchés, laissent le reste trainer quelque miserable

1. Les *Poesies religieuses* sous le titre de *Larmes pour Suzanne de Lezai,* renferment une pièce qui, dans la pensée de

vie, mais tu m'as scié par la moitié de moi-mesme,
tu as fendu mon cœur en deux et dissipé mes entrailles,
en arrachant de mon sein ma fidele, trés aimee et
trés chere moitié, laquelle, comme genie de mon ame,
me tenait fidele compagnie à tes louanges, m'exhortoit
au bien, me retiroit du mal, arrestoit mes violences,
consoloit mes afflictions, tenoit la bride à mes pensees
desreglees et donnoit l'esperon aux desirs de m'employer à la cause de sa verité[1]. » Sous ces figures un peu
forcées, comme on sent la violence d'une douleur
inconsolable, la conscience d'un tempérament irascible, la justice rendue à la salutaire influence d'une
femme douce et pieuse !

Nous ne reviendrons pas sur la blessure infligée au
cœur d'un père par un fils indigne, « aimé outre
mesure[2], » qu'il tenta vainement de sauver et de ramener ; nous avons suffisamment montré que ce cœur
saigne autant d'affection trompée que d'orgueil paternel
humilié.

l'auteur, devait se rattacher au psaume 88, commenté par
cette *Méditation*. On y lit les vers suivants :

> La nuict a gardé mes ennuis,
> Le jour mes allegresses feintes :
> Cacher ni feindre je ne puis,
> Pour ce que les plus longues nuicts
> Sont trop courtes à mes complaintes.
>
> (*Œuvres complètes*, t. III, p. 278.)

Les manuscrits de la bibliothèque de Bessinges renferment
environ 1200 vers latins de d'Aubigné, sans compter des vers
macaroniques dont M. Th. Dufour, de Genève, à l'époque de
notre séjour aux environs du château de Bessinges, avait bien
voulu revoir une copie pour notre édition des œuvres complètes
de d'Aubigné. Parmi les pièces de vers latins, quatre sont consacrées au regret de Suzanne de Lezai.

1. *Œuvres complètes*, t. II, p. 202.
2. *Œuvres complètes*, t. Ier, p. 119. *Testament de d'Aubigné*.

Un fils 'naturel, Nathan[1], « recommandable par
probité de vie et doctrine non commune, auquel il a
permis, lui et les siens, de porter son nom, » l'eût
consolé dans sa douleur, s'il n'avait rougi jusqu'à son
dernier jour « de son ord peché, » scrupule qui peut
paraître étrange, mais qu'explique le regret de sa
première femme et l'ordinaire austérité de sa vie dans
la période de maturité.

La correspondance accuse l'inquiète sollicitude de
d'Aubigné pour l'éducation de ses filles, son affection
pour ses gendres, « son brave Dadou, » et Villette le
mari de Louise-Arthémise, qu'il appelait « son unique
et sa fillette. » S'il témoigna quelque préférence à celle-
ci, ce partage inégal prouve la partialité, mais non
la sécheresse de cœur[2].

Théophile Lavallée qui, nous l'avons vu, n'aime
pas d'Aubigné, va jusqu'à insinuer, sans oser excuser
Constant, que les ressentiments paternels étaient exagé-

---

1. « Le vicieux desir de maintenir ou croître sans trouble le
bien de ses enfants » ayant empêché d'Aubigné de contracter
un second mariage (quatre ans après son veuvage), il rechercha
la compagnie de Jacqueline Chayer, laquelle, non sans grandes
suasions, eut de lui un fils né et nourri à Nancray, en Gâti-
nois. Le surnom d'*Engibaud* qu'il lui donna est l'anagramme
de d'Aubigné. (*Testament* déjà cité, t. Ier, p. 119 et suiv.)

2. D'Aubigné avait eu de sa première femme son fils, Constant,
baron de Surimeau, né vers 1584 et deux filles. L'aînée, Marie,
épousa, en 1614, Josué de Caumont, sieur d'Adde, et lui laissa
trois enfants. La cadette, Louise, se maria, en 1613, avec Ben-
jamin de Valois, sieur de Villette. (Voir pour toute cette généalogie l'*Histoire de Mme de Maintenon*, du duc de Noailles ; *la
Famille de d'Aubigné et l'enfance de Mme de Maintenon*,
par Lavallée ; une notice biographique sur *Th.-Agrippa d'Aubigné à Genève*, de Théophile Hayer (Genève, 1870). Ce dernier
a tiré des *Registres du Conseil*, aux archives de Genève, un
certain nombre de documents précis et curieux pour les dix
dernières années de la vie de d'Aubigné.

rés, qu'ils n'étaient point partagés dans la famille. Par contre, il nous montre le père uniquement occupé d'affaires d'intérêt, âpre au gain, dur à ses débiteurs, d'humeur procédurière, s'efforçant de tromper ses enfants sur ses revenus en se disant réduit à la misère, enfin laissant un testament entaché « comme tous les actes de ce personnage, de duplicité et d'obscurité [1]. »

Nous ne suivrons point Lavallée dans le détail des affaires et intérêts de famille, ce serait tout un dossier à produire et un procès dénué pour nous d'intérêt. L'auteur nous fournirait lui-même des arguments contre sa thèse, car il nous montre à la fois d'Aubigné « malheureux en affaires, » victime de confiscations — ajoutons privé de ses pensions — et dur en affaires, âpre au gain [2]. En vérité, ce n'est pas aux gens dépouillés et réduits à la gêne qu'il faut demander d'être larges et, comme l'on dit, coulants en affaires. La pro-

---

1. *La famille d'Aubigné*, (ouvrage déjà cité), p. 21, 45, 46.
2. *La France protestante* relève judicieusement l'injustice de ces accusations. « D'Aubigné, artisan de sa propre fortune, avait souci de ses intérêts, mais sa vie de huguenot, rebelle aux séductions de la cour, répond noblement à une accusation de cupidité, et, quant au nuage d'obscurité, de réticences calculées, d'actes fictifs, qui régnait dans ses affaires, il s'explique aisément par sa situation politique. Il avait encouru la peine capitale et la confiscation ; il avait, par de trop justes raisons, déshérité son fils, il avait transporté à l'étranger ce qu'il avait pu sauver de sa fortune ; quoi d'étonnant qu'il eût, plus ou moins fictivement, partagé, de son vivant, tous ses biens de France entre ses enfants, et que ces opérations compliquées aient donné lieu à d'inextricables procès qui désolèrent sa famille longtemps après sa mort ? Or, nos laborieux écrivains modernes, les biographes, en cherchant avec ardeur, pour l'histoire de cette famille célèbre, des documents nouveaux, n'ont guère trouvé que des actes de procédure, des mémoires, comptes, significations et autres résidus de dossiers provenant de vieux procureurs de la province ; de là l'air processif dont ils ont affublé leur personnage. » (*La France protestante*, (article déjà cité), col. 491.)

digalité est facile aux consciences vénales; les honnêtes gens sont obligés d'y regarder de plus près. Lavallée a surtout puisé les éléments de son réquisitoire dans les papiers autographes de Sansas de Nesmond, gendre de Caumont d'Adde, dont le biographe lui-même trace le portrait suivant: c'était un Gentil-homme catholique, n'ayant que peu de bien, mais fort instruit et fort méchant, neveu d'un Président au Parlement de Paris, comptant d'autres parents dans la magistrature... C'était le procédurier le plus retors qu'on puisse imaginer, se complaisant dans les chi-canes, courant à un procès comme à une fête[1]. » C'est trop insister, on comprend ce que devait peser auprès des intérêts d'un tel homme la réputation de son beau-père d'Adde et celle du grand-père de sa femme !

L'inventaire du défunt sous les yeux, le même bio-graphe ajoute : « qu'il aimait le luxe et vivait dans une sorte d'opulence. » Nous n'avons pas à défendre d'Aubigné d'une assertion qui n'est pas d'ailleurs tournée en accusation directe. Par goût, autant que par nécessité, il était simple et économe. Une lettre, peut-être adressée à Constant, gouverneur de Marans[2], qu'il appelle son frère[3], nous le montre gourmandant assez vertement *son frère*, sur ses habitudes de luxe et de dépense, sur sa volerie, sa vanité pour ses oiseaux,

---

1. Lavallée. *La famille d'Aubigné*, ouvrage déjà cité, p. 57 et 60.

2. Voir une note de M. Paul Marchegay (brochure, Les Roches-Baritaud, Vendée, 1876) sur cette lettre (*OEuvres complètes*, t. Ier, p. 478), qui porte la suscription A M. C.

3. Ces désignations de père, fils, frère, semblent assez fré-quentes entre amis et compagnons d'armes au seizième siècle. Le comte de la Suze appelait d'Aubigné « son pere, » et celui-ci, dans ses réponses, l'appelle « son cher fils. »

d'autant que sa vue courte lui défend d'en user. « Que tu soys devenu faueonnier, tu es propre à cela comme un crucifis à jouer du sublet. » Il lui pardonne encore « son autour et son sacret », ses chevaux crevés sous son poids énorme, ses grands bâtiments pour la montre, mais non ce sot respect humain qui le fait rougir de sa riche bibliothèque, de ses vers, parce qu'il est du bel air d'être ignorant et préférer la chasse aux belles-lettres [1]. Cette sotte vanité de paraître [2], d'Aubigné la laisse à son *Baron de Fæneste*, il est lui le brave *Enay*, il lui suffit d'être ce qu'il est réellement.

En présence de tant de fortunes scandaleuses, comparant ses longs services à sa médiocrité, d'Aubigné avait bien quelque droit de se trouver maltraité. Il avoue pourtant lui-même avoir reçu du roi « autant de biens qu'il lui en falloit pour durer et non pour s'eslever [3]. » Au milieu de ses récriminations, il ne devait pas oublier qu'il avait lui-même marqué en termes vifs et précis le point de départ de sa fortune, ou plutôt de sa pauvreté, le jour où, gagnant une arquebuse à son premier engagement, il écrivit au bout de sa cédulle : « A la charge que je ne reprocheroys point à la guerre qu'elle m'a despouillé, ne pouvant sortir plus mal equippé que j'y entre [4]. » En

---

1. Alain Chartier parle déjà de ces seigneurs « qui eussent tenu à reproche de bien lire et de bien écrire. » Cité d'après Léon Feugère. Etude sur *Est. Pasquier*, p. 263.)

2. *Fæneste*, le fanfaron ridicule, qui n'a que l'*apparence*, tire son nom du verbe grec φαίνεσθαι, paraître ; Enay, le gentilhomme, qui cache sous sa modestie un mérite *réel*, tire le sien du verbe εἶναι, être.

3. *Préface* à l'Histoire, p. 6.

4. Agrippa avait été forcé, « pour les dettes immenses de son père, » de renoncer à une succession de 4 000 livres de rentes (*OEuvres complètes*, t. Ier, p. 11.)

somme, si d'Aubigné fut maigrement appointé de 7000 livres de pension, c'est qu'il ne voulut pas plus acheter les faveurs de la Régente qu'il n'avait fait celles du Roi par ses complaisances. D'Aubigné a été intègre et incorruptible, mais il n'a pas eu la modestie de sa probité.

CHAPITRE IX

Nous avons apprécié le caractère moral de notre
Reformé ; voyons quelle fut la nature, l'étendue, la
portée de son esprit.

Un trait qui frappe tout d'abord à la lecture de ses
œuvres, c'est la lutte d'une haute intelligence, fortifiée de toutes les connaissances scientifiques de son
temps, contre les vulgaires préjugés. Il croit aux
miracles, aux prodiges, aux apparitions, aux pressentiments, au surnaturel, en un mot, et discute sérieusement des faits de sorcellerie et des pratiques diaboliques. Elles règnent, il est vrai, avec Catherine, sa
cour italienne et ses alchimistes. Bodin, un précurseur
de Montesquieu, l'un des esprits les plus éclairés de
son temps, écrit sa *Demonomanie*, et, trois ans après,
sa *Republique*. Les savants réformés, Ambroise Paré,
Bernard Palissy, qui voient la nature de près et ont
secoué le joug « des superstitions romaines, » échappent
davantage à ces faiblesses. D'Aubigné ne les a domi-
nées à aucun âge. A six ans, nous raconte-t-il lui-
même, « veillant dedans son lict, pour attendre son
precepteur, il ouït entrer dans la chambre, et puis en

la ruelle de son lict, quelque personne de quy les vestements frottoyent contre les rideaux, lesquels il veit tirer aussi tost, et une femme fort blanche, qui luy ayant donné un baiser froit comme glace, se disparut [1]. » Cette hallucination enfantine a hanté son cerveau toute sa vie, et, dans sa vieillesse, il la revoit encore et l'enregistre dans sa vie, avec une sorte de crédulité naïve. Tempérament fiévreux — l'auteur parle souvent de ses accès de fièvre — il donne corps à ses visions. N'oublions pas non plus qu'il s'est, dans sa première jeunesse, « amusé aux *thcoricques de la magie* [2]. » Il a le pressentiment certain de la mort de son père ; il prédit à ses parents maternels qu'un jour ils lui feront hommage [3]. Il annonce à deux misérables leur mort et jusqu'au nombre de coups sous lesquels ils doivent succomber [4]. D'Aubigné a vu un tableau de tout ce qui depuis est arrivé et « les memoires de toute la Chrestienté distinguee par provinces, « entre les mains de Gaspard Baronius, neveu du Cardinal, et il y croit assez pour consigner le fait dans l'*Histoire universelle* [5]. « Voilà, ajoute-t-il, où il s'est fait *scavant en predictions*, et non pas pour avoir eu chez luy le Muet qu'on luy reprocha [6]. » On appelait cet homme « le muet de la Chevreliere ou le muet de d'Aubigné. » Il faut lire, dans la *Vie*, la description de ce muet « que les plus doctes ont tenu pour dæmon encharné, » le récit de ses divinations et « ses pensees les plus

1. *Œuvres complètes*, t. Ier, p. 6.
2. *Œuvres complètes*, t. Ier, p. 11.
3. *Œuvres complètes*, t. Ier, p. 17.
4. *Œuvres complètes*, t. Ier, p. 38.
5. *Œuvres complètes*, t. Ier, p. 92 et suiv.
6. Voir ce même récit dans une lettre à M. de la Rivière. (*Œuvres complètes*, t. Ier, p. 424.)

secrettes, desquelles il faisait rougir et paslir chacun. » « Les filles de la maison l'enquirent combien vivrait le Roy et de sa mort; il leur marqua trois ans et demi, le carrosse, la ville, la ruë et trois coups de couteau dans le cœur. Nous avons déjà cité le passage où il leur prédit tout ce que fait aujourd'hui le Roy Louys, comme les combats maritimes de la Rochelle, son siege, son desmantellement et les mines du Parti, etc., etc. » D'Aubigné avait fait défense à ses enfants et domestiques d'interroger le Muet sur l'avenir, et ceux-ci naturellement ne faisaient pas autre chose. Quoique le père leur donnât l'exemple de la réserve, ses ennemis ne manquaient pas d'attribuer aux révélations du Muet les salutaires avis que d'Aubigné puisait dans « son employ aux affaires et sa longue experience. » Ces étranges et sinistres prédictions arrivaient nécessairement aux oreilles du maître et pouvaient aider aux leçons de son expérience. Sans avoir la prétention d'expliquer ce mystère, disons qu'on se heurte à l'insondable, aussitôt que la raison délaisse l'ordre des phénomènes naturels.

Nous ne reprocherons pas à l'écrivain d'enregistrer certains faits invraisemblables dont il a été le témoin, et en quelque sorte la victime. Sa bonne foi est évidente, lorsqu'il nous raconte que « un soir lui arriva chose qui sera attestée par six ou sept hommes d'honneur encore vivants : c'est qu'estant couché sur la paillasse, en achevant sa priere, il receut trois coups d'une large main, comme il jugeoit au sentiment, cés trois coups bien distinguez, si resonnants que toute la compagnie à la lueur d'un grand feu eut les yeux fichez sur lui, dés le premier coup... Sur les mesmes mots, (de la priere recommencee) il receut trois autres coups plus grands

que les premiers, aux yeux de tous[1]... » Le même soir,
le capitaine d'Aubigné, son cadet, venait d'être tué.
« Les diverses interpretations, il les garde pour les
familieres instructions de sa maison. » Bien qu'il ait
oublié de les fournir, au moins dans sa *Vie,* nous
pouvons conjecturer que d'Aubigné, qui croit au surnaturel, ne fut pas éloigné de voir là un avertissement
céleste un peu rude du deuil qui le frappait. Dans une
imagination vive, après une pénible journée, pendant
un sommeil fiévreux, le rêve se confond avec la veille,
l'hallucination avec la réalité ; le souvenir ne les distingue plus et, après l'événement, tout se transforme
en pressentiment.

Ces hommes, intrépides en présence d'un danger
réel et devant la mort, demeurent déconcertés et
rêveurs devant des apparitions qui feraient de nos
jours sourire un enfant. A Moncontour, raconte l'historien, le vieux juge du lieu, grand vieillard « en ve-
tement sale et tout plumeux, » arrête le roi pour lui
faire un long discours rempli de prédictions sinistres.
Henri promit de ne point oublier la harangue, et
d'Aubigné en est tellement frappé, qu'il lui consacre
deux colonnes de son *Histoire* [2].

. Ce qui étonne, c'est que d'Aubigné, qui fait profession
« d'oster ces *bigotteries* de son livre, ne recevant pour
prodiges que ce qui l'est à bon escient, » qui se pique de
distinguer entre les phénomènes naturels intéressant
l'histoire, et les relations « des augures et prodiges,
desquels plusieurs historiens fleurissent, » ne fasse
pas difficulté de recueillir lui-même de toutes mains

1. *Histoire universelle,* t. Ier, col. 1034.
2. *Histoire universelle. Appendix,* col. 736.

et consigner les anecdotes les plus invraisemblables ou les moins intéressantes. « C'est une demoiselle de Bacouë qui rêve la mort de deux enfants, « ce qui fut averé en tous ses points [1] ; » c'est une grand-mère « dont les mamelles, aprés une priere, furent à l'instant pleines de laict, » et qui, pendant dix-huit mois, nourrit un nouveau-né privé de sa mère [2] — et d'Aubigné atteste le fait comme témoin oculaire ; — c'est la description d'une « estoile sans queue, formant lozange, qui parut au ciel vingt-six mois et demi, sinistre presage, au dire des savants eux-mêmes, pour l'auteur du massacre de la Saint-Barthelemy [3]. » Ailleurs c'est une nuée ronde, d'une couleur horrible à regarder ; « ceste nuee sembloit un chapeau, qui avoit au milieu de soi une ovalle, des couleurs d'une gorge de coq d'Inde, que leur spectateur jugea pareille en toute chose au flegmon qu'on lui avoit arraché dans la postume de sa peste qu'il avoit euë à Orleans [4]. » On a reconnu ce spectateur, c'est notre historien qui faillit mourir de la peste d'Orléans. Nous voulons bien l'en croire sur l'étrange phénomène météorologique qu'il nous décrit, mais, en certifiant qu'il a vu cette nuée entrer et fondre auprès du clocher, matin et soir, pendant dix-huit mois que dura la peste de Saintonge, il encourt le reproche d'avoir grossi et dénaturé un phénomène naturel, ajouté foi à des témoins suspects et

1. *Œuvres complètes*, t. Ier, p. 97.
2. *Histoire universelle*, t. Ier, col. 622.
3. Voir le sonnet épigrammatique qui a pour titre : *Sur le comette qui parut entre le massacre et la mort du roi Charles, traduit de M. de Beze. (Œuvres complètes*, t. IV, p. 340.)
4. *Histoire universelle*, t. II, col. 17.

épouvantés, enfin de s'être naïvement attaché à une coïncidence fortuite[1].

Cinq lettres, adressées à M. de la Rivière[2], premier médecin du roi, nous permettent de pénétrer plus avant dans les opinions de d'Aubigné, sur ce qu'il appelle un peu ambitieusement « des poincts de science. » La Rivière est un esprit libre, un de ceux que le dix-septième siècle flétrira de l'épithète de *libertins*, d'humeur gaie et quelque peu sceptique[3], qui fait profession de « *n'avoir jamais rien veu de surnaturel.* » Son « ancien compagnon de lettres » l'interroge avec une sincère déférence sur quelques faits et phénomènes étranges. C'est d'abord la polyglotte de Cartigny, une pauvre villageoise ignorante, qui « respondoit discrtement en toutes langues au ton de celuy qui parloit, la bouche fort ouverte, sans user aucunement ny de la langue, ny des levres. » Cette possédée, car elle se fait lier,

---

1. D'Aubigné avait, à la prière d'une dame, composé un petit *Traité sur les cometes* que lui-même déclare perdu. (*OEuvres complètes*, t. Ier, *Introduction*, p. XII.) Cette dame, il la nomme dans une de ses lettres les plus intéressantes, « sur les plus doctes femmes de ce siècle » (*OEuvres complètes*, t. Ier, p. 447), c'est Mlle de Belle-Ville, sœur du Lieutenant de Roy en Xaintonge. » Ce livre était « sur l'explication d'un distique qui est aux *Tragiques* :

> Ce comette menace, et promet à la terre,
> Lousche ou pasle, flambant, peste, famine ou guerre. »

La crédulité de d'Aubigné ne s'explique que par la pensée de Tacite : « Inclinatis ad credendum animis, loco ominum etiam fortuita. » Pour les esprits crédules, les accidents les plus fortuits deviennent des présages. (Tacite. *Histoires*, liv. II, ch. I.)

2. *OEuvres complètes*, t. Ier, p. 422 et suivantes.

3. Il est traité dans *le Sancy* de « charlatan habile » (liv. II, ch. II), appréciation qui s'accorde mal avec le ton de la correspondance.

sentant « le paroxisme de ses dæmons à l'approche de quelque personne docte et de pieté, » corrige et reprend les savants sur leur mauvaise prononciation hébraïque, elle s'entretient avec des Perses, des Arabes, des Arméniens.

Nous connaissons déjà le muet de la Chevrelière. Une lettre[1] nous fournit sur son compte un supplément d'informations. Il fait retrouver les clefs perdues, voit les absents dont il révèle les moindres actes ; à l'aide de signes, il découvre aux assistants leurs plus secrètes pensées. Malheureusement, nous n'entrevoyons les réponses de la Rivière qu'à travers les lettres de son Correspondant. Tandis que le médecin fait « *Madame Nature puissante de tout cela*[2], » d'Aubigné ne songe pas un instant à contrôler les faits eux-mêmes. La critique scientifique lui est aussi étrangère que la méthode de critique historique. « C'est un Dæmon incarné » que Dieu inspire « pour convaincre ceux qui lui ostent la gloire du surnaturel. » Une telle explication suffit à sa *science*, ou pour mieux dire, à sa foi.

Dans une autre lettre, d'Aubigné, partagé entre l'humanité et le respect des Ecritures qui ont prononcé contre les Sorciers et Enchanteurs, réclame au moins une juridiction sérieuse et compétente pour les accusés de sorcellerie[3]. Un de ses tenanciers fut condamné et brûlé[4] pour avoir fait tourner devant ses juges un plat sur une table avec le bout du doigt.

---

1. *OEuvres complètes*, t. Ier, p. 425.
2. *OEuvres complètes*, t. Ier, p. 427.
3. *OEuvres complètes*, t. Ier p. 428.
4. Rien n'égale la curiosité qu'excitent tous ces prétendus sorciers, sinon la cruauté de la répression. On lit dans les *Mémoires de de Thou* (ouvrage déjà cité), p. 247, l'histoire d'un

Pendant une grande peste, qui ravagea le centre de la France, les loups venaient ravir les enfants jusque dans les maisons et le peuple crut aux loups-garous. Un misérable fou, s'accusant d'avoir dévoré toutes les victimes, allait subir le supplice, quand un magistrat d'Angers s'avisa de lui demander : « Qui avoit mangé Pierre Hérault? « Moi, repondit le monstre. » Pierre Hérault était le lieutenant criminel même qui présidait le tribunal. On refit le procès et le pauvre homme fut trouvé innocent. D'Aubigné conclut que les sorciers doivent être punis sévèrement, « non, pour leur fantaisie, mais pour leurs actions effectuelles qui ne paraissent que trop. » Rien de mieux, mais l'ignorance et le préjugé ne mettent-ils pas sur leur compte de prétendues « fantaisies » qui sont réputées « actions effectuelles ? »

A Pau, une belle fille, au sortir d'un prêche sur les sortilèges, s'en vint demander la prison comme criminelle de sorcellerie[1]. Le président, un vieillard, « lassé des miserables procés qu'il avoit entre les mains, la renvoie ; mais le geôlier du Châtelet l'écoute et l'enferme. Les auditions de cette fille furent trouvees si admirables par le Parlement, que le Roy fut prié de vouloir assister à la confrontation de plus de quarante personnes prisonnieres sur le rapport de la fille. » Le roi accepta et mena avec lui plusieurs per-

nommé Beaumont, véritable *spirite.* « La magie était pour lui l'art de converser avec les génies. » La doctrine du spiritisme avait déjà de nombreux adeptes en Europe. Cet infortuné, que de nos jours on eût considéré comme un *medium* remarquable, fut condamné à Angoulême, à Paris, et « puni d'une mort digne de sa vie. »

1. *Œuvres complètes,* t. Ier, p. 431.

sonnes parmi lesquelles Duplessis-Mornay et d'Aubigné. La fille confessa être allée aux grands sabbats en esprit, aux petits en corps, avoir, sur l'ordre du *Maître*, déterré un enfant qui fut partagé entre quatre-vingts personnes. Sur ces révélations, trente-quatre d'entre elles furent condamnées : la fille assista à leur supplice, une corde au cou, à son grand regret de ne mourir point, « ayant esté, dés l'age de neuf ans, menee au sabat et marquee du Diable. »

Nous ne craignons pas d'insister sur cette curieuse correspondance. Quelles terribles et douloureuses révélations sur l'ignorance et la crédulité d'un siècle, où les dénonciations d'une hallucinée, affolée par une sotte prédication, envoient au supplice trente-quatre victimes, condamnées sous les yeux du roi et des plus doctes personnages !

La troisième lettre à la Rivière semble démentir quelque peu le passage de la *Vie* où d'Aubigné se défend d'avoir « essayé aucun experiment » de la magie[1]. Il nous confesse que la folle vivacité de sa jeunesse n'a rien trouvé de difficile de quoy elle n'ait voulu pouvoir parler[2] ; » qu'il « s'accosta » neuf mois à Lyon d'un aventurier, Loys d'Arza, se donnant pour « magicien et bastard d'un duc de Milan. » Ce charlatan le fit passer de l'astronomie à la judiciaire (l'astrologie), lui interpréta le quatrième livre d'Agrippa[3], *La Cla-*

----

1. *OEuvres complètes*, t. Ier, p. 12.
2. *OEuvres complètes*, t. Ier, p. 433.
3. Agrippa de Nettesheim, médecin et philosophe, né en 1486, mort vers 1534, dans ses deux principaux ouvrages : *De incertitudine et varietate scientiarum, De occulta philosophia,* a donné dans les erreurs du mysticisme et de la magie ; c'est ce qui a fait mettre sous son nom des œuvres qui ne sont pas

vicule de Salomon, *les Fascinations* de Zoroastre, « avec force autres petits livrets de cette marchandise. » Malgré ce mépris, que nous croyons sincère à l'époque où il écrit, « cette marchandise » permit à notre nouvel adepte de charmer la cour de Catherine, où « les magiciens estoient merveilleusement recerchez. » « Il estoit bien aise de faire le devineur des choses qu'il savoit par moyens. » Les filles de la Reine se couvraient le visage de leur masque en lui parlant, de peur qu'il ne lût leurs pensées. Il disait à l'une le nom de son amant, il montrait à une autre, dans un miroir, « le plus accompli de ses trois amants. » A ce jeu, et dans cette cour, notre magicien avait bien des chances de tomber juste, et l'on conçoit qu'il fût pour ces filles un objet de terreur et d'irrésistible curiosité.

Un jour, d'Aubigné prêta le concours de sa science au roi Herni III, qui, lassé de voir sa mère exploitée par les magiciens, voulut dévoiler la supercherie du curé de Saint-Saturnin de Tours. Celui-ci, placé entre une récompense et le gibet, finit par tout confesser, « en pleurant comme un veau. » A ce propos, d'Aubigné nous apprend qu'il avait curieusement étudié, dans le fameux Jouan Picatrix de Tolède, « sur les poincts des images d'or et de cire, car ils avoyent esté cerchez sur les accusations de la Mole et de Cauconnas. » On le voit, d'Aubigné, tout en faisant la part des tours de physique et des mystifications, dont sa jeunesse s'est amusée, est demeuré en quelques poincts le disciple convaincu d'Agrippa et de Louis d'Arza. Il estime « qu'il y a des sorciers qui, trompez

plus de lui que *la Clavicule* et *les Fascinations* ne peuvent être attribuées à Salomon et à Zoroastre.

par le Diable d'un plus honneste nom, en trompent les autres.» Même au milieu des éclairs de son bon sens, la *Demonomanie* ne perd pas tous ses droits.

Un gentilhomme des parents de d'Aubigné s'est épris d'amour, poussé jusqu'aux promesses de mariage, pour une demoiselle de moindre condition, très laide, et de contraire religion. Notre savant ne doute point que pareil mystère ne soit causé par philtres et drogues pharmaceutiques, agissant sur la partie du cerveau où git l'imagination. A côté du mal, il indique le remède. Il faut, et nous sommes de son avis, « priver de la frequentation, donner des exemplaires nouveaux et nouvelles idees, suggerer en la place quelque chose qui vainque le premier objet. » La nourriture excellente, les puissantes odeurs, les tableaux choisis, les musiques ravissantes ne sauraient nuire à distraire le gentilhomme amoureux ; quant aux « amulettes et marmelades de pommes de Capendu, » nous aimons à croire que le médecin la Rivière n'en a pas reconnu l'efficacité. Ecoutons l'explication de ce dernier remède : Il se peut qu'amulettes et drogues n'aient par elles-memes aucune « venefique faculté, » mais elles sont empoisonnées par la présence du Diable qui les conseille et en use pour dissimuler son action immédiate. Tel est du moins l'avis du savant Hortoman, de l'Académie du Roi de Navarre.... et aussi celui de d'Aubigné.

Lescot, dont l'auteur entretient son ancien compagnon de lettres, nous paraît un simple prestidigitateur. Lescot tire de sa pochette un amas d'habillements de sa hauteur, ou bien faisant asseoir autour d'une table vingt-sept personnes, il force la compagnie à « penser une mesme carte, hors mis la plus

belle qui en aura une à part. » Qui n'a vu, peut-être
exécuté, des « mutations de cartes » et le tour de la
carte forcée? Mais voici qui est moins banal. Un jour,
il lui propose de l'emmener « par dessus le Louvre. »
« Je ne say s'il l'eust peu faire, mais je ne le voulus
pas essayer. » Parole de charmante naïveté, où l'on
ne sait qui domine du doute, de l'admiration, ou de
l'effroi. D'Aubigné, dira-t-on, avoir peur! Mais lui-
même confesse qu'un mot de Lescot « lui gela le sang. »
Il est vrai que ce terrible homme, peu soucieux de son
salut, qui se bat une nuit par semaine avec le diable,
fit une mauvaise fin, « bien digne de sa vie : » Un cocher
More, en Toscane, l'enleva un beau jour en l'air, au
galop de quatre chevaux noirs ! « Tels galands, ajoute
d'Aubigné en forme de conclusion, ne sont differents
des sorciers que de noms et se damnent avec plus de
lustre. »

Nul doute que la Rivière, « ce savant homme, » « le
plus grand medecin que l'Europe connut, » athéiste
plutôt que bon religieux [1], ait dû sourire en voyant les
perplexités naïves, les crédulités superstitieuses d'un
si vaillant soldat, d'un esprit si ferme sur d'autres
questions.

D'Aubigné est puissant par l'ardeur de sa foi, la
probité de ses convictions, l'imagination, qualités qui
font le poète et le grand écrivain. Ce qui est hardi chez
lui, c'est le caractère, non l'esprit. Sous ce rapport, il
est inférieur à Ramus, à Bèze, à l'Hôpital, à Mornay.
L'étendue manque à cette intelligence. Son instruction, si vaste qu'elle nous paraisse, surtout pour un

---

1. Jeanne d'Albret disait : « que les medecins estoyent com-
munement du tout bons religieux ou du tout atheistes. »

homme qui fut, « Soldat 54 ans, Capitaine 50, Maistre de camp 44, et mareschal de camp 32 ans[1], » est un bagage d'érudition scolastique plutôt que littéraire, acquis prématurément par un enfant précoce qui, par boutades, s'est, à longs intervalles, remis sur les bancs, mais qui n'a jamais secoué l'ancien joug, affranchi sa raison.

1. *Histoire universelle. L'Imprimeur au lecteur*, passage déjà cité, p. 11.

CHAPITRE X

Au sortir d'une visite à l'Académie de Genève, d'Aubigné écrit à M. Thompson, précepteur de ses enfants. L'éducation, lui dit-il, y est excellente, solide, elle fait de bons grammairiens « qui ne sont pas, comme ceux des Jesuittes, fondez à la piaphe [1]. » On y forme des Pasteurs modèles, « tant pour interpreter l'Escriture fidelement que pour travailler contre les mauvaises mœurs. » Voilà qui est bon, mais le visiteur fait ses réserves. « Quelques Docteurs de ce lieu, lassez des intrigues de logique, se defendent du labeur par la conscience, et pensent avoir assez dict contre un sophisme aigu, de l'avoir nommé sophisme, sans prendre la peine de le demesler et perser, tant en la malice des vocables et omonimies, qu'en celle des constructions. » Eh quoi! bons et candides docteurs, simples esprits, cœurs excellents, vous rêvez de substituer l'interprétation des Ecritures et les préceptes de la morale aux Métaphysiques qui permettent de « desnoüer les ambages des

1. *OEuvres complètes*, t. Ier, p. 421.

distinctions ! » Mais vous avez compté sans ce soldat casuiste, précurseur du logicien Arnauld de Port-Royal, armé de dialectique jusqu'aux dents, sans cet adversaire de du Perron et du Jésuite Cotton, qui n'entend pas voir discréditer ces armes dont il a, en un jour de triomphe, terrassé ces admirables théologiens ! Soyons juste ; sans doute d'Aubigné vit en un siècle de combats ; on lutte avec la plume, avec la parole autant qu'avec le fer ; il faut bien se faire la main à l'escrime et au jeu de ses ennemis, connaître « l'acier de leur subtilité, » « se desempestrer — à l'aide d'Aristote — dans les disputes » théologiques ; soit, mais pourquoi vouloir faire de ces jeunes gens plutôt « des serpents » que de douces « colombes ? » Sont-ils tous appelés à descendre, comme vous, en champ clos ? N'en faut-il pas réserver pour la parole de Dieu, pour l'enseignement moral et la simple pratique des vertus évangéliques ?

Il n'est pas jusqu'aux filles que d'Aubigné ne veuille fortifier d'un peu de dialectique. A cet effet, il a composé une petite *Logique* pour les siennes, mais désire qu'elles n'en usent « qu'en elles-memes, et non envers les personnes qui leur sont compagnes et superieures[1]. » Il peut être dangereux qu'une femme fasse sur son mari « l'essaye des *elenches*[2]. » Est-il bon, en effet, que la femme, cuirassée de logique, triomphe trop sûrement et superbement d'un mari, dont le cerveau peut n'être pas fortifié de tout cet arsenal. Le petit traité paternel devra donc enseigner à bien raisonner pour soi, non à discuter. D'illustres exemples ont prouvé ce dont sont capables

1. *OEuvres complètes*, t. Ier, p. 445.
2. Ἔλεγχοι, preuves démonstratives, argumentation en règle.

les femmes, parmi lesquelles l'auteur cite la Marguerite des Marguerites, Loyse Labé, la reine Elisabeth, Olympia Morata[1], les duchesses de Rohan[2], les dames des Roches, illustrées par la muse d'Estienne Pasquier[3], sa propre mère, Catherine de l'Estang, dont il a conservé le Saint Basile grec, annoté de sa main[4]. Malgré son admiration pour l'excellence d'un tel savoir, il n'exhorte au labeur des lettres que les Princesses, pour le gouvernement et le maniement des affaires. Les lettres sont, à ses yeux, un luxe inutile pour les demoiselles de moyenne condition, comme ses filles, qui auraient pourtant bien voulu apprendre avec leurs frères[5]. La raison de d'Aubigné est plus poétique que plausible : « Quand le rossignol a des petits, il ne chante plus. » L'instruction n'est-elle donc pour les

1. Voir la *Vie d'Olympia Morata*, in-8º de 240 pages (1851), thèse de doctorat soutenue par M. J. Bonnet.

2. Voir les travaux cités plus haut (p. 49) de MM. P. Marchegay et J. Bonnet sur les dames Rohan.

3. Estienne Pasquier, pour se délasser des *Grands jours de Poictiers*, se livrait, avec quelques beaux esprits, à des jeux poétiques, à des « gaillardises » qui témoignent moins de son bon goût que de sa naïve gaieté et de sa liberté d'esprit. Une puce qui « s'estoit parquee au beau millieu du sein » de Mlle des Roches, fut le signal d'un véritable tournoi poétique, « d'une contention mignarde, » dont Pasquier a consacré le souvenir dans un recueil qui a pour titre : *La Puce ou jeux poëtiques françois et latins composez sur la Puce aux Grands jours de Poictiers, l'an 1579, dont Pasquier fut le premier motif.* (Amsterdam, 1723, tome II, p. 950.)

4. On peut s'étonner de ne pas voir rappelé ici le souvenir de cette jeune Loyse Sarrazin, qui l'incitait si bien à l'étude du grec. A-t-il craint de mêler ce souvenir un peu juvénile à celui de sa mère, dans une lettre adressée à ses filles ?

5. D'Aubigné écrit à M. de Rohan, qui venait de perdre un fils (*OEuvres complètes*, t. Ier, p. 402) : « Dieu m'a visité de la perte de deux enfans. » Le contenu de la lettre semble indiquer qu'il s'agit de deux fils.

femmes qu'un aimable ramage? et puis, dirons-nous, pour continuer une image gracieuse : Le rossignol ne doit-il pas apprendre à chanter à ses petits ?

Les idées de d'Aubigné sur la pédagogie appliquée à ses propres enfants sont donc : pour les filles, une culture des plus modestes, qui ne leur puisse inspirer le mépris du ménage, de la pauvreté et du mari ; pour les fils une solide instruction, fortifiée de toutes les subtilités de la dialectique. D'Aubigné les veut prêts, comme lui, à descendre au besoin, armés de pied en cap, dans le champ clos de la discussion théologique.

CHAPITRE XI

D'AUBIGNÉ THÉOLOGIEN. DISPUTES AVEC DU PERRON,
LE PÈRE COTTON. RÉPONSE A UNE ACCUSATION
D'IMPOSTURE.

L'espace, la compétence et surtout le goût des polémiques religieuses nous manquent pour apprécier la valeur de d'Aubigné comme controversiste et théologien. La discussion théologique veut autre chose qu'une science d'emprunt et de récente acquisition. Si elle ne passionne pas, elle semble trop souvent une vaine querelle de mots, où les combattants ne sont mis d'accord que par une autorité infaillible imposant silence à l'une des deux parties. Nous ne pouvions oublier le mot de Descartes : « Je pensais que pour entreprendre d'examiner (les points de théologie et vérités révélées), il était besoin d'avoir quelque extraordinaire assistance du ciel[1]. » Cette assistance nous fait défaut, et la mort nous a privé récemment des lumières et des avis d'un juge dont nous eussions tenu à honneur de nous faire l'écho en pareille matière[2]. Sans nous engager témérairement sur les pas de d'Aubigné, dans le détail de

1. *Discours de la Méthode,* 1re partie.
2. M. Athanase Coquerel fils avait bien voulu nous permettre de l'interroger sur quelques points et mettre sa science à notre disposition.

ses luttes et de ses victoires théologiques, nous nous bornerons donc, pour ne point laisser une lacune dans notre étude, à en rappeler plutôt les circonstances.

On connaît la fameuse Conférence de Fontainebleau ; on sait que Duplessis-Mornay, placé dans des conditions inégales par la partialité du roi, et provoqué par Du Perron qui accusait de fausses citations l'auteur du traité *de l'Église* (1578), sembla succomber sous la triomphante éloquence de son adversaire. Que, l'année précédente, le ministre Daniel Tilenus ait battu en retraite devant Du Perron, que la foi de Harlai de Sancy ne lui ait su résister, nous n'y contredirons point. Nous estimons surtout que Duplessis-Mornay commit une faute en négligeant de vérifier lui-même toūs les textes invoqués, et une plus grave encore en se laissant traîner, mal préparé, à cette joute oratoire. Nous voulons bien enfin que le fougueux convertisseur, « monstrueux en science, » abondant « en discours bien polis, » ait réellement triomphé de son rival sur dix-neuf des cinq cents passages allégués comme tronqués, mal cités ou interprétés. Ce duel, quelles qu'en aient été les conditions et l'issue, n'est, à nos yeux, qu'une petite curiosité historique qui ne prouve rien pour la valeur des personnages, encore moins pour celle des deux doctrines. Nous n'avons rappelé ces faits que parce qu'ils se rattachent à une Conférence de même genre où d'Aubigné joua un rôle important.

Nous avons vu le goût de d'Aubigné pour la logique, et la dialectique. Nulle part elle ne trouve meilleur emploi que dans la polémique religieuse ; aussi son goût n'est-il pas moindre pour la théologie. De 1580 à 1586, il semble s'en être particulièrement occupé. Lui-même, on se le rappelle, nous raconte que, sous le coup de graves mécontentements, il sentit sa foi ébranlée, se remit aux livres, « cerchant avidemment si en la Romaine il se pourroit trouver une miete de salut [1] » et ne s'affermit en sa religion qu'après avoir feuilleté Panigarole, Campianus et Bellarmin. C'est à cette époque, sans doute, et en ce moment de crise, qu'il acquit ce fond de connaissances dont nous allons le voir user contre Du Perron et le Père Cotton. Peu d'années auparavant, se trouvant à Libourne, avec « une grosse Cour de Princes, » il eut l'occasion de voir le Connétable de Portugal [2]. Ce Connétable, fort épris d'une dame, fait avec d'Aubigné échange de distiques français et latins sur sa passion, et leur amitié « esmeut entr'eux d'estranges dialogues sur le fait de la Religion. » Notre Réformé était donc habitué de longue date et armé pour ce genre de discussions. D'Aubigné nous raconte que, quinze jours après la victoire de Du Perron, lui-même fut mis aux prises, à Paris, par le roi avec le vainqueur [3]. La dispute dura cinq heures, en présence de quatre cents personnages de marque. L'Evêque s'échappait en interminables discours, mais notre dialecticien l'enferma, suant à grosses gouttes sur un Chrysostôme, dans une objection en forme, tirée de ses propres arguments. Le syllogisme victorieux était celui-ci :

« Quiconque est faux en une matiere ne peut estre juste juge en ceste matiere.

» Les Peres sont faux en la matiere des controverses, comme il paroit en ce qu'ils se sont contredits.

1. *Œuvres complètes*, t. Ier, p. 58.
2. *Œuvres complètes*, t. Ier, p. 43 et 44.
3. *Œuvres complètes*, t. Ier, p. 73 et 74.

» Donc les Peres ne peuvent estre juges en la matiere des controverses. »

La mineure demeurait à prouver. C'est pour achever cette démonstration, que d'Aubigné escrivit son traité *De dissidiis Patrum*[1], auquel l'Evesque ne respondit point, « quoyque le Roy se fust rendu pleige (garant) pour luy. »

Dans deux lettres[2], adressées évidemment toutes deux à M. Montauzier, bien que la première soit sans suscription, notre théologien Calviniste revient complaisamment sur cette Conférence, qui prend dans son esprit les proportions d'une revanche de Fontainebleau. On a révoqué en doute la véracité de ce récit : « Agrippa d'Aubigné, dit un récent biographe du Cardinal[3], si nous en croyons son récit, *aurait eu* une conférence avec Du Perron, et la palme lui *scrait* démeurée. » Suit le résumé de la narration précédente, sous cette forme dubitative qui implique une accusation de fausseté, terminé par ces mots : « C'est vraiment chose admirable que ces victoires dont personne n'a jamais entendu parler ! » Si le panégyriste de Du Perron ne daigne pas confondre le calomniateur, il indique tous les arguments. Nous voulons bien admettre Du Perron parmi les grands hommes de l'Eglise catholique, mais nous avons droit à réclamer des raisons plus solides pour accuser d'Aubigné de mensonge et de calomnie. « Sa *Vie*, que l'auteur écrivait pour ses enfants, a vu pour la première fois le jour en 1729,

---

1. Nous n'avons pas trouvé trace de ce traité dans les manuscrits de Bessinges.

2. *OEuvres complètes*, t. Ier, p. 273 et suiv.

3. *Le Cardinal Du Perron*, par M. l'abbé Féret. Paris, Didier, 1877, note, p. 216-217.

..... la contradiction était impossible. » Depuis quand la véracité d'un écrivain devient-elle suspecte par ce fait seul que son manuscrit n'a pas été imprimé de son vivant ? A ce compte, la plupart des Mémoires, forcément condamnés à attendre la mort de l'auteur, souvent même des contemporains, seraient un tissu de mensonges. « Comment, continue le critique, une pareille conférence n'a-t-elle pas eu plus de retentissement parmi les contemporains, et n'a-t-elle pas été mieux *exploitée* par les Protestants? » Il suffisait que les catholiques et Du Perron fussent intéressés à étouffer un petit échec, pour que *l'exploitation* en devînt difficile. La censure, on le sait assez, entravait à sa guise toute impression qui n'était pas de son goût. « Les imprimeries des grandes villes n'ont plus de voix libres ; vous ne voyez dans les prisons que des imprimeurs, pour avoir mis au jour choses permises, mais autrement jugees par la couverte Inquisition [1]. » En croira-t-on d'Aubigné quand il affirme un fait aussi constant? Ajoutons que ces sortes de tournois théologiques étaient à la mode, comme l'atteste ce passage de d'Aubigné : « Me promenant parmy les alees des Tuileries, et m'estant aproché à une tourbe de gens qui oyoyent *une dispute à la mode du temps*, je vis l'Evesque qui avoit mis au pied Berticheres sur le poinct de la *Justification* [2]. » Si la conférence de Fontainebleau prit une importance extraordinaire, c'est qu'elle fut préparée avec une pompe inusitée, présidée par le roi en personne et que le résultat en fut publié par les cent voix de la renommée.

1. *Œuvres complètes*, t. Ier, p. 383.
2. *Œuvres complètes*, t. Ier, p. 376.

Les deux lettres de d'Aubigné, bien plus explicites que le passage de la *Vie,* n'ébranlent en rien le scepticisme du biographe de Du Perron. Il insiste sur cet argument qui lui paraît décisif, qu'elles ont été écrites longtemps après l'événement et s'adressent à un ardent coreligionnaire. Les deux lettres étant *sans date,* on ne saurait affirmer qu'elles ont été écrites longtemps après la conférence. Que d'Aubigné, sur des questions religieuses, soit en correspondance avec un coreligionnaire plutôt qu'avec des catholiques, cela paraît assez naturel. Encore, si c'était la fidélité de sa mémoire qui fût mise en suspicion ; mais les détails de cette conférence abondent, précis, originaux, pris sur le vif ; c'est donc une question de bonne foi, de probité. Eh quoi ! Cette scène, ou plutôt ce roman, serait sorti tout entier du cerveau de d'Aubigné ! Ce dialogue, sorte de prologue à l'action, ces dix prosélytes dont il s'agit de triompher, désignés quelques-uns par leur nom, Vignoles, Sainte-Marie, Bertichère, Chambret, Loménie, tous les témoins, les quatre cents personnes, docteurs de Sorbonne, jésuites, moines, membres du Parlement, et le menu détaillé du festin, et le discours et l'argumentation des deux parties et le fameux syllogisme, et les perplexités de l'évêque baigné de sueur, se réconfortant d'un grand verre de vin, et l'intervention du roi, et le traité *De dissidiis patrum,* tout cela fantaisie, imagination, mensonge ! Mais d'Aubigné n'est plus un témoin suspect, un sectaire partial et gonflé d'orgueil, c'est un impudent charlatan, dont les œuvres suspectes et mensongères ne valaient certes pas la peine d'être exhumées de la poussière du château de Bessinges ! Au reste, le biographe de Du Perron laisse d'Aubigné en bonne compagnie ; il peut se consoler avec du Plessis-Mornay, rangé par M. l'abbé Feret parmi « les faussaires et faussaires impénitents[1]. »

Quand d'Aubigné écrivait au ministre Goulard, en 1616, à Génève : « Lorsque *la publique dispute que j'eus avec le cardinal du Perron* me laissa à prouver les discords des Peres en mattiere de la foy, vous m'envoyastes un Alman[2]..... etc. » Faut-il donc supposer que Goulard, personnage considérable et des plus justement honorés dans le parti, était de connivence avec son correspondant ou qu'il est dupe d'un hardi mensonge ?

Quelque opinion que l'on se forme de la science théologique de d'Aubigné, on ne saurait nier qu'il ait joui d'une grande autorité parmi les siens, dans toutes les questions religieuses. Nous le voyons figurer dans presque toutes les assemblées provinciales de l'Ouest, et y jouer son rôle[3]. Les Eglises le protègent et réclament en sa faveur auprès du Béarnais. Au synode de Saint-Maixant, c'est lui qui « releve les affaires toutes perdues[4]. » A la grande assemblée qui dura près de deux ans, à Vendôme, à Saumur, à Loudun, il gagne, au milieu des compromis de conscience, l'honorable surnom de *bouc du désert.* Quand la duchesse de Bar, obsédée par les convertisseurs, cherche un appui et un refuge, d'Aubigné, nous l'avons vu, a l'hon-

---

1. L'auteur d'une *Histoire de l'Edit de Nantes et de sa Révocation en* 1685 ; Delft (1693-1695, 5 vol. in-4°) dit que « Du Perron ne voulut pas hasarder contre d'Aubigné la gloire qu'il avait acquise » (t. Ier, p. 355). Quel que fût son motif, le convertisseur, n'ayant rien à gagner à la prolongation de ce débat, aurait, après un premier engagement, décliné le combat.

2. *OEuvres complètes,* t. Ier, p. 472.

3. *OEuvres complètes,* t. Ier, p. 38.

4. *OEuvres complètes,* t. Ier, p. 70.

neuf d'être un des trois conseillers qu'elle se choisit.

Notre polémiste devait se retrouver encore une fois face à face avec « son grand ami » Du Perron, dans une nouvelle conférence [1]. Il s'agissait d'un accord entre les deux religions. Notre Réformé avait eu soin de s'y préparer par une conversation préalable avec Dumoulin, Chamier, Durant et quatre autres Pasteurs. L'entrevue, pas plus qu'aucun des « colloques » où la dualité de culte a été mise sur le tapis, ne pouvait amener de bon résultat. Du Perron, malgré quelques grosses hardiesses contre Rome, comme l'élection d'un Primat en France [2], se sépara sans rien conclure. D'Aubigné, qui paraît avoir au fond une grande estime pour les talents du Cardinal [3], le menaça en riant d'écrire au pape « ce qu'il avoit, en ce jour là, oüy dire sous un bonnet d'escarlatte. »

Le récit d'une autre dispute de d'Aubigné avec le Père Cotton nous entraînerait trop loin, d'autant qu'elle porte tout entière sur des subtilités de grammaire et de traduction [4]. Au reste, la lutte ne fut pas longue. Comme le Père Jésuite perdait pied, « une grande barbe » lui vint tendre la perche en s'écriant : « Monsieur, on vous attend où vous savez, il y va de vostre promesse. Là dessus, Cotton quitta la compagnie, sans dire à Dieu à personne [5]. » « C'est un *rude* homme, » s'écria Fervaques. « Oui, répondit d'Aubigné, qui aime ces jeux

1. *OEuvres complètes*, t. Ier, p. 78 et 386.
2. *OEuvres complètes*, t. Ier, p. 388.
3. Nous ne parlons pas de son caractère, et nous n'avons pas besoin d'ajouter que nous ne tenons pas compte ici du *Sancy*.
4. Une lettre à l'évêque de Maillezais (*OEuvres complètes*, t. Ier, p. 405) roule presque toute sur un solécisme grec, à propos du fameux livre de Du Plessis.
5. *OEuvres complètes*, t. Ier, p. 394.

de mots, il en est aux *rudiments*. » Singulier mélange
de recherche et de naïveté, d'érudition et de mauvais
goût, de subtilités scolastiques et de plaisanteries sol-
datesques, qui peignent bien l'époque, et où nous
voyons, en même temps que l'expression de la vérité,
une curieuse peinture des mœurs et de l'esprit du
seizième siècle.

A cette théologie de moyen âge, toute hérissée de
syllogismes, quelques succès qu'elle ait pu valoir à
notre polémiste, nous préférons de beaucoup ces pages
d'enseignement moral et dogmatique, où l'écrivain
s'efforce de consoler, à la manière antique, des âmes
affligées et persécutées.

Bien que Du Perron, encouragé par de faciles
succès, ait entrepris la conversion de la duchesse
de Bar, et, qu'à un moment, il ait cru la sœur du
roi « en assez bon chemin et le cœur fort touché, »
il est certain que, si elle fut ébranlée par les obsessions et les menaces, elle demeura « en chemin »
et resta fidèle à sa foi. C'est au moment où son
mari trembloit sous l'excommunication, où elle-même
était en butte à un véritable martyre, que d'Aubigné prend la plume et réconforte cette âme endolorie. Après les doux souvenirs de jeunesse et de
respectueuse affection que nous avons rappelés plus
haut, le consolateur, oubliant un instant sa cliente,
prend en main la cause de la liberté individuelle,
interroge cette puissance, « ce monstre, cette idole »
qui dispose des vies et des consciences. De quel droit
le pape sépare-t-il ce que Dieu a conjoint ? Lui doit-on
femmes, enfants, vie temporelle et éternelle ? ou plutôt, « les Papes, qui ont mis le pied sur la gorge des
Empereurs prosternez, ne se sont-ils pas tousjours

prosternez aux Empereurs et aux Roys qui avoient
la main haulte? » Ici plus d'argumentation scolastique, ni de vaine métaphysique. La question de droit
et de liberté de conscience, nettement posée, ramène
l'écrivain à son sujet favori, l'apologie de la doctrine protestante. Ce n'est plus une large exposition
historique, telle que nous l'avons vue dans l'*Histoire
universelle*, mais une sorte de bréviaire éloquent, de
catéchisme à l'usage des âmes hésitantes. Il s'agit
de les fortifier contre « les seducteurs de ce siecle
qui choisissent les ames affamees et destituees de la
parole de Dieu, » contre les convertisseurs, contre
un Du Perron, à qui il veut disputer et ravir cette
conscience, s'il est vrai qu'elle fut un instant ébranlée.
La sienne, on se le rappelle, subit un jour aussi son
combat, mais pareils assauts éprouvent la foi et trem-
pent les âmes à jamais. Nous ne résumerons pas ce
petit traité qui est lui-même un résumé de quelques
pages. Disons seulement que le controversiste y défend
l'austère spiritualisme calviniste, y repousse « la mutation du pain en chair precieuse de Christ, » l'ado-
ration « des saincts de pierre et de bois » et des
reliques, la vente des indulgences, la rémission des
sacrilèges ; il établit la solide assise d'une foi qui repose sur les principes de la primitive Eglise, rejette
enfin des traditions incertaines ou contradictoires,
aussi bien que les inventions et nouveautés papales.
Il termine en opposant la simplicité, la pureté du culte
des Protestants à la parure, au luxe de ses adversaires.

Il y a chez d'Aubigné, nous l'avons dit, une veine
de mysticisme qu'explique, surtout en ses dernières
années, une vive piété échauffée par son génie poé-

tique[1]. Telle est l'inspiration des douze *Meditations sur les Pseaumes*. « Aux piccoteries des controverses » — notons comme il jugeait plus tard ses triomphantes polémiques de théologie — il a préféré les passages de l'Ecriture qui sont « comme un esmail sur l'or, comme les pierreries exquises, et relevent le langage le plus eslevé[2]. » Ne sent-on pas en effet le souffle des Ecritures et leur poésie originale dans plusieurs passages des *Méditations*, comme dans cette page éloquente de l'épître à la sœur du roi? « Bienheureux qui meurt au Seigneur en la maison de Dieu, entre des mains fidelles, pleuré[3] de larmes sans feintes, et qui, agreable flambeau de l'Eglise, s'esteind aux regrets des bons, et ne delaisse pas une puante fumee au nez de la posterité. Au contraire, malheur de mourir sur le precipice de l'enfer, dans un lit assiegé d'idoles, environné de bouches blasphementes, d'un consert de demons, et voir les ennemys de Dieu, et de vous, qui avecq soupirs contrefaicts, preparent leurs impures mains à vous fermer les paupieres[4]. » Ces dures récriminations s'allient à une touchante familiarité : « Il faut oster du sein de Dieu les causes de son yre, non les moyens de punir, et ne faire comme je voyois ces jours mes petits enfans bien empeschez à depeupler ma basse court de

---

1. Un vers de d'Aubigné résume ce singulier mélange de mysticisme et de violente satire. Son âme est, dit-il :

> Furieuse de sainct amour.
> (*Œuvres complètes*, t. IV, p. 19.)

2. *Œuvres complètes*, t. II, p. 114. *Préface des Méditations.*

3. *Pleine* que donne notre édition des *Œuvres complètes* nous semble aujourd'hui une mauvaise lecture du manuscrit.

4. *Œuvres complètes*, t. Ier, p. 547 et suiv.

vervenes[1], incurieux d'aracher les ofances, mais cui-
dants en vain faire perir les moyens des chastimens[2]. »
Quand d'Aubigné, opposant la beauté de l'âme à celle
du visage, s'écrie: « Pleust à Dieu que (le Duc de Bar)
eust les yeux ouvers pour les beautez de l'ame !....
Tous ces rayons esloingnez du grand soleil de lumiere,
ne sont que petits gaiges de la beauté sans mesure, de
la felicité indicible, de l'incomprehensible splandeur
qui est preparee aux Agneaux de Christ, en la face de
l'Eternel, » ne croirait-on pas entendre Fénelon[3]? Lui
seul en effet, parmi les écrivains catholiques, reproduit cet élan, rappelle cette flamme mystique qui devait le rendre suspect à l'orthodoxie de Bossuet.

1. On en faisait des verges à battre les enfants.
2. *OEuvres complètes*, t. Ier p. 548.
3. Voir les deux belles prières qui terminent la première et
la deuxième partie du *Traité de l'Existence de Dieu*, la première surtout qui finit par cette extase mystique : « Quand
sera-ce, Seigneur? O beau jour sans nuage et sans fin, dont
vous serez vous-même le soleil, et où vous coulerez au travers
de mon cœur comme un torrent de volupté ! A cette douce espérance, mes os tressaillent et s'écrient : Qui est semblable à
vous? Mon cœur se fond et ma chair tombe en défaillance, ô
Dieu de mon cœur et mon éternelle portion ! »

CHAPITRE XII

D'AUBIGNÉ HOMME DE GUERRE, VICE-AMIRAL, INGÉNIEUR,
INVENTEUR D'UN TÉLÉGRAPHE.

Nous avons vu que d'Aubigné, en écrivant son *Histoire,* s'était proposé un triple but : présenter l'apologie du Protestantisme, de ses héros et de ses martyrs ; écrire l'histoire militaire du Béarnais et faire son éloge, nous savons avec quelles restrictions ; instruire par ses récits, quelquefois par son exemple, les capitaines de l'avenir.

Montluc, auquel d'Aubigné a souvent songé, écrit au début de ses Mémoires : « ..... Aprés tant et tant de peines par moy souffertes pendant le temps de cinquante cinq ans que j'ay portez les armes pour le service des roys mes maistres, ayant passé par degrez et par tous les ordres de soldat, enseigne, lieutenant, capitaine en chef, maistre de camp, gouverneur des places... et mareschal de France, me voyant stropiat (estropié) de presque tous mes membres, d'arquebuzades, coups de pique et d'espee..... aprés avoir remis la charge du gouvernement de Guyenne entre les mains de S. M., j'ay voulu employer le temps qui me reste à descrire les combats auxquels je me suis trouvé pendant cinquante deux ans que j'ay commandé, m'as-

scurant que les capitaines qui liront ma vie, y verront
des choses desquelles ils se pourront aider[1]. » Telle
est aussi la prétention de d'Aubigné ; lui aussi voudrait que son livre devînt « la bible du soldat. » En
lisant ces lignes de Montluc, ne semble-t-il pas entendre
notre maître de camp, hormis qu'il n'a pas vu ses services récompensés du titre de « Mareschal de France »
et que ses blessures ne l'ont pas laissé « stropiat de
presque tous ses membres, » presque impotent, bon
seulement à transmettre le récit de ses faits et gestes ?

D'Aubigné écrit donc « en faveur et à l'honneur des
gens de guerre[2]. » « Son labeur leur est voué proprement[3] » et, à certains chapitres, il leur conseille « de
sauter outre, pour chercher ce qui est de leur mestier. »
Ils n'ont pas à « jouer du poulce » longtemps, car ce
n'est pas exagérer de dire que la moitié du volume est
remplie par les surprises et reprises des places de
guerre protestantes et catholiques. Nous dirons plus
loin, quand nous jugerons le mérite littéraire de l'écrivain, pourquoi ses récits militaires nous paraissent
trop souvent obscurs, confus et languissants. Excusons-
le, dès maintenant, sur l'étrange monotonie des inci-
dents. Ses plus grandes batailles ne sont le plus souvent que de « gentils » combats, comme celui de la
Roche l'abeille[4]. La lutte n'en est pas moins terrible
et sanglante, nous pouvons l'en croire, mais l'horizon
est étroit, les grandes lignes et la variété font défaut.
Le reste du temps, il court la campagne, muguetant

1. *Commentaires et lettres de Blaise de Montluc.* Edition
A. de Ruble, t. Ier, liv. Ier, p. 25 et suiv.
2. *Histoire universelle*, t. Ier, col. 51.
3. *Histoire universelle*, t. Ier, col. 778.
4. *Histoire universelle*, t. Ier, col. 408.

l'ennemi, cherchant à brûler l'amorce, à faire fumer le pistolet, mêlant, démêlant, comme il le dit encore, enfonçant des gros de cavalerie, ou bien prenant de petites places et des bicoques par escalade, mines et pétards. Quelles que soient les inventions et les folles témérités du soldat, il n'y a pas cent manières de risquer sa vie devant l'ennemi ; aussi l'horrible le dispute-t-il à la monotonie dans le récit des faits militaires, en temps de guerre civile. Il a manqué à d'Aubigné la grande guerre et les batailles rangées. Que n'a-t-il eu au moins son siège de Sienne ! « Il est, dit-il, homme de siege et sans capitulation. » Le lecteur préférerait quelque fois le voir capituler après une longue et héroïque défense, comme Montluc [1].

Ce n'est pas seulement aux gens de guerre que d'Aubigné donne des leçons militaires. M. Huguetan, avocat à Lyon, lui avait demandé « toutes les choses qui font besoin en un siege [2]. » Denombrement des hommes de guerre et de service, pionniers, canons, coulevrines, mousquets, piques, armures, quantité et fabrication de poudre, rien n'est oublié, pas même « l'huile de petrole » ce fatal engin d'incendie, qu'on peut s'étonner de voir employée dès cette époque à la guerre. L'abondance de ces détails prouve l'expérience du soldat et l'intérêt en est relevé par quelques beaux préceptes, tels que celui-ci : « Faites justice pitoyable, hormis aux propos de lascheté, rebellion, cry de nation et trahison » et cet autre, adressé à M. de Brederode, qui reçoit aussi de son correspondant une leçon militaire : « Un homme de bataille ne doit pas avoir

1. *Commentaires,* liv. III.
2. *Œuvres complètes,* t. Ier, p. 180.

seulement du courage pour soy, mais en suffisance
pour en distribuer par paroles et par exemples à ceux
qu'il voit branler[1]. » Avec des hommes tels que nous
connaissons Montluc et d'Aubigné, on est sûr au moins
qu'ils ont toujours joint l'exemple au précepte.

M. de Sainte-Marthe avait demandé des détails
sur le Maréchal de Biron à d'Aubigné, qui lui envoie une véritable biographie. En effet, celui-là
« vault la peine que sa vie soit au rolle des illustres,
et non pas ceux qu'on y a mis pour avoir esté regents
de classe. » N'est-ce pas un trait décoché en passant
contre le biographe littérateur qui prise plus un
homme de lettres qu'un soldat et avait, dès 1598,
fait paraître ses *Gallorum doctrina illustrium Elogia?*
D'Aubigné lui reprocherait volontiers, comme à de
Thou[2], « la trop ennuyeuse recerche des hommes
de lettres de son temps, » au détriment des capitaines « mal partagez. » Parlez nous d'un Biron ; il
a bien écrit un livre sur l'*Office du Mareschal de
camp*, mais c'est en se jouant et pour instruire, lui
aussi, les Capitaines de l'avenir. Il a cette prodigalité[3],

1. *Œuvres complètes*, t. Ier, p. 186.
2. *Préface* de l'*Histoire*, p. 5.
3. Un maître d'hôtel du maréchal lui remontrait que, sur
trois cents officiers de sa maison, il n'y en avait que quarante
utiles. « Me jurez-vous, en foy d'homme de bien, demanda
Biron, que je me puis bien passer de tous ceux là ? — Ouy, et
que c'est le seul moyen que vous soyez servy. — Or bien, repart le Maréchal, voilà un poinct vidé que je me peus bien
passer d'eux, mais, monsieur le Maistre, dites moy en conscience si eux se peuvent bien passer de moy? (*Œuvres complètes*, t. Ier, p. 188.) Mot touchant, s'il s'agissait de soldats
besogneux ; mais à quoi bon une pareille maison d'officiers inu-
tiles? Qui donc solde l'entretien de cette domesticité, sinon le roi ?
Et certes, le Maréchal, enorgueilli d'une si grande puissance,
ne paie pas de retour le monarque en soumission et en déférence.

cet orgueil, cet insolent dédain, même de ses plus illustres pairs, qui sied aux grands seigneurs non moins qu'aux grands capitaines. Comme il demandait qui l'on avait envoyé à une rude escarmouche : « M. de Chastillon y est, » lui fut-il répondu. « Il falloit y envoyer un homme de guerre, » reprend l'orgueilleux maréchal, au grand étonnement de tous ceux qui, pour bien connaître Châtillon, le tenaient maître en telles conjonctures [1].

On sait que d'Aubigné fut vice-amiral de Saintonge et de Poitou [2]. Ce n'était pas là un titre purement honorifique, bien que le roi n'ait guère, l'auteur le confesse, adopté ses plans d'*officier de marine*. Pour un ancien « Capitaine de carabins, » il semble assez expert dans la langue navale et ne décrit pas mal les combats livrés en ces parages marécageux des îles de Ré, d'Oléron, et aux abords de la Rochelle, combats assez simples et primitifs, si on les compare aux grandes batailles livrées, à cette même époque, dans les mers du Levant. En ces engagements côtiers, on voit figurer pataches, chaloupes, traversiers, plutôt que galères et vaisseaux. Il y a un élément qui manque trop souvent à ces batailles navales, c'est l'eau. Les bâtiments, à chaque instant, « s'assablent et s'eschouent. » Eviter ce danger ou le braver, échapper, dans ces passes étroites et ces marais, aux canonnades ennemies, ou bien « ajuster sa musqueterie [3], » comme on le voit au combat d'Oléron, constitue presque l'art unique des combattants.

1. Brantôme est plus équitable envers Chastillon : « Maintenant il me faut parler d'un très grand Capitaine, s'il en fut oncques. » (*Vie des hommes illustres et grands capitaines*, Disc. 79.)

2. *OEuvres complètes*, t. Ier, p. 82.

3. *OEuvres complètes*, t. Ier, p. 55.

Dans une de ses Odes, le poëte rappelle qu'il a fait son apprentissage de marin.

> Encor' me falut aprendre
> Que c'est du combat naval.
> Ma nature y fut mal faite,
> Ma gorge y fut tousjours nette ;
> Encores vis je la mer
> Brusler trois fois en ma vie,
> Bransler de coups estourdie,
> Et les canons l'entamer [1].

Ne nous étonnons pas de l'aveu : « Sa nature est mal faite » pour cette bataille incertaine, où le sol mouvant dérobe l'homme aux coups de son ennemi. Il a vu quelques beaux spectacles, trois fois il a vu la mer « brusler, » mais quoi ! il en est sorti « la gorge tousjours nette, » lui qui aime la lutte corps à corps, décisive et mortelle !

Là où d'Aubigné excelle et, comme l'on dirait de nos jours, *sa spécialité*, dans sa vieillesse surtout, c'est la fortification. Si quelque chose montre, nous ne disons pas la profondeur, mais l'étendue de cet esprit, c'est le nombre de matières où la critique est forcée de confesser son incompétence à juger un tel homme. Nous avouons notre inexpérience pour apprécier l'ingénieur, comme nous l'avons reconnue pour le théologien. Nous sommes pourtant disposé à prendre ses titres au sérieux, non sur ses propres affirmations, mais sur des faits, sur ses œuvres, puisque trois villes suisses, Genève, Berne, Bâle eurent foi en sa science, lui confièrent d'importants travaux qui furent en partie exécutés. Ces plans, discutés dans les Conseils de ville par des hommes du métier, nationaux ou

______
1. *OEuvres complètes*, t. III, p. 140.

étrangers [1], amèrement critiqués par les rancunes de propriétaires expropriés, n'avaient donc pas manqué de ce contrôle qui éprouve la valeur des conceptions. D'Aubigné se vante d'être surtout homme pratique, « empirique [2], » comme il dit: « L'autre avantage est, qu'ayant appris avec beaucoup plus de prattique que de theorie, je say travailler en ayant esgard à l'espargne [3]. » « La verité, écrit-il à M. Turettini (1622), est que tout ce qu'avoit fait faire M. de Betune, assisté de M. de Vendasme, estoit bien selon l'art, et fort joly; mais j'ay apris à n'aymer rien de joly contre un Prince qui menace de quarante canons..... Je cede en science aux excellentes personnes à qui vous en pouvez communiquer, mais j'ose dire qu'un moindre medecin, qui a l'œuil et la main sur son malade, en doit mieux ordonner qu'un suffisant, à qui on en porte l'urine bien loin. »

La lettre la plus importante, sur ce sujet des fortifications, est adressée au conseil de Genève. Elle est accompagnée d'un plan de la ville. D'Aubigné semble y avoir prévu et réfuté d'avance toutes les objections à son système. Un demi-siècle d'expérience justifiait la confiance qu'inspirait notre réfugié dans toutes les questions militaires. On le choisit comme arbitre dans les discussions; il donne des consultations à distance, ainsi que l'attestent sa lettre au marquis de Castelnault et au sieur de Campet [4] et ses deux lettres à M. de Saint-

---

1. M. du Motet, par exemple, avait été désigné comme ingénieur par le prince d'Orange, sur les instances de M. Benedit Turettini. (Voir la lettre à M. Turettini, *Œuvres complètes,* t. Ier, p. 139.)

2. *Œuvres complètes,* t. Ier, p. 239.

3. *Œuvres complètes,* t. Ier, p. 141-142.

4. *Œuvres complètes,* t. Ier, p. 156.

Gelais[1], sur l'office de mareschal de camp. En ces dernières, où il se rappelle sans doute le livre du maréchal de Biron, il déclare que les trois plus beaux titres de l'homme de guerre consistent en une belle retraite de faible contre fort, une entrée dans une ville bien assiégée — nous retrouvons ici l'ingénieur — enfin, le logement fait à la vue ou connaissance d'une puissante armee.

D'Aubigné est au courant des inventions modernes, assez simples alors et peu nombreuses; il faudra encore attendre un demi-siècle et Vauban. M. Lubzetman, du conseil de Bâle, un théoricien sans doute, lui demandait de remplir de terre certaines tours; il lui apprend « qu'il y a cinquante ans que cela ne se fait plus[2]. »

Détail vraiment curieux: d'Aubigné semblerait, dans une de ses lettres, avoir conçu l'idée d'appliquer l'électricité à la télégraphie ou du moins trouvé un système de *téléphonie* : Voici le propre des deux engins dont il se sert : « C'est pour faire conferer le Conseil d'une ville assiegee avec celuy d'une armee qui la vient secourir, et dire, toutes les vingt-quatre heures, ce qu'on pourroit dire de bouche, en quatre ou cinq, avec distinction de personnes opinantes et de leurs noms, et en toutes les langues qui seront entenduës par ceux qui en ont besoin..... J'estime, écrit-il à son confident, que, pour les 12000 escus, nous ferions bien les engins pour parler de ma maison du Crest à la vostre d'Aubonne; il y a neuf lieues savoyardes de l'une à l'autre.....

1. *Œuvres complètes*, t. Ier, p. 158 et 162. En terminant sa deuxième lettre, d'Aubigné promet à M. de Saint-Gelais « des exemples... sans y employer l'antiquité. » Il manque donc sûrement au moins une lettre à cette partie de la correspondance.
2. *Œuvres complètes*, t. Ier, p. 146.

Encore faut-il vous dire que le secret est aussy puissant pour parler de Londres à Paris, voire à Madric, qu'au travers des trois murailles où vous l'avez veu essayer [1]. » C'est une question de dépense. Quels sont ces deux engins ? M. de Mayerne assistait bien à l'une des trois épreuves qui ont eu lieu à Genève, mais d'Aubigné a gardé son secret, quoiqu'il soit, « non pas de magie, mais par moyens naturels. » Nous regrettons que l'inventeur ait été si discret, laissant le champ ouvert aux conjectures des savants. M. Heyer [2] raconte que l'un des gendres de Nathan, le fils naturel de d'Aubigné, aïeul du savant physicien Louis Le Sage, conçut, au milieu du dix-huitième siècle, l'idée d'appliquer l'électricité à une correspondance directe et suivie entre deux endroits éloignés. Nous nous demandons si quelques notes transmises par la famille ne l'avaient pas mis sur la piste d'une découverte antérieure [3].

Quoi qu'il en soit, on est étonné de voir la curiosité de cet esprit inventif, de cette intelligence ouverte à toute spéculation, ne demeurer étrangère à aucune des connaissances humaines. Et, lorsque l'on pense que ce théologien polémiste, ce poète inspiré, cet historien éloquent, a été soldat pendant plus d'un demi-siècle, on ne craint pas de déclarer que d'Aubigné, dans ce siècle fécond en grands hommes, a été l'un des hommes les plus extraordinaires de son temps.

1. *OEuvres complètes*, t. Ier, p. 300. Lettre à M. de Mayerne.
2. *Th.-Agr. d'Aubigné à Genève.* Ouvrage déjà cité.
3. C'est sans doute à cette invention que Spon fait allusion dans son *Histoire de Genève* (p. 492. Edition de 1730, in-4°). « On dit qu'il savait un secret de parler à un ami éloigné de lui de cent pas, sans que d'autres l'entendissent. » (Cité d'après la brochure de M. Heyer, p. 41.)

TROISIÈME PARTIE

JUGEMENT CRITIQUE
SUR D'AUBIGNÉ HISTORIEN ET POÈTE

OPINION DE D'AUBIGNÉ
SUR QUELQUES ÉCRIVAINS CONTEMPORAINS.
OPINION DES CONTEMPORAINS
ET DES SIÈCLES SUIVANTS SUR D'AUBIGNÉ.

CHAPITRE PREMIER

Nous croyons n'avoir négligé dans l'œuvre entière
de d'Aubigné aucun trait important capable de faire
connaître sa vie, son caractère, son esprit, ses qualités,
et ses défauts. Notre jugement moral sur l'homme
reposait sur des faits positifs, sur une série d'actes et
de paroles que notre devoir de biographe a été de trier
soigneusement et de mettre en relief. Notre tâche de
critique littéraire sera plus courte et plus facile, car
nous ne prétendons ni résumer dans une fastidieuse
analyse tant d'œuvres originales, tant d'inspirations diverses, ni substituer au goût du lecteur une appréciation
personnelle. Nous craindrions aussi, nous l'avouons,
d'encourir le reproche de partialité : on soupçonne toujours un éditeur, surtout l'éditeur de textes inédits, de
faiblesse pour les écrivains qu'il livre à la publicité. Ce
qui est vrai, c'est qu'un long commerce avec d'Aubigné finit par dissiper quelques-uns des nuages qui en-
veloppent trop souvent sa pensée ; ainsi l'œil s'habitue
à voir et à lire dans une demi-obscurité. Disons aussi
qu'à estimer dans la pratique de la vie de hautes
vertus et une incorruptible probité, le critique le plus
impartial, gagné par la valeur morale de l'homme,

risque de pardonner trop facilement des vices de forme
et les plus graves défauts de l'écrivain. Cet entraî-
nement, nous nous efforcerons d'y résister dans notre
appréciation du mérite littéraire des œuvres de d'Aubigné.

L'*Histoire universelle* nous a fourni des documents
pour apprécier d'Aubigné; nous ne saurions nous dispenser d'un jugement sur le livre même, qui est, avec
les *Tragiques*, la maîtresse pièce de son œuvre. Comme
nous avons fait pour l'homme, nous en signalerons
les défauts et les qualités.

L'*Histoire* semble composée sur un plan symétrique
et bien conçu, que l'*Imprimeur* — toujours, et pour
cause, du même avis que l'auteur — expose au lecteur
avec une visible satisfaction. Elle se compose de trois
tomes et chaque tome de cinq livres. « Chacun de ses
livres finit par une fin de guerre, ayant pour sa borne
un edict de Paix ou chose equipolente, et lors que les
guerres sont avancees à la conclusion d'un traitté, nostre
Histoire prent l'essort, premierement par un chapitre
qui lie les affaires de France avec ses quatre voisins, et
puis court en quatre autres les quatre parts du monde,
gardant le dernier pour les conditions de la Paix, avec
telle proportion, que qui voudroit prendre par collomnes
tous les chapitres, avant le dernier de chaque livre,
trouveroit en sa main une histoire de tout le Septentrion
en bonne forme, de celui qui precede, une de l'Occident,
et ainsi des autres deux. Telle observation a peu rendre en ordre des choses bien desordonnees[1]... » Il semble
un casier à tiroirs étiquetés, dans lequel l'auteur a
fait entrer à sa place chaque denrée historique, suivant

---

1. *Histoire universelle*. L'Imprimeur au lecteur, p. 11.

sa provenance. L'auteur n'a pas compris que ce procédé de classification peut convenir aux sciences naturelles, mais ne constitue pas une méthode d'exposition historique. Sans cesse le lecteur est distrait et dérouté par ce morcellement symétrique ; il entre en méfiance contre une trop régulière ordonnance, se demandant comment le hasard a pu amener quinze paix ou traités à point nommé, si bien espacés entre eux, qu'ils concluent chaque livre exactement proportionné. C'est dans ce cadre artificiel que l'auteur a enfermé les emprunts faits aux historiens contemporains, ses souvenirs personnels et les mémoires qu'il demande avec insistance aux Synodes et Assemblées protestantes[1], aux maîtres de camp des deux partis, aux ambassadeurs, aux étrangers[2]. Cette division, surbordonnant l'histoire du monde pendant plus d'un demi-siècle à des trêves, à des événements qui n'intéressent que la France, force l'écrivain à remplir certains chapitres outre mesure, à en laisser d'autres presque vides. De là un embarras pour la division des chapitres qui se trahit, de la première à la deuxième édition, par de nombreux remaniements. Il rattache les tronçons épars de ses annales par des rac-

1. Un article du Synode national tenu à Gap, en 1603, portait « que les provinces étaient chargées de recueillir des mémoires des actes mémorables advenus depuis cinquante ans et de les faire tenir au sieur d'Aubigné, en Poitou, lequel escrivait l'histoire de ce temps. »

2. On trouvera, aux documents inédits, une lettre provenant des manuscrits de Bessinges (t. III, f. 61 recto) adressée de Carvinde en Prusse à d'Aubigné, le 26 février 1626. Elle est sans suscription. Peut-être pourrait-on l'attribuer au prince Christofle de Baden, qui entretenait correspondance avec notre écrivain. Bien que « son oubliance ne lui ait pas permis de rendre les services qu'il lui devoit » (il s'agit sans doute de mémoires), cette lettre n'en atteste pas moins, par ses expressions hyperboliques, l'admiration qu'inspiraient à l'étranger l'historien et son livre.

cords pénibles, des transitions parfois naïves. Il revient
sur ses pas et retourne au commencement de l'année,
« ayant estendu quelques branches plus avant » et,
comme il a conscience de ce désordre, il ajoute : « L'histoire qui traite plusieurs choses est contrainte à cela,
ou il faudroit qu'elle sautelast sans cesse et n'ache-
vast aucun discours [1]. » Faible excuse, car l'historien
« sautelle » sans cesse, et ne corrige pas ce défaut en
le confessant. Ailleurs il s'excusera « de sortir de
l'année du livre, ne voulant plus avoir à retourner
« en lieu tant esgaré [2]. » Bien que l'*Histoire universelle*,
écrite sous forme d'annales, porte le millésime à chaque
page en titre courant, (à partir du tome Ier, livre V,
an 1568), on a quelque peine à établir nettement
l'ordre chronologique pour chacun des faits particuliers.
Et cela se comprend, l'auteur étant obligé de se débarrasser, « sans ordre et sans disposition [3], comme il en
convient naïvement, de faits qui n'ont pu trouver
place en leur lieu et à leur date. Ailleurs, il confesse :
« qu'une feuille de copie perduë a tranché le discours
des affaires d'Auvergne ; il le reprend, à charge d'y
observer l'ordre, quand il y remettra la main [4]. » Ou
bien encore, n'ayant pu, faute de mémoires, « donner
un notable combat, il le promet à l'autre edition [5]. »
Notez que d'Aubigné a soixante-quinze ans, quand il
promet cette troisième édition qui, on le voit, à certains
égards, n'eût pas été inutile [6]. Des mémoires, c'est-à-

---

1. *Histoire universelle*, t. Ier, col. 760.
2. *Histoire universelle*, t. Ier, col. 1029.
3. *Histoire universelle*, t. II, col. 369.
4. *Histoire universelle*, t. II, col. 521.
5. *Histoire universelle*, t. II, col. 523.
6. Dans la *Vie*, la confusion est plus grande encore. L'auteur

dire des rapports de toutes provenances, traduits pour l'insertion, auraient dû être résumés et soumis à une critique plus sévère. De longues histoires, romans de sérail, des tueries invraisemblables, même pour l'Orient, ressemblent trop à des remplissages. Encore ces ressources lui font-elles parfois défaut : « Que si en divers endroits, avoue-t-il, nous n'avons pu exprimer à nostre gré quelques exploits consequentieux, regardez d'où est daté le livre, c'est d'un desert, refuge ordinaire de la pauvreté comme de la verité. Là, il a fallu travailler sans pupitre, sans conseil de doctes, avec peu de memoires et *peu exprés*. » Le « bouc du desert » emploie ces matériaux faute de mieux, et sans illusion sur leur qualité. Parfois d'Aubigné refuse d'employer « des escripts excellents et laborieux, » comme ceux de Villeroi, « parce qu'il n'avoit qu'un but, les louanges de la cour. » Notre historien « aime mieux estre manque en quelques poincts qu'à estre esclave en tous [1]. » Louable sentiment d'indépendance, dont on ne peut que féliciter l'écrivain, sachant surtout que cette communication ne lui était faite « qu'à la charge de prendre loi des corrections de Villeroi. »

Aussi, malgré son titre, le monument de d'Aubigné n'est pas une Histoire universelle, mais plutôt l'histoire des guerres religieuses en France pendant le seizième siècle. Le reste n'est trop souvent que hors d'œuvre, pièces de rapport mal agencées, « bordures » destinées seulement à justifier un titre ambitieux. A un

écrit, il est vrai, sa correspondance sous les yeux, mais on sait qu'elle est rarement datée ; souvent aussi, il trace ses mémoires au hasard de ses souvenirs, et il est plus que septuagénaire.

1. *Histoire universelle*, t. Ier, col. 1187.

autre point de vue, cette œuvre puissante, originale, irrégulière, compromis entre l'histoire et les mémoires, n'a pas les proportions harmonieuses, le caractère impersonnel de l'une, encore moins la simplicité et les qualités spéciales au genre des mémoires.

Nous avons dit la monotonie des sièges et faits militaires, d'où résulte, malgré son talent, la monotonie des récits de l'historien. Pourquoi n'avoir pas, en choisissant, conservé les grandes lignes du monument, qui disparaissent sous une luxuriante végétation ? Pourquoi décorer du nom de « victoire » un combat où figurent treize à quatorze cents arquebusiers, cent cinquante enfants perdus et quelques chevaux ? Tout semble au même plan et d'égale valeur, parce que le capitaine a vu de trop près ce que raconte l'historien. La perspective, qui met tout à sa place sur un champ de bataille, n'est pas le fait du combattant. Une bataille, au seizième siècle encore, se compose d'épisodes séparés, où chaque principal acteur, ignorant ce qui se passe à ses côtés, exagère par vanité, et souvent à son insu, sa part d'action, ce qui explique que l'on ait vu des vaincus se croire victorieux et des vainqueurs sonner la retraite.

Un capitaine, présent à l'action, raconte en homme du métier et pour les hommes du métier, ne veut omettre aucun détail technique ; ajoutez qu'il supprime des éclaircissements indispensables aux profanes et même à tout lecteur. Ces récits de combats chez d'Aubigné, qu'on nous passe la comparaison, ressemblent trop souvent à des parties de barres, dont la confusion se démêle difficilement. Pourquoi, parmi tant de narrations obscures, la bataille de Dreux[1] se lit-elle

____

1. *Histoire universelle*, t. Ier, col. 231.

avec intérêt ? C'est que l'auteur y fait mouvoir d'assez grandes masses, dont les lignes ne nous échappent pas, que les principaux acteurs sont des personnages connus, qu'on y suit des péripéties aux mouvements nettement dessinés, que le peintre a su donner du jour et de la perspective à un plus vaste tableau, enfin qu'il termine son récit par un résumé clair des « six choses notables en cette bataille. »

Parfois aussi d'Aubigné met en pleine lumière quelque chef héroïque, et lui prête des paroles de grand souffle. Un La Vergne[1] et un Condé à Jarnac, un Rohan[2] au siège de Lusignan, nous reposent de la mêlée, nous distraient de sa fatigante confusion et communiquent l'unité à une sorte de petit drame épique. L'historien, en racontant, obéit à son impression, à des souvenirs personnels, jamais aux règles du genre et aux lois de la proportion. Ainsi, pourquoi la rencontre de la Roche-l'abeille est-elle narrée avec une prolixité que nous avons blâmée ? Dabord, parce qu'il y assistait, et que sa narration trop complaisante y trouve une consolation aux défaites de Jarnac et de Moncontour. De plus, en ce gentil combat, il n'y eust pas vingt hommes qui ne fussent tués à coups d'épée et armes d'ast. C'est une formidable rencontre d'honneur en champ clos, comme d'Aubigné les aime.

L'historien pouvait-il éviter les défauts que nous

1. *Histoire universelle*, t. Ier, col. 395.
L'intrépide vieillard luttait contre une armée de reîtres, au milieu de vingt-cinq neveux et de deux cent cinquante gentilshommes qui « firent ce qu'ils purent, ce fut de mourir. » C'est le mot héroïque de Corneille, c'est son genre de sublime devancé et appliqué par un historien poète à la narration historique.
2. *Histoire universelle*, t. Ier, col. 731.

signalons ? Ne tiennent-ils pas à l'étendue et à la nature du sujet qu'il embrasse sans l'étreindre, à son caractère, à sa vie agitée, à ses trop courts loisirs, aux persécutions qu'il a subies. Quand on voit l'auteur en butte à la haine des Jésuites, son livre condamné « sur leur requisition » et brûlé, on se demande comment l'historien a pu ronger son frein, et, parmi de pareilles entraves, en donner deux éditions.

Dans une lettre à Sillery, il montre comment « le fardeau de son entreprise a redoublé sur la fin de son labeur, pour la peine qu'il y a, en ne servant que la verité, à se garder des haynes fraisches et des interets encores en fleur[1]. » Il y raconte comment deux correcteurs (censeurs) acceptés par lui, l'Evesque de Nantes et M. d'Aillé, prirent frayeur de mouvements de troupes et s'envoyèrent excuser par un Carme dechaussé : « Mes imprimeurs, que j'avais faict venir de loin avec grande depense, le papier, les presses aprestees, et, plus que tout cela, la conscience trez asseuree de n'avoir point franchy les barrieres du devoir, me firent achever mon ouvrage aussytost attaqué à la solicitation des Jesuites et condamné par la brieve sentence du Lieutenant Civil. » L'auteur réclame du moins le jugement de « quelques personnages de probité et de savoir, bien instruits au livre du monde, lesquels ayants veu et reveu ses trois tomes (deuxième edition) y cottent les poincts qui peuvent offenser…, afin de reparer tout en une edition (qu'il) veut donner au contentement de luy-mesme et de ses seigneurs et amis. » Une lettre à M. De Loménie[2] [1624]

---

1. *Œuvres complètes*, t. Ier, p. 201.
2. Elle est sans date, mais ne peut être postérieure à 1624, année de la mort du Chancelier.

nous apprend qu'il s'interrompit d'écrire l'histoire, au moins jusqu'à cette année, car il y confesse « qu'il n'y a pas donné, ny n'y veut donner aucun coup de plume, tant qu'il aura de si dangereus interpretes à ses pures et simples narrations [1]. »

Dans son embarras de continuer son *Histoire*, et surtout d'obtenir un privilège, d'Aubigné frappe à toutes les portes. C'est ainsi qu'il supplie le jésuite Fulgence, un Vénitien, il est vrai, de faire venir son livre *des Histoires,* de l'honorer de ses censures, de lui envoyer des mémoires « qui le facent encore davantage nommer republiquain. » Il consignerait volontiers entre ses mains ses derniers manuscrits corrigez et augmentez d'une bonne partie. « Je n'ose, ajoute-t-il, vous parler de donner cette besougne à quelqu'un de vos imprimeurs, car si vous me faisiez sentir que cela se peust, je deposerois entre vos mains le pere avec les enfans [2]. » Pour en finir avec les éclaircissements que l'historien nous donne lui-même, dans sa correspondance, sur ses persécutions, et sur son ouvrage, citons encore ce passage d'une lettre à M. d'Expilli [1626]. L'auteur a enfin triomphé, son *Histoire* s'imprime et il en juge la valeur. « Je suis à la fin de la correction et augmentation, pour faire dire à mon Imprimeur que son Lecteur verra la difference qu'il y a entre les livres revestus en une bonne ville ou qui sont sortis tout deschirez du *Désert* [3]. » L'auteur n'a-t-il pas, en quelque sorte, de-

1. *OEuvres complètes,* t. Ier, p. 309.
2. *OEuvres complètes,* t. Ier, p. 313.
3. *OEuvres complètes,* t. Ier, p. 336.
Nous trouvons dans *la Bibliothèque curieuse, historique et critique ou Catalogue raisonné des livres difficiles à trouver* par David Clément (t. II, p. 188 et suiv.) le jugement

vancé dans les dernières lignes le jugement de la postérité sur son livre « incognu au vulgaire, hay et perse-
cuté des mercenaires, aymé de peu et de bons ? »

comparatif suivant des deux éditions dont nous avons pu constater l'exactitude. Réfutant l'opinion du Père Lelong, copiée
par le Père Niceron dans ses *Mémoires* (t. XXVIII, p. 220),
David Clément s'exprime ainsi : « Je dirais plutôt que l'auteur
a revu son *Histoire* à Genève, qu'il l'a corrigée et augmentée....
J'ai confronté ces deux éditions ; j'ai trouvé que l'auteur avait
fait usage de sa liberté dans la deuxième, qu'il y avait changé
l'ordre des chapitres, qu'il en avait rassemblé deux en un, qu'il
avait souvent partagé un en deux, qu'il avait divisé les chapitres
en plusieurs articles, qu'il y avait distingué les choses remarquables en les faisant imprimer en caractères italiques, qu'il
avait omis certains traits qui n'étaient pas assez circonstanciés,
qu'il avait retouché le style et ajouté plusieurs choses considérables, dont il avait eu des instructions plus particulières depuis
la première édition. Après comparaison d'un passage dans chaque
édition, le bibliographe ajoute : « Après cet échantillon, le lecteur
sera en état de juger des prérogatives de la deuxième édition,
que je préférerais pour l'usage, quoiqu'elle n'approche pas de la
première, si l'on a égard à la beauté de l'impression. Pour bien
faire, il les faudrait avoir toutes deux dans une bibliothèque
bien assortie ; aussi ne saurais-je remarquer que M. d'Aubigné
ait hasardé bien des choses dans cet ouvrage, comme l'abbé
Lenglet de Fresnoy l'a assuré dans sa *Méthode pour étudier
l'Histoire* (t. VIII, p. 1039). Mais je crois qu'il a raison de dire
que notre auteur n'a été que trop véritable sur les désordres de
la Cour et que, s'il a terni l'honneur des Grands, ce n'a pas été
tout à fait sa faute. » Un critique judicieux, exact, ce Clément
David, et qui dit parfois les choses avec esprit, ce qui ne gâte
rien. Ajoutons à ces justes observations quelques remarques
personnelles. Ce sont les discours qui, dans la deuxième édition, sont toujours imprimés en *italiques ;* dans la première, il
en est fait usage très rarement, seulement à partir du tome III
et pour les longs discours. La préface, les grandes batailles et
les grands discours, morceaux particulièrement soignés et com-
posés avec prédilection, n'ont presque pas subi de retouches, la
préface surtout, qui est d'une forme achevée. Dans la deuxième
édition, les titres de chapitre répondent mieux au contenu et les
alinéas sont plus fréquents. La plus importante addition concerne
le concile de Trente (huit colonnes). La plupart des additions
portent sur les affaires théologiques, quelquefois sur les nations
voisines, quand l'auteur a reçu de nouveaux mémoires. Au

L'*Histoire universelle* n'a plus à redouter la persécution, mais l'indifférence et l'oubli. Puissions-nous ramener sur l'historien l'intérêt, la justice et la sympathie de quelques lecteurs !

reste, l'*Histoire* est comme un vaste portefeuille, toujours ouvert aux communications de ses correspondants ; un passage nous a montré d'Aubigné songeant à une troisième édition. L'orthographe de la deuxième édition est plus correcte, mais la ponctuation plus irrégulière. David Clément critique avec raison la deuxième édition, si inférieure à la première, sous le rapport typographique. Il aurait pu remarquer que l'impression sur deux colonnes et sur mauvais papier ajoute encore au vilain aspect de la seconde édition.

CHAPITRE II

Ce serait un parallèle intéressant et fait pour relever le mérite de notre écrivain, de comparer d'Aubigné avec les historiens ses contemporains. Il en a cité quelques-uns avec honneur, entre autres de Thou[1], qui échappe en partie au parallèle, s'étant, malheureusement pour sa gloire et pour les lettres françaises, servi de la langue latine.

D'Aubigné lui a évidemment emprunté le plan, et au moins l'idée générale de son *Histoire universelle*. De Thou fait aussi une grande part aux royaumes

---

1. L'œuvre personnelle de de Thou, qui renferme 126 livres, s'étend des règnes de Louis XII et François Ier jusqu'à la naissance du Dauphin (1601). Les livres qui la continuent jusqu'à la mort de Henri IV sont de Nicolas Rigault. Si l'on veut connaître la liberté laissée à l'historien par la censure, rappelons qu'il dut, de la première à la deuxième édition, supprimer les passages où il avait mal parlé des papes Jules II, Paul III et Jules III, effacer l'expression *ad potiorem vitam migravit* appliquée à un hérétique. On lui reprochait d'avoir appelé Érasme *grande hujus sæculi decus*. C'était là, au gré du clerc régulier Ant. Caraccioli et du cardinal Bellarmin, des propositions puantes, *fæde pestilentes*. On comprend que d'Aubigné n'ait pu désarmer une censure qui condamnait de Thou. Il est vrai que celui-ci se montrait fort affecté de cette condamnation, tandis que celui-là s'en faisait honneur.

étrangers, mais il leur consacre des livres entiers, par conséquent une narration plus suivie, ce qui vaut mieux ; il les termine volontiers par la mort de grands hommes, comme d'Aubigné par des édits de paix.

L'historien allemand, Léopold Ranke[1], prétend qu'on aperçoit partout dans le livre de d'Aubigné des extraits du Président de Thou, de la Planche et autres. Notre historien a mis dans son œuvre assez du sien, ajoutant à des faits connus « des secrets dont il peut attester la verité, » pour demeurer, malgré quelques emprunts indéniables, le plus original de tous les historiens du seizième siècle. Ces emprunts d'ailleurs, sans y attacher une grande importance, car ce sont là à ses yeux querelles de gens de lettres, et les faits appartiennent à tous, il ne les a pas dissimulés. Il dira du Président de Thou : « De cet auteur excellent, bien que j'eusse achevé avant luy, *j'ay tiré beaucoup de choses*, comme estant plus tardif à l'impression[2]. »

S'il nous était possible, sous prétexte de comparaison avec d'Aubigné, d'analyser, au moins sommairement, quelques-uns des historiens de la seconde moitié du seizième siècle, nous voudrions donner une place au calviniste Régnier de la Planche. Comme le titre de son livre l'indique[3], il a consacré tout son volume, plus de sept cents pages, au règne éphémère de ce jeune Valois, presque un enfant, qui semble n'être

---

1. *Histoire de France principalement durant les seizième et dix-septième siècles.* Stuttgart, Cotta, (1852-1861). 5 vol. in-8°. Elle a été traduite, au moins en partie, par Jacques Porchat. Paris (1854-1856).

2. *Histoire universelle*, t. Ier, col. 474.

3. *Histoire de l'Estat de France, tant de la Republique que de la Religion, sous le regne de François II.* 1 vol. petit in-18, de 765 pages, sans nom de lieu, 1576.

monté sur le trône de France que pour y asseoir deux
années la belle Marie-Stuart et laisser la jeune veuve,
un an après, à ses aventureuses destinées. Une éloquente prédication religieuse[1], une courageuse apologie
de la Renaudie, l'intrépide conjuré d'Amboise, un
âpre réquisitoire contre la maison des Guises, surtout
contre le Cardinal de Lorraine, tels sont les principaux
éléments de ce livre, auquel il ne faut pas demander
la qualité maîtresse de l'historien, l'impartialité.
D'Aubigné y arrive presque par un héroïque effort de
sa volonté, souvent même en se fermant la bouche.
Régnier de la Planche, honnête et sincère dans ses ini-
mitiés, semble n'avoir d'autre souci que la poursuite
de cette maison des Guises, « qui se rebecquent contre
Dieu. » Un jour, nous raconte-t-il[2], parce qu'on le
regardait « comme servant de conseil bien avant au
mareschal de Montmorency, » il fut appelé au cabinet
de la Reine mère et interrogé, tandis que le cardinal
de Lorraine l'écoutait, caché derrière une tapisserie.
On avait espéré obtenir de lui quelques utiles révélations, sous menace, s'il ne disait tout ce qu'il savait,
« d'estre mis en cage pour apprendre à chanter. » La
Planche, « homme libre et d'entendement » résista
aux promesses comme aux intimidations, et, s'indi-
gnant contre « l'accouplement de la maison de France
et de la maison de Lorraine, » fit subir au Cardinal de
dures vérités. L'historien se donne quelque part le
titre « d'homme politique plutôt que religieux » et con-

---

1. On trouve chez cet historien des pages où il montre « comment Dieu se sert tantost de nos folies, tantost des persecu-
teurs... » Avec moins de rhétorique, et plus de conviction, c'est
déjà l'amplification morale de Balzac.
2. Page 401 et suivantes.

fesse « s'estre abusé pour avoir mis en avant des differents de la Religion, non moins qu'en ce qu'il dit de l'intention qui avoit esmeu la Renaudie. » Cette passion de partisan, que nous ne voulons pas lui reprocher, cette raison éloquente et courageuse qui lui avait déjà dicté son *Livre des marchands*, sont-elles bien le fait, dans le sens où il entend ces mots, d'un historien *politique* plutôt que *religieux?* Nous n'oserions l'affirmer. Sans doute, comme Régnier de la Planche le dit en terminant son livre, « la posterité admirera et detestera tout ensemble, en voyant la France servir sous François II, de theatre où furent jouees plusieurs terribles tragedies ; » mais elle sera tentée de reprocher à cet honnête homme, modeste confident d'un des principaux acteurs, lui-même simple comparse dans l'action, d'avoir été trop ému pour la raconter en historien impartial.

C'est évidemment la Popelinière[1] qui tient la plus grande place, si non dans l'œuvre, du moins dans la pensée de d'Aubigné.

Après quelques atteintes sur la faiblesse de son caractère, d'Aubigné rend, à plusieurs reprises, justice à la Popelinière. C'était un homme de guerre, en même temps qu'un écrivain. « Il a pris, dit-il lui-même, l'occurrence des guerres civiles pour juste occasion de joindre la connaissance des lettres à la pratique des armes. » D'Aubigné ne pouvait manquer de priser une telle alliance de goûts chez un contemporain « qui

---

1. *Histoire de France, enrichie des plus notables occurrences survenues ès Provinces de l'Europe et pays voisins, soit en paix, soit en guerre, tant pour le fait seculier qu'ecclesiastic, depuis l'an* 1550 *jusqu'à ce temps* (1577), (tomes Ier et II, an 1581). 2 vol. in-fo. La Rochelle, Abraham H. (Haultin).

savait faire autre chose que des histoires[1]. » Certains traits de ressemblance et rapports entre les deux écrivains et leurs œuvres nous font insister de préférence sur la Popelinière. — Sans instituer un parallèle suivi entre les deux historiens Protestants, la comparaison ressortira de certains faits, de quelques citations, et nous ne la croyons pas trop redoutable pour l'auteur de l'*Histoire universelle*.

L'Auteur de l'*Histoire de France*, qui la commence, comme d'Aubigné, à l'an 1550, « a passé également tous les grades ordinaires, soit sur terre, soit sur mer, soit en charge d'infanterie, soit en la conduite de cavalerie. » Il a été employé pour des négociations politiques ou guerrières. Si l'argent est le nerf de la guerre, il est aussi, paraît-il, le nerf des historiens. La Popelinière « a eu en tous lieux assez de moyens pour s'enquerir et recercher les plus Grands de quelque condition qu'ils fussent, de ce qu'il pouvoit ignorer, voire d'acheter à deniers contans ce que l'humeur d'aucuns luy eut autrement denié. » L'historien, loin de s'indigner contre la corruption humaine, sait au besoin la mettre à profit. Sa fortune lui a donc permis de voyager beaucoup, « pour mieux concevoir à l'œil et plus au naïf et representer les places, rivieres, passages, rencontres, assemblees et autres notables particularités. » D'Aubigné, lui aussi, eut un instant de semblables facilités, mais la mort de Henri et les intrigues des Jésuites ne l'en laissèrent pas jouir longtemps[2].

---

1. Brantôme félicite en ces termes le vieux Lesdiguières d'unir le goût des lettres à celui des armes : « Les lettres et les armes mariees ensemble font un beau ciel de nopces. » (*Vie des hommes illustres et grands capitaines français. Disc. 84, art. VI.*)

2. « Il y a quinze ans que le roi Henri le Grand fut induict

La Popelinière, comme d'Aubigné, avoue ses emprunts, pour les premiers troubles, à Belleforest [1] et à l'*Histoire Ecclesiastique* [2]. Pour les autres, « les discours n'en sont dus qu'à lui et à ceux qui lui ont fourni quelques memoires », « lesquels il nommera toujours, s'ils le trouvent bon. » Il y a là un souci constant d'exactitude auquel d'Aubigné ne s'est pas aussi rigoureusement astreint. Pour les affaires estrangeres, « il en parle, tantot d'aprés les plus renommés auteurs, tantot comme celuy qui en a veu et entendu bonne partie, mesmement, d'Angleterre, Flandres et pays voisins. » D'Aubigné dut plusieurs fois partir pour l'Allemagne ou l'Angleterre, mais ne partit jamais ; il refusa du

par un Jesuite de deffendre à M. d'Aubigné le travail de l'Histoire ; M. le cardinal du Perron, au contraire, poussa Sa Majesté à permettre, et puis à commander expressement, la poursuite de ce labeur, en usant de ces termes : Qu'il ne connoissoit aucun autre qui pust fournir aux parties necessaires pour un tel ouvrage, si bien que le Roi en veint à promettre une somme raisonnable pour faire un voyage aux pays esloignez, voir les places desquelles le sit a contribué au succez des sieges et combats.... Ces promesses estant differees et mal sollicitees par un esprit bandé ailleurs, furent rendues vaines par la deplorable mort de ce grand Roi. » (*Histoire universelle*. L'Imprimeur au lecteur, p. 11.) Il semblerait résulter de ce passage qu'à un moment du Perron fut plus empressé que d'Aubigné lui-même à solliciter en sa faveur l'exécution des promesses royales.

1. Historiographe sous Henri III, mauvais romancier plus encore qu'historien. Le titre de son œuvre est : *Les grandes annales et histoires generalles de France dès la venue des Francs en Gaule jusques au regne du Roy Henri III*. Paris. Gabriel Buon, 1579. 2 vol. in-f°.

2. Il est sans doute question de l'*Histoire ecclesiastique des Eglises reformees au royaume de France de 1521 à 1563*, (par Th. de Bèze). Anvers, de l'imprimerie de Remy (Geneve), 1580. 3 vol. in-8°. François Bourgoing, d'abord chanoine de Nevers, puis ministre calviniste, a aussi écrit une *Histoire ecclesiastique*. Geneve, 1560 et 1563. 4 vol. in-f°.

roi cette dernière mission en de fâcheuses conjonctures, ne voulant, dit-il, « porter le noir. »

La Popelinière, rendons-lui cette justice, ne sait pas bien mentir, puisqu'au rapport de d'Aubigné, il vint un jour lui confesser avec larmes que dans un passage de son Histoire, il avait « vendu sa plume[1]. » Un maître en l'art de mentir, c'est Paul Jove, « aussi excellent parleur que medisant et grand fableur ; c'est lui qui disait haut et clair ne se soucier de mentir en affaires de consequence, ou à l'appettit des Grands qui l'appointoient, d'autant que pour un de son temps qui cognoistroit le faux avec le vray, toute la posterité tiendroit ses temoignages pour veritables. » La Popelinière, qui rapporte ce cynique propos de l'Evèque Italien, confesse assez naïvement, tout en protestant de sa constante véracité, « qu'il aimeroit mieux mentir à ses contemporains, qui en fin pourroient descouvrir la verité, qu'à ses arriere-neveux. » Sans abuser de cette confession, reconnaissons qu'elle rend vraisemblable l'accusation de d'Aubigné.

Le ton de la Popelinière est beaucoup moins superbe que celui de notre historien. Tandis que celui-ci n'a souci que de la vérité, si désagréable qu'elle puisse

1. L'article de la *France protestante* (première édition de MM. Haag) est visiblement favorable à la Popelinière (Lancelot du Voisin). A propos de l'accusation de vénalité soulevée par d'Aubigné, il dit : A ce témoignage unique, il est facile d'en opposer vingt autres qui le démentent. » Il faudrait distinguer entre les témoignages de Sorel, Daniel, Legendre, Arcère et Lestoile. Aucun d'ailleurs, que nous sachions, ne contredit formellement, et avec preuves, l'accusation de d'Aubigné. D'Aubigné lui-même témoigne de l'estime et de la sympathie à la Popelinière, l'accusant seulement, en une circonstance unique, de coupable faiblesse que son repentir et son aveu ont en partie rachetée. Nous lisons ces mots dans un billet de d'Aubigné adressé à

être, celui-là « n'a fait emploi de son corps, de ses biens, de sa vie et de son honneur que pour *complaire* ; » il n'épargne rien pour « agreer » à son lecteur.

La Popelinière est modéré comme d'Aubigné, le premier par tempérament, le second par empire sur sa passion. Sachons d'autant plus de gré à d'Aubigné de s'être, en ce point, réglé sur son devancier, d'en avoir parfois presque copié les expressions, quand il déclare vouloir éviter « l'envie que ces noms factieux de Papistes et de Huguenots ont apportee. » L'auteur de l'*Histoire de France* « condamne les fautes reciproques des deux partis, comme fort eloignees de Chretiens ; » il essaie d'établir une balance égale. Bèze, le remerciant de l'envoi de son livre (Lettre du 15 janvier 1581), le louait de ne s'être « formalisé pour les uns ny pour les autres. » Si l'on en croyait la sentence du synode de la Rochelle, évidemment entachée de passion et de complaisance pour certaines rancunes, l'historien aurait écrit « au prejudice de la verité de Dieu, au desavantage et deshonneur de la Sainte doctrine de la Religion Reformee[1]. »

M. de la Popelinière (Nérac, 1er avril 1583) : « J'ay parlé au Roy, mon maistre, de vostre affaire, et au ministre de Saint-Gelais. Depuis, au conseil du Roy de Navarre, ilz disent que de vousmesmes vous pouvez effacer ce qui les offence » (t. Ier, p. 580). Sans forcer le sens de ce passage, ne lit-on pas facilement entre les lignes ? La Popelinière apprend que quelques endroits de son livre ont déplu au roi, il s'empresse de demander quels sont ces passages, pour les modifier au gré de la partie intéressée. On lui répond un peu dédaigneusement, qu'il peut bien effacer de lui-même ce qui offense. Tout cela ne sent-il pas une plume servile ou du moins bien complaisante ?

1. Cité d'après la *France protestante* (première édition, article Voisin de la Popelinière, p. 530-531). On comprendra que nous ne prétendions pas trancher entre deux coreligionnaires une question aussi délicate. Ce serait à faire à l'auteur qui entreprendrait une étude sur la Popelinière et son histoire. Sans

Nous verrons ce que sont l'impartialité et la philosophie de l'écrivain.

Malgré son ton de gentilhomme militaire, la Popelinière a de singulières préoccupations d'homme de lettres ; d'abord il se plaint « des corneilles parees de plumes etrangeres, » récrimination assez légitime, car il avait été pillé par d'impudents plagiaires ; il se pique de créer des termes indispensables à la langue militaire[1], « de bien exprimer le naturel de chaque chose par des noms et termes significatifs, » qu'il a inventés et mieux accommodés, s'efforçant de les rendre « les plus doux à l'ouye et à l'oreille qu'il lui a eté possible. » D'Aubigné, lui, se crée sa langue, sans y songer et sans le dire, une langue unique au seizième siècle ; il n'a pas de ces préoccupations de novateur et de rhéteur. Lorsque la Popelinière parle de « la rudesse de son naturel langage, » on est tenté de sourire en se rappelant les véritables « franchises et severitez de village, » « la rustique liberté » de d'Aubigné. Quand le premier invoque « la grace de celuy qui pourra bienheurer le commencement, suitte et derniere fin d'un tel ouvrage, » on songe à « ce Dieu vivant, auquel seul appartient honneur et empire à l'eternité[2], » dont l'invocation conclut si majestueusement la belle préface de l'*Histoire universelle*.

rétendre sacrifier ici l'un à l'autre, nous tenons seulement à constater que rien n'établit la fausseté de l'accusation de d'Aubigné.

1. *Assauts volontaires, recognoissance, assaut colonel*, etc.

2. On ne peut s'empêcher de se rappeler ici le début de la première oraison funèbre de Bossuet, qui se rencontre avec notre historien en des termes presque identiques : « Celui qui règne dans les cieux et de qui relèvent tous les empires, à qui seul appartient la gloire, la majesté et l'indépendance, » etc.

La comparaison des deux historiens ne permet pas de douter que l'esprit du nôtre n'ait été quelquefois hanté par d'inévitables réminiscences, mais telle est la vivacité de l'impression, telle l'originalité du style, que c'est le devancier qui semble l'imitateur.

La Popelinière, se rappelant son Polybe, semble nous promettre des aperçus philosophiques, quand il reprend la matière de son histoire d'un peu plus haut, « considerant comme les causes des accidens humains s'entretiennent d'un lien eternel et connu de peu de gens. » Mais ne nous fions pas trop à ces promesses, qui vont se réduire à un vain étalage d'érudition, de rhétorique et de vulgaire sagesse. Comment s'étonner que les massacres de la Saint-Barthélemy évoquent, sous la plume d'un protestant, le souvenir du sénat romain, de Galba et des ministres de Nero, que l'assassinat de Coligny ne lui inspire que de froides réflexions morales sur l'incertitude des choses humaines, quand nous le voyons comparer les « *decedez pour le fait de conscience* au papillon, lequel voletant autour de la lumiere, en fin en esprouve la vertu qui le brusle pour trop aimer? » L'historien se console de ces atrocités, en pensant que les victimes « esprouverent la verité de leur Religion, heureuses d'echanger contre une gloire perdurable une vie trainee parmi les ordures de la vanité de ce monde. » « Jamais gens ne furent tant aveuglez, écrit-il encore, depuis que le monde est, creatures ne furent si bien prises à la pipee, car on ne les scauroit totallement excuser de faute, veu la longue pratique de si grandes affaires qu'ils avoient conduict[1]. » Puis, après une longue dissertation pour prouver que « nous faisons

_____

1. *Histoire de France*, liv. XXI, p. 73.

nostre fortune nous-mesmes, » l'auteur conclut que
« *les François n'ont d'un bon jugement preveu les accidens.* » Ainsi les catholiques ne sont pas innocents,
mais les protestants sont coupables..... de n'avoir pas
deviné qu'on ne les attirait à Paris que pour les égorger
de nuit, désarmés, pendant leur sommeil et que la
cour tramerait longuement « ces matines Parisiennes! »
L'historien, on le pense bien, nie la culpabilité du roi[1] ;
il va plus loin et conteste aux victimes le droit de légitime défense, s'appuyant sur l'exemple du Christ! Combien, au sortir de ces pages qui ne respirent ni l'onction
édifiante d'un ministre chrétien, ni le légitime ressentiment d'un homme d'épée, l'on apprécie davantage la
mâle sobriété d'un d'Aubigné qui, presque seul de tout
son siècle, a su échapper aux obsessions de l'érudition
antique, laisser les Grecs et les Romains dormir dans
leur poussière et ne pas évoquer tant d'ombres vaines
en présence des drames sanglants de l'histoire qu'il
avait vécue! Combien l'on admire ce sang froid de l'historien qui ne s'échappe ni en comparaisons, ni en jugements personnels, ni même en légitimes invectives,
assez maître de lui pour s'en remettre à la terrible éloquence des faits, n'y point mêler la sienne et compter
uniquement, le dénombrement des victimes et la dé-
position des témoins achevés, sur l'équité du tribunal!

La Popelinière pousse l'esprit pratique jusqu'aux dernières limites et développe, avec une complaisance qui
rappelle un peu trop les naïfs quatrains de Pibrac, des

______

1. *Histoire de France*, p. 89. Nous ne saurions mieux faire,
chaque fois qu'il est question de la Saint-Barthélemy, que de
renvoyer à la belle et irréfutable étude de M. H. Bordier, qui a
fait définitivement la lumière sur plusieurs des principaux points
de ce lugubre drame. (Voir plus haut p. 83, note 1.)

adages tels que ceux-ci : « En toute chose il faut considerer la fin. » Comme il a blâmé l'imprévoyance des Réformés, il leur reproche de « rebouscher les yeux à toutes raisons aparentes, de mespriser la consideration de tous moyens humains, de s'enfondrer de gayeté de cœur à tous perils et pertes evidentes. » Reconnaissons que la Popelinière ne manque pas d'un certain bon sens humain et pratique ; mais d'Aubigné, qui personnifie la résistance héroïque, l'esprit chevaleresque et militaire du Protestantisme, a pour devise : « Aide-toi, le Ciel t'aidera, » et surtout : « Fais ce que dois, advienne que pourra[1]. » C'est lui qui a dit dans un vers d'allure toute cornélienne :

« Je vois ce que je veux et non ce que je puis. »

En un mot, la morale de la Popelinière, c'est l'utile ; celle de d'Aubigné, le devoir.

1. « La devise de ces gens-là (les protestants) était la grande et simple parole du prince d'Orange aux jours de l'adversité : « Quand nous nous verrions, non seulement délaissés de tout le monde, mais tout le monde contre nous, nous ne laisserions pas pour cela jusqu'au dernier de nous défendre, vu l'*équité* et *justice* du fait que nous maintenons. » (MICHELET, *La Ligue, Henri IV*, p. 330.)

CHAPITRE III

STYLE DE D'AUBIGNÉ. SA LANGUE, SA RHÉTORIQUE,
DÉFAUTS ET QUALITÉS. ORIGINALITÉ DE L'ÉCRIVAIN.

L'auteur de l'*Histoire universelle* appelle quelque
part Tacite « son maitre, » et avec raison. Il a comme
lui, au milieu de sa prose, des images et des formes
poétiques, mélange condamné par les puristes qui blâ-
ment la confusion des styles ; il a aussi le bonheur
d'expression et ces rencontres de mots créés, qu'ins-
pirent seules la foi sincère ou les haines vigoureuses [1].
Ce grand style, qui peint d'un mot, qui substitue
à l'idée abstraite l'image saisissante, ne l'abandonne
même pas entre les bras de la mort. Nous l'avons vu,
demi-mourant à Casteljaloux, dicter les premiers vers
de ses *Tragiques*. Jusque dans son testament, (écrit le
30 avril 1630, neuf jours avant sa mort), il peint d'un
mot la cupidité des princes, en parlant « de leurs mains
longues » et la miséricorde de Dieu, « à qui il tend les
bras et consigne son ame. » Certes, ce n'est pas le
tabellion qui a trouvé ces images. D'Aubigné n'est pas,
comme on l'a dit, un écrivain de transition ; si sa vie
s'est attardée jusqu'au premier tiers du dix-septième

1. Aussi en trouve-t-on de nombreux exemples chez Tacite,
Juvénal, Saint-Simon, V. Hugo, etc.

siècle, il n'en appartient pas moins tout entier au seizième siècle. Sa phrase, pas plus que celle des érudits
de cet âge, ne s'est encore dégagée de la période latine ;
il ne la moule, ni ne la cisèle, mais la laisse flotter
indécise et comme désarticulée (nous parlons de sa
prose historique), à moins qu'une forte émotion ne lui
inspire un mot énergique, un trait concis et admirable,
qui ramasse la phrase et, pour ainsi dire, la condense.
Ne demandons pas à un esprit aussi fiévreux, à une
plume aussi rapide, d'arrondir des périodes cicéro-
niennes. Sa narration négligée, confuse, partant souvent obscure, nous l'avons dit, semble parfois n'être que
le cadre mal dégrossi dans lequel il enferme ses discours,
morceaux de prédilection soigneusement travaillés, où
l'orateur atteint souvent le plus haut degré de l'éloquence. Ces grands discours, qu'on a reprochés à l'historien, sont la beauté, parfois même le repos du livre.
Ce ne sont pas, d'ailleurs, de purs exercices oratoires,
semblables à ceux des historiens anciens ; mais aussi
des documents justificatifs, faisant connaître la situation, les vœux, les exigences des partis ; un discours renferme souvent une exposition de doctrine, un manifeste
de parti, une apologie ; quelques-uns même sont des
pièces officielles[1]. Sainte-Beuve, avec son admirable
sens littéraire, a judicieusement remarqué, en ana-
lysant quelques fragments de ces belles harangues,
qu'il y avait en d'Aubigné beaucoup moins de hasard
et de verve à bride abattue qu'on n'est habitué à le
supposer : « Plusieurs de ses discours sont tout à fait

---

1. L'historien insère des documents officiels, quand il en possède, ou qu'ils sont utiles à son exposition ; ainsi il donne
une lettre du maréchal Danville, « parce qu'elle est courte et
bonne. » (*Histoire universelle*, t. II, col. 872.)

dans le goût et le ton de ceux des meilleurs historiens de l'antiquité, ferme, pressé, plein d'oppositions et d'antithèses pour les pensées comme pour les mots..... Ils sont pleins de réminiscences latines et d'une langue de Renaissance encore plus que gauloise, qui n'en est pas moins belle et originale de combinaison et de mélange[1]. »

Rien n'égale la richesse des images chez d'Aubigné, prosateur ou poète. On pourrait lui adresser le reproche d'Estienne Pasquier à Montaigne : « Tu es trop espez (épais) en figures[2]. » Ces métaphores, qui se pressent sous sa plume, il les emprunte à tous les métiers, et avec tant de naturel, qu'elles ne sont pas l'ornement, mais la substance de son style, ou plutôt, son style même. Comme d'Aubigné a été maréchal de camp, ingénieur, amiral, il emprunte ses images à ces divers métiers, sans compter les termes de vénerie, fauconnerie, voire même de médecine. Qu'il y ait abus et profusion de métaphores en ce style cavalier, soldatesque, familier, trivial même, qui représente tout aux yeux sous forme de figures inépuisables, cela est certain. Il n'exprime pas, il peint toutes ses pensées, les plus simples, les plus ordinaires ; sa plume est un pinceau.

---

1. Sainte-Beuve (*Causerie du lundi*, t. X, p. 326-28, édit. 1870). On ne saurait s'empêcher d'admirer la sûreté de cette critique. Ce que Sainte-Beuve ignore, il le devine, cueillant partout le suc des esprits et la fleur des choses, pour en composer ses portraits. Les *Causeries* seront un jour le plus curieux monument de critique littéraire au dix-neuvième siècle, le répertoire le plus varié, le plus sûr, le plus impartial. Son scepticisme le défend contre tout engouement ; exempt de passions, égal à tous les partis, à toutes les opinions, il pénètre tout avec un sens d'équité bienveillante. Cette critique si française repose singulièrement de la lourde et pédantesque érudition qui menace de nous envahir.

2. *Lettres* d'Est. Pasquier, liv. XVIII, lett. Ire.

Selon que les nouvelles lui arrivent, rares ou abon-
dantes, elles sont « gelees ou degelees. » Un courage
persistant devient « une vertu qui fume encore [1]. » D'un
maréchal épuisé de fatigue et d'insomnie, il dira que « la
terre lui est venue sur le visage ; » d'une contrée bien
connue, qu'elle est « son vieux breviaire. » Son expérience redoute « les haines fraisches et les interets en
fleur. » La confiance de l'historien reçoit les mémoires
qu'on lui envoie « sans trebuchet. » A Genève, sa patrie
d'adoption, où il est venu prendre « le chevet de sa vieillesse et de sa mort, » il a voué « son dernier fumeau. »
Condamné à mort, d'Aubigné se nomme « un banni
etesté ; » c'est se rappeler à propos l'énergique expression des Latins : *capite deminutus*. Parle-t-il d'une charité
courageuse ? Elle n'est point « cachee sous le muids. »
Il appelle son cœur « sa piece du milieu ; » il ne dira
pas je vieillis, mais « le poil blanc m'avertit de me
haster. » Aider quelqu'un, c'est « mettre l'espaule sous
la sienne. » Reçoit-il lui-même un secours ? « On a
mis de l'huyle à sa lampe. » D'Aubigné a des comparaisons plaisantes et inattendues ; un ami maladroit
veut forcer sa nature : « Tu es propre à cela, lui écrit-
il, comme un crucifis à jouer du sublet. » Tantôt ses
images sont familières et, si l'on peut dire, domestiques ;
ainsi les débauches de son fils Constant « lui ont osté
l'oreiller de la maison » et ses maladies morales réclament « un grand changement d'air et le bain de ses
sueurs. » A l'héroïque Rohan il conseille de prendre
« la chemise blanche que ses sueurs demandent. »

1. Cette expression rappelle le vers des *Tragiques*, tant admiré par Sainte-Beuve :

A l'heure que le ciel *fume* de sang et d'ames.
                    (*Tragiques. Fers*, v. 220.)

C'est surtout quand il parle de sa conscience et de la cause de Dieu, que sa colère et sa foi ne tarissent plus d'images bibliques et ambitieuses : « La verité a attaché à sa ceinture la clef du temple de l'honneur ; » « Dieu n'a pas le bras racoursi aux miracles ; » « Dieu sçait vendanger les esprits de ceux qui l'abandonnent ; et lui-même, grand justicier du Parti, se regarde comme « le rasoir des langues venimeuses. »

Les métaphores militaires débordent à chaque page ; elles sont, nous l'avons dit, le fond de sa langue. Transcrivons au hasard : « Mettre l'estendart au vent, ou au sac, allumer la mesche, faire bruler l'amorce, percer, la pique basse, mugueter l'ennemi, » faire un logement en vue, de l'ennemi, « la truelle en main, l'espee de l'autre. » Braver et menacer, c'est « fermer le poing, enfoncer le chapeau ; » au contraire, se soumettre honteusement, c'est « parler le chapeau à la main, la main estendue, » ou même « mettre une bouze de vache sur sa teste ! » Une expressive trivialité n'est pas pour lui déplaire ; il écrira couramment : « Tourner le c... à la mangeoire ; » et encore, c'était un « capitaine excellent le c... sur la selle, etc. » Tournez la page, le poète vous offrira les plus gracieuses images : marcher devant un prince, un jour de bataille, c'est « lui servir de miroir et lui abattre la rosee. » Faire campagne à la fin de l'hiver, c'est « marcher sur les dernieres neiges. » Ce qu'il a dit de ses épigrammes, qu'elles « sentaient un peu la mesche et la poudre » est vrai de tout ce qui sort de sa plume, prose ou vers.

L'amiral des côtes de Saintonge se trahit aussi fréquemment : « Dieu a conduit mon petit vaisseau à baisser la voile et terrer au Havre de Grace ; » « Nous avons besoin de pilotes de tempeste et non pas d'eau doulce ; » Notre amitié a jeté ses ancres sur le roc asseuré de la vertu ; « Une tranquillité de duree et non un nid d'alcyons ; » d'Aubigné, qui ne connut jamais le repos, aime beaucoup cette dernière image.

Il énonce certains principes de conduite sous forme d'axiomes expressifs qui sont de petits tableaux : « Les chiens ne cognoissent plus celuy qui leur porte le pain, quand les veneurs ouvrent la porte du chenil ; » « J'ay appris aux escuries que les chevaux de bon espron ne laissent pas d'avoir la bouche bonne et estre de facile arrest ; » « Il faut ouvrir la gueule au bœuf qui a foulé le grain ; » ou encore, « Un excellent medecin, auquel on apporte l'urine de loin, (ne vaut pas) un moindre, qui voit l'œil du malade et qui taste son poulx. »

Est-il besoin de dire qu'un tel écrivain cultive l'antithèse et la cultive à outrance ? Ce sang, qu'il a vu couler en tant de combats, ne l'inspire pas toujours mieux que Théophile, Brébeuf, Corneille, et autres poètes postérieurs, dont le dix-septième siècle n'avait pas encore affiné le goût. D'Aubigné, et ici c'est l'historien que nous citons, écrira : « Le sang qui a signé la guerre n'est pas encore sec par les champs, et aussi peu seiche l'ancre qui vient de signer la paix [1]. » Antithèse énergique, mais d'un goût douteux et que nous signalons à l'indignation des puristes, non moins que ces jeux de mots par allitération : « On est venu des ergos aux fagots et puis des arguments aux armements ; » « Les erreurs degenererent en horreurs ; » « Les distinctions (subtiles) sont exstinctions de la verité. » Il opposera trop complaisamment les mots « ouvertement et cou-

1. *Histoire universelle*, t. II, col. 861.

vertement, » « travailler du pic et de la pique, etc. »

D'Aubigné affecte volontiers le pluriel des substantifs abstraits ; il écrira : « vos hardiesses, vos prudences, des magnanimités, tant de constances esmerveillables, les succés de nos attentes, les franchises et severitez de mon village. » S'il abuse de ces formes, nous reconnaissons qu'elles donnent souvent à la phrase une grande et fière allure.

Qu'on nous pardonne ces citations un peu nombreuses dans une étude où nous avons négligé de parti pris le côté purement philologique [1] ; elles étaient nécessaires pour donner une idée du caractère de son style. Si la langue de d'Aubigné a échappé au pédantisme érudit de la Renaissance par cette luxuriante imagination qui tire ses expressions non des livres, mais de la nature, de la vie courante, du champ de bataille, de tous les métiers, n'allons pas jusqu'à prétendre que son style ne soit pas fortement imprégné de latinisme [2]. D'Aubigné ne serait point de son siècle ; mais, quoique

---

1. Nous avons, dans notre préface, énoncé l'espoir de publier un jour un glossaire de la langue de d'Aubigné. Toutes les questions philologiques trouveront leur place dans ce volume.

2. Citons pour exemples ces mots non créés, mais employés par d'Aubigné :

Cunctation, impetrer, velitation (*velites*) vanités *alienes,* fils *degeneres, paré* (*paratus* ou plutôt *par*) à toutes les volontés, lignee *supposee* (*supposita de prole creatum,* Virgile). De tout point *adunés* (unis comme un seul, *ad unum*). La *salvation* de Genève, *carmes* (*carmina,* vers), *immunes* (*immunis,* exempt), front *tetric* (*tetricus,* sévère), *aree* (*aratrum*). labourée, subst. *Inferies* (*inferiæ*), sacrifices expiatoires. *Exercites* (*exercitus*), armees. *Union* (*unio,* grosse perle). Les emprunts faits à la langue grecque sont un peu moins fréquents, *autochire,* αὐτόχειρ (t. IV, p. 35) ; *discratie,* δυσκρασία (t. IV, p. 33) ; *astorge,* ἄστοργος, sans pitié (t. Iᵉʳ, p. 6) ; *elenche,* ἔλεγχος, preuve (t. Iᵉʳ, p. 745) ; etc., etc.

nourri de grec et de latin, il n'en hérisse pas sa
prose et ses vers. Nul des écrivains du seizième siècle
n'a autant que lui dédaigné le lourd bagage de l'érudition classique. Sa verve et sa puissante originalité en
eussent été encombrées, il est trop riche de son propre
fond pour emprunter même aux anciens. C'est un érudit, qui se dissimule toujours sous la casaque du soldat ;
il a tenu plus longtemps et plus volontiers l'épée que
la plume ; n'oublions pas cependant « qu'il lisoit aux
quatre langues à six ans. »

CHAPITRE IV

A seize ans d'Aubigné adressait sa première pièce de vers à M. de Ronsard [1]. Comme toute la France il a admiré, envié le chef de la Pléiade ; mais, bien que son disciple en sa jeunesse, d'Aubigné, même dans son *Printemps,* dans ce qu'on pourrait appeler ses *Juvenilia,* n'a point autant *ronsardisé* qu'on le pourrait croire dans l'acception ordinaire de ce mot [2].

[1]. Ce ne sont pas même ses premiers vers, car, en nous avouant la jalousie que lui inspirait cette renommée : « Je n'entans que Ronsard, Ronsard et sa louange », il confesse que ce mauvais sentiment lui fit un jour « deschirer dix feillets, les premiers de son livre ». (*OEuvres complètes,* t. III, p. 207.)

[2]. Ronsard a définitivement succombé sous l'arrêt de Boileau, et « sa muse en français parlant grec et latin » n'a pu être réhabilitée par les efforts des Sainte-Beuve, des Blanchemain et de quelques fervents admirateurs du poète vendômois. Bien que la sentence nous paraisse sans appel, nous voudrions rappeler ici qu'on n'a pas assez distingué entre l'auteur des *Discours, Stances* et autres grands vers, dont la langue est presque toujours claire, facile, vraiment française, et le *lyrique* qui, voulant enrichir et renouveler l'idiome poétique, a, suivant le conseil de Joachim du Bellay, « pillé sans mesure les sacrez thresors du temple delphique. » Qu'on ne l'oublie pas, Ronsard, dans son *Abbregé de l'art poetique,* défend, aussi bien que H. Estienne, la langue nationale contre les tentatives de violente intrusion :

Nous ne voudrions point surfaire la valeur des œuvres exhumées par nous de la bibliothèque de Bessinges, et nous avouons en toute sincérité que si le tome Ier, rempli par la correspondance de notre écrivain, renferme des révélations curieuses, des documents historiques intéressants, des pages d'une admirable éloquence [1], le tome III, qui contient l'*Hécatombe*

« Tu ne rejetteras point les vieux mots de nos romans, ains les choisiras avec mesure et prudente election. Tu practiqueras bien souvent les artisans de tous mestiers, comme de marine, venerie, fauconnerie et principalement les artisans de feu, orfevres, fondeurs, mareschaux... Tu sauras dextrement choisir et approprier à ton œuvre les mots les plus significatifs des dialectes de nostre France, quand mesmement tu n'en auras point de si bons ny de si propres en ta nation ; et ne se faut soucier si tes vocables sont gascons, poictevins, normands, manceaux, lionnais, ou d'autres païs, pourvu qu'ils soient bons et que proprement ils signifient ce que tu veux dire, sans affecter par trop le parler de la Cour, lequel est quelquefois trop mauvais pour estre langage de Damoiselle et de jeune Gentilhomme. » Montaigne, lui non plus, ne craignait pas le mot « du cru de Gascoigne, » quand il tombait de sa plume exprimant bien sa pensée. D'Aubigné a rendu au maître de sa jeunesse le même témoignage en termes significatifs. Voici le langage qu'il prête au « bonhomme Ronsard » en sa préface des *Tragiques*. (*OEuvres complètes*, t. IV, p. 6.) « Mes enfants, deffendez vostre mere de ceux qui veulent faire servante une Damoyselle de bonne maison. Il y a des vocables qui sont françois naturels, qui sentent le vieux, mais le libre françois... Je vous recommande par testament que vous les employiez et deffendiez hardiment contre des maraux, qui ne tiennent pas elegant ce qui n'est point escorché du latin et de l'italien, et qui aiment mieux dire *collauder*, *contemner*, *blasonner* que *loüer*, *mespriser*, *blasmer*. Tout cela c'est pour l'escolier de Limosin ». Qu'il y ait eu chez Ronsard un double courant, grec et latin d'une part, gaulois et français de l'autre, que le premier ait, chez le lyrique, submergé le second, que le poète ait, un instant, comme le dit la Bruyère, détourné, retardé la langue, cela se peut ; mais on voit combien est injuste la sentence de Boileau, combien Ronsard eût protesté avec indignation contre le juge qui l'a condamné sans appel, pour avoir, par principe et de parti pris, « en français, parlé grec et latin. »

1. On peut voir particulièrement les lettres adressées *au Roi*

à *Diane* et, sous le titre de *Printemps*, des poésies de toutes sortes, *Stances, Heroïdes, Elegies, Sonnets, Chansons*, etc. (sans compter un poème didactique en quinze chants, la *Creation*), n'augmentera guère la gloire du poète des *Tragiques*. D'Aubigné semble un peu de cet avis, mais il ne faudrait pas trop le prendre au mot. « Tout en parlant avec dédain, disions-nous dans notre *Introduction* aux *Œuvres complètes* (tome Ier, p. xviii), des poésies qu'il a « autrefois brouillees en sa jeunesse, » le poète n'en témoigne pas moins une certaine faiblesse pour ces premiers essais auxquels il trouve « quelque fureur qui sera agreable à plusieurs. » En dépit de l'arrêt brutal dicté plus tard par le poète vieilli aux héritiers des manuscrits : *ure, seca*, (*brûlez, coupez*), ces mots de l'auteur lui-même prouvent qu'il n'en eût pas réprouvé la publication [1].

D'Aubigné est un homme d'impression ; son style, sa prose, et surtout ses vers, ont subi l'influence de toutes les situations, de tous les milieux, de tous les âges qu'il a traversés. D'abord disciple attardé de Ronsard, avant de trouver sa veine, au milieu de quelques lueurs de sentiment, il a débuté par entasser dans son *Printemps* les miévreries et les recherches des poètes de la Pléiade [2]. Mais, croyant et passionné, il

(Louis XIII) et *aux Princes et Grands du royaume*. (*Œuvres complètes*, t. Ier, p. 501 et 611.)

1. Un manuscrit de *l'Hécatombe à Diane*, d'une écriture très-soignée, portant quelques corrections de la main de d'Aubigné, était évidemment destiné par lui à l'impression. On trouve même dans ses papiers le brouillon d'une table, sorte d'ébauche d'une classification définitive. Nous en pouvons dire autant du manuscrit de la *Correspondance* qui a formé la plus grande partie du tome Ier des *Œuvres complètes*.

2. D'Aubigné se moquait plus tard de ces mignardises du siècle passé : « Ma persécution, écrivait-il à Mme de Rohan, me

ne saurait soupirer longtemps ses amours dans cette langue d'emprunt, molle et artificielle. Esprit véritablement gaulois, il est né satirique. Comme la haine du mal enfante l'hyperbole et que l'indignation fait le vrai poète, en pleurant sur les martyrs de la foi et sur les misères de la France, en flétrissant la corruption florentine, il donne carrière à « son satirique Demon » avec une furie vengeresse [1] que nul poète français n'avait encore atteinte et n'a jamais dépassée. — Avant notre siècle, nous n'avons qu'un grand satirique politique, c'est d'Aubigné. Que les éclairs sortent d'une nuée épaisse, c'est la condition de tous les orages ; les éclairs d'un ciel serein ne sont jamais qu'un pâle et lointain reflet. Le poète, dans ses *Tragiques*, se dédommage par avance de la sagesse que s'impose l'historien. Il maudit, il stigmatise, il couvre d'opprobre et déshonore des victimes que l'on serait tenté de prendre en pitié ; et pourtant, le poète nous les fait si bien haïr, que, quand nous les retrouvons, devenues ses justiciables dans l'*Histoire*, nous reprocherions presque à l'historien son impartiale longanimité.

faict souvenir des tiltres de *douces rigueurs*, de *belle meurtrière* et de *favorable mort*, que nous apliquions autrefois à nos maistresses du siecle. » (*Œuvres complètes*, t. Ier, p. 396.) D'Aubigné sent pourtant qu'il est resté homme du seizième siècle. Dans sa vieillesse, il se méfie de son style archaïque et fait passer un petit factum « au rabot de Paris. » Il demande qu'on le corrige « au style du siecle et de Paris. » (*Œuvres complètes*, t. Ier, p. 303 et 304.) Peut-être quelque ironie se cache-t-elle sous cette modestie apparente ; néanmoins, Saintongeois, huguenot, réfugié à l'étranger dès 1620, écrivain d'un autre âge, d'Aubigné a conscience de ne plus parler la même langue que Paris et la cour de la Régente.

1.   Pensez que l'on ne peut reprendre
             Toutes ces fureurs sans fureur ?

(*Œuvres complètes*, t. IV. Préf. des *Tragiques*, p. 25.)

Veut-on sentir au vif combien la verve enfiévrée du satirique diffère de la mesure que s'impose l'historien? Que l'on compare dans les *Tragiques* et dans l'*Histoire* le portrait de Henri III :

« Le geste efféminé, l'œil d'un Sardanapale[1], »

donnant à ceux qui le voient l'idée

« En la place d'un Roy, une p..... fardée,
. . . .
Si, qu'au premier abord, chacun estoit en peine
S'il voioit un Roy femme ou bien un homme Royne ! »

Admirable développement du « *semivir* » de Virgile, immortelle flétrissure imprimée au front du Valois, du roi des *Mignons*, par l'indignation puritaine du poète huguenot. A l'historien, il suffira de faire comprendre que le roi n'a tenu aucune des promesses du prince, d'autant plus coupable d'avoir perverti des dons naturels : C'était « un prince bien disant, d'agreable conversation avec les siens, amateur des lettres, liberal par delà tous les rois, courageux en jeunesse et lors desiré de tous ; en vieillesse, aimé de peu, qui avoit de grandes parties de Roi, souhaité pour l'estre, avant qu'il le fust, et digne du royaume, s'il n'eust pas regné : c'est ce qu'on en peut dire en bon François. » Ainsi, tandis que dans son poème, d'Aubigné s'abandonne à « la passion partisane » et avoue qu'avant tout, il a voulu « esmouvoir; » dans l'*Histoire*, s'inspirant d'un souvenir de Tacite jugeant Galba, il se borne au rôle de narrateur équitable et impartial. Il croirait manquer au devoir « d'un bon François » en n'adoucissant pas les traits par gravité, pudeur, respect de soi-même et de la majesté royale[2].

1. *Tragiques*. Princes, v. 698 et suiv.
2. D'Aubigné, dans le *Sancy*, rappelle avec un cynisme sans

Ne demandons pas la modération aux poètes vengeurs qui écrivent à l'adresse de la postérité des *Tragiques*, des *Némésis*, des *Châtiments*. Horace, le sage Horace lui-même, semble excuser les violences d'Archiloque. Permettons à ces justiciers de s'enivrer en leur propre fureur, de dépasser dans leurs audaces Juvénal et Pétrone. Ne paient-ils pas d'ailleurs assez cher leur triomphante immortalité ? Car le goût imprescriptible conserve ses droits. En méconnaissant cette loi que la mesure est peut-être la seule véritable force, en oubliant que l'invective continue risque de fatiguer le lecteur et de discréditer le poète, ils savent, ces illustres et sublimes insulteurs, que, s'ils enlèvent d'enthousiastes admirations, ils ne gagneront jamais complètement le suffrage des délicats. Le groupe de Laocoon est un chef-d'œuvre ; ces efforts désespérés, ces muscles tendus, ces visages contractés, cette effroyable agonie, en nous associant péniblement aux tortures de trois victimes, nous font admirer le génie de l'artiste, mais nous ne tardons pas à détourner le regard d'un pareil spectacle de douleur physique et morale ; l'âme éprouve bientôt l'impérieux besoin de se reposer du tableau qui la trouble et remue trop profondément.

M. Sayous[1] a justement apprécié le style des *Tragiques*, en condamnant « les périodes empêtrées, les ellipses inouïes, les digressions, les sens rompus et mal renoués qui font souvent de telle de ses pages un

---

frein les déportements de Henri III et de sa cour. (1ʳᵉ partie, ch. VIII. *Des reliques et devotions du feu Roy.*) En sorte qu'on pourrait établir, par une sorte de gradation, que d'Aubigné est équitable et mesuré dans son *Histoire,* audacieux et libre dans son poème, cynique et graveleux dans son pamphlet.

1. *Etudes littéraires sur les écrivains français de la Réformation.* 2 vol. in-8°, par A. Sayous (1841), t. II, p. 221.

dédale inextricable au milieu duquel la pensée fuit, échappe à la vue et disparaît quelquefois pour ne plus reparaître ; » mais, ajoute le critique, reconnaissant le génie du satirique : « un peu plus loin, et même au plus épais du labyrinthe, on retrouve tout à coup le poète avec son vers d'airain, ses hardies et fortes images, son trait de feu et ses coups de massue. »

D'Aubigné a conscience de ses obscurités, mais il aime mieux solliciter la patience de ses lecteurs et leur recommander plusieurs lectures que s'imposer à lui-même un sérieux travail de correction[1]. Deux éditions des *Tragiques* ont paru de son vivant ; le manuscrit de Bessinges (tome VII) a été imprimé par M. Ch. Read en 1872[2], et dans notre édition en 1877[3]. La

---

1. « Ce qui nous fachoit le plus, c'estoit la difficulté de luy faire relire. » (Les *Tragiques*, Aux lecteurs, p. 6.)

> Correcteurs, je veux bien apprendre]
> De vous, je subiray vos loix,
> Pourveu que pour me bien entendre
> Vous me lisiez plus d'une fois.

(*Aux critiques*. Quatrain placé en tête des *Petites œuvres meslees. Œuvres complètes*, t. III, p. 270.)

2. Paris. Librairie des bibliophiles, 1872. M. Lud. Lalanne avait aussi donné antérieurement une édition des *Tragiques*. (Paris, Jannet, 1857.)

3. M. le pasteur Theremin, qui fut longtemps le vigilant gardien des richesses de Bessinges, ce qui ne l'empêchait pas de témoigner une affectueuse complaisance aux travailleurs sérieux, a bien voulu collationner pour notre édition, vers par vers, le volume des *Tragiques*, tandis que nous prenions, avec M. Fr. de Caussade, copie des autres manuscrits inédits. Pendant ce temps, M. G. Masson, l'éminent professeur de littérature française au Collège anglais de Harrow on the hill, relevait pour nous les variantes intéressantes de l'exemplaire du British Museum, manuscrit envoyé par la veuve de d'Aubigné à son frère Phil. Burlamachi, établi à Londres. Bien d'autres *collaborateurs* ont secondé nos recherches, auxquels nous avons payé dans notre *Introduction aux Œuvres complètes* un trop rapide et incom-

comparaison de ces diverses éditions permet de remarquer que le poète ajoute des vers, et modifie son œuvre plutôt qu'il ne la corrige et ne l'amende. Ce n'est pas à d'Aubigné qu'on pourrait reprocher que ses écrits sentent l'huile ; aussi bien, il est malaisé de polir « des paperasses crottees et deschirees, » écrites « à cheval ou dans les tranchees, » de limer un poème qui a été le fruit d'une fiévreuse inspiration. Les titres mêmes de cette épopée du Calvinisme, *Feux, Fers, Vengeances*, etc., trahissent l'exaltation du satirique. Ces malédictions sont le cri d'une âme troublée, parfois hallucinée, mais à laquelle la passion dicte des vers sublimes. Dante peignant le supplice des réprouvés a-t-il trouvé un vers plus expressif que d'Aubigné qui ne voit sortir de l'enfer

« Que l'éternelle soif de l'impossible mort ? »

Et quelle plus rayonnante peinture du bonheur des élus expliquant eux-mêmes leur divine extase :

« Car nous sommes vestus de splendeur eternelle ! »

Ces vers d'une sublime et simple beauté ne sont pas une heureuse rencontre. Le poète a souvent de ces inspirations, de ces coups d'ailes tout puissants, mais son goût ne distingue pas entre le *terrible* et le *hideux*. Parmi les bûchers, les cris d'angoisse, les flots de sang versé, il trouble et épouvante son lecteur plutôt qu'il ne le touche et ne l'émeut. Toutefois, au milieu de ces épouvantements, de ces malédictions infernales, le satirique, subitement ras-

plet tribut de gratitude. Ils savent que, si nous n'avons pas fait mieux, c'est que nous avons été brusquement interrompus dans le cours de notre publication.

séréné, soupire parfois quelque vers d'une tendre mélancolie qui semble une brise rafraîchissante. Est-ce
là un effet de contraste habilement ménagé par l'artiste,
quelque chose comme la science des demi-teintes, des
clairs-obscurs, ou plutôt des tons poussés au noir, qui
font saillir la pleine lumière ? Nullement ; ce sont
des cris arrachés à l'âme même du poète-soldat, du
sectaire farouche, du mystique rêveur ; et ses violentes
antithèses ne semblent que l'expression prime-sau-
tière d'un esprit tour à tour agité de sentiments
divers, en proie à toutes les émotions qui peuvent
secouer une poitrine humaine. Jamais l'art ne conduit le poète, la passion seule l'entraîne et trop
souvent l'égare.

Cette variété d'accents et de tons n'apparaît pas
seulement d'une œuvre à l'autre ; mais, dans le même
ouvrage, toujours sincère en ses élans, l'auteur des
Tragiques, tour à tour déverse un fiel amer et brûlant
ou répand des larmes de compassion. Il est à remarquer que les premiers livres sont plus satiriques, les
derniers plus mystiques et religieux. En ce poème, si
étrange, si riche, si rempli qu'il déborde et contient
la matière de sept poèmes, le dernier livre du *Jugement*,
où le poète, enivré de colère et de foi, va chercher
l'Eternel jusque dans la profondeur des cieux[1], ne
s'inspire-t-il pas du plus ardent mysticisme ? Le satirique s'est transformé en prophète vengeur, et, s'il
s'arrête de chanter, c'est que

Extaticque (il) se pasme au giron de son Dieu !

Nous avons déjà signalé dans la *Lettre à Madame*,

1.   Baisse donc, Éternel, tes hauts cieux pour descendre !
(*Tragiques, Jugements*, v. 1.)

sœur du Roi, de véritables effusions mystiques, un souffle enflammé de poésie biblique, et, ce qui peut surprendre, ces accents religieux se concilient, jusqu'en son extrême vieillesse, avec l'esprit satirique et gaulois de l'écrivain. Dans la première *Méditation*[1], l'auteur s'excuse de la contrainte qui s'y manifeste, sur ce que le Roi lui avoit mandé de « deposer son humeur cynique et de faire quelque piece sur les douceurs de la Paix. » L'année même de sa mort, il édifie et scandalise tour à tour le Conseil de Genève par le recueillement de ses *Meditations* et la crudité gauloise de son *Baron de Fæneste*[2]. Encore faut-il, on l'a vu, qu'une injonction royale prescrive au philosophe religieux une modération qui lui pèse comme un joug.

Mais avec quel plaisir il s'est dédommagé et affranchi de toute contrainte dans son *Baron.* Jadis la muse des *Tragiques* châtiait avec emportement les mignons de cour, raffinés d'honneur, singes efféminés, mais dangereux, du Valois leur maître. Le blessé de Castel-Jaloux traçait ses premiers vers vengeurs à vingt-

1. Les *Méditations* font partie du volume des *Petites œuvres meslees,* publié l'année même de la mort de l'auteur, et dont un premier tirage avait eu lieu en 1629. (Voir édit. des *Tragiques* de M. Ch. Read. Paris, 1872, Avant-propos, p. xv.)

2. Voir (p. 72 de notre *Etude*) le fragment d'une lettre adressée par la veuve de d'Aubigné, Renée Burlamachi, à l'un des gendres de son mari, M. de Villette. Bien qu'il soit difficile de s'appuyer sur l'autorité de la Beaumelle, ce passage a un certain caractère d'authenticité. Le fait qu'il rapporte est d'ailleurs incontestable : nous savons que l'imprimeur Pierre Aubert fut condamné à la prison et à l'amende pour avoir imprimé *Les avantures du baron de Fæneste,* et d'Aubigné, mandé en l'auditoire par MM. les scholarques et autres seigneurs, sévèrement réprimandé. On le voit, si l'on usait de quelques égards envers l'auteur, la liberté dont il jouissait à Genève n'était que relative. La cité calviniste était loin d'abdiquer ses droits de rigoureuse censure.

cinq ans. Aujourd'hui le satirique, plus que sexagénaire, ne daigne plus s'irriter ; il se contente de bafouer un Fæneste, hobereau gascon, affamé, copiste maladroit des galants et des raffinés, qui n'ayant que la cape et l'épée, n'ose user de son épée, type grotesque de ces gentillâtres bavards, poltrons, ignorants, venus des bords de la Garonne, pour chercher fortune dans la domesticité des grands seigneurs à la cour de la Régente. Panache, bottes, éperons, poignard, épée, rien ne lui sert que pour *paraître*. Enay, au contraire, est le modèle de ces braves huguenots de l'ancien régime, qui, sans grand profit pour eux, ont porté leur maître d'au delà des rives de Loire au trône de France, qui ne paient guère de mine, mais préfèrent l'*être* au *paraître*. Enay offre une généreuse hospitalité au famélique gascon ; il est vrai qu'il la lui fait payer d'une grêle de railleries que Fæneste ne comprend pas, ou fait semblant de ne point comprendre : ventre affamé n'a point d'oreilles.

Que le patois gascon[1] du *Baron* soit une invention médiocre, que ce jargon, malgré sa clarté, ait pu nuire au succès du roman[2], cela se peut, mais quelle mine

---

1. Sauf l'introduction de quelques mots du crû, ce patois consiste presque tout entier dans la substitution de l'*y* au *j*, du *v* au *b* et vice versa et de l'*ou* à l'*e*, etc. — Fæneste dit *signur* pour *seigneur*, *lou* pour *le*. D'Aubigné a inséré dans ces dialogues quelques contes en patois poitevin et saintongeois d'intelligence plus difficile.

2. P. Mérimée dit au contraire, dans la préface de son édition du *Baron de Fæneste* (p. xviii), que ce genre de comique était alors fort goûté, et s'appuie sur l'exemple des comédies de Molière pour prouver que la mode en dura assez longtemps. Il est trop facile de répondre que le patois des paysans de Molière est plus clair, et n'est qu'un accident comique, loin de se prolonger dans un roman de trois cents pages. D'ailleurs le public parisien

abondante de contes plaisants et racontés avec une légèreté d'allure qu'on n'attendait pas de la férule un peu lourde de d'Aubigné ! Dans ce cadre anecdotique et romanesque reparait le controversiste. Le gentilhomme protestant ne perd pas l'occasion de remporter de faciles victoires théologiques sur un convive qui, en défendant mollement les miracles, la messe et les reliques, tient moins à triompher qu'à réparer longuement les brèches de son estomac. Dans ce roman, aussi bien que dans le pamphlet du *Sancy*, d'Aubigné nous apparaît comme un véritable ancêtre de Voltaire. C'est la même verve, le même esprit dans la polémique religieuse, assaisonné d'un sel plus grossier [1].

La contradiction entre des œuvres si diverses n'est qu'apparente. Le double caractère persistant de l'homme et de l'écrivain est le génie oratoire et satirique et le dogmatisme religieux. Ce dogmatisme éclate tantôt dans une controverse sérieuse et éloquente, plus volontiers encore dans une polémique satirique. C'est une des originalités de d'Aubigné que

auquel s'adresse notre grand comique était déjà plus instruit, plus intelligent que les lecteurs de d'Aubigné, vers 1617 et 1620.

1. Remarquons en passant que d'Aubigné emploie fréquemment un des procédés de satire familiers aux auteurs de *la Ménippée*, celui qu'on pourrait appeler : *la confession involontaire*. Dans cette dernière, Mayenne jure ingénuement « qu'il a toujours preferé sa conservation à la cause de Dieu ; » le recteur Roze se vante d'avoir fait des classes un désert et un pàturage où mugissent les bestiaux, etc., etc. ; de même Sancy déclare « qu'il a suivi son but et n'a changé que de moyens. » (deuxième partie, ch. v) Fæneste, à chaque instant, voulant prouver son courage, découvre sa couardise. Tous ces personnages, croyant se louer ou se justifier, se couvrent de ridicule ou d'opprobre. Ce genre d'ironie produit les effets les plus comiques en mettant en scène des victimes qui se flagellent elles-mêmes impitoyablement.

cette piété exaltée et profonde qui se concilie avec la gaieté, avec une franchise téméraire, avec une verve parfois bouffonne et cynique [1]. L'esprit gaulois, celui du nord, et l'esprit romain, ou méridional, diffèrent du tout au tout. Pour le premier, l'honneur, la vertu sont une force qui réside en la conscience et se traduit en actes, sans nul souci du respect humain dans les paroles ; le second tient plus au masque qu'au visage, fuit le scandale encore plus que le vice ; c'est toujours le contraste de Fæneste sauvant les apparences, d'Enay n'attachant de prix qu'à la réalité.

L'esprit d'invention que nous avons déjà signalé chez d'Aubigné s'est porté sur la versification et la prosodie française. S'il n'a pas inventé les *vers mesurés* [2] (c'est-à-dire le système métrique substitué au système syllabique), il s'y est du moins essayé après une discussion sur ce sujet avec La Nouë et Rapin et un défi porté par ceux-ci à notre auteur. Sans pouvoir entrer ici dans le détail d'une question technique, disons qu'il nous semble avoir raison contre eux en soutenant que « nul vers mesuré ne pouvoit avoir grace sans les accents non seulement d'eslevation, mais de production, et que la langue françoise ne pouvoit souf-

---

1. Il est telle des épigrammes de d'Aubigné qui n'est qu'ordurière. Les éditeurs des *Œuvres complètes* ont pu regretter que la curiosité exigeante de l'érudition contemporaine ne leur permit guère de supprimer quelques pièces et quelques rognures, auxquelles la réputation de l'auteur n'avait rien à gagner. Tel était l'avis de M. Athanase Coquerel et tel eût été aussi le nôtre, si nous ne savions combien il est difficile de s'arrêter, une fois qu'on s'est engagé dans cette voie de suppressions et d'*expurgations* arbitraires.

2. D'Aubigné se rappelle les premiers vers d'un nommé Mousset qui avait mis en vers de cette forme l'*Iliade* et l'*Odyssée* tout entières. (*Œuvres complètes*, t. Ier, p. 454.)

frir sans estre ridicule ce dernier des accents.» Baïf avait,
un des premiers, tenté d'introduire une alliance étroite
entre la musique et la poésie, en les soumettant l'une et
l'autre aux mêmes lois mélodiques[1].» A lire les pièces
de vers mesurés composées par d'Aubigné, on se confirme dans l'opinion qu'il les a justement condamnés
et eût pu les supprimer sans grand dommage pour sa
gloire. Il conclut que « tels vers de peu de grace à les lire
et prononcer, en ont beaucoup à estre chantés, comme
il a véu en des grands conserts faits par les musiques
du Roy[2].» C'est sans doute pour ce motif que, malgré
ces critiques, il leur a fait grâce. La Noüe attaque encore d'Aubigné sur l'article de la musique. Ce dernier
est accusé d'aimer trop « à paistre la partie sensuelle, »
de se plaire « au gros bruit. » Reproche qui ne nous
surprend pas trop, car notre mélomane est avant tout
un soldat et un batailleur et il ne s'en défend que mollement[3]. Rien chez lui ne trahit l'artiste et la délicatesse de goût.

D'Aubigné, toujours en quête d'innovations, est
encore avec Louis Megret, Jacques Pelletier, P. Ramus
et Antoine de Baïf, parmi les novateurs qui rêvèrent de
substituer à l'orthographe étymologique l'orthographe
de prononciation. Entre divers avantages, il y voit celui

1. Jodelle a fait également quelques essais de ce genre. Voir
Poésies choisies de J. A. de Baïf, par Becq de Fouquière. 1 vol.
Paris. Charpentier 1874, p. xvi.
2. Poésies religieuses et vers mesurés. L'autheur au lecteur.
OEuvres complètes, t. III, p. 273.
Lettres à La Noüe, t. 1er, p. 465; et à M. Certon, t. 1er, p. 453.
3. La première de ces lettres est assez curieuse pour les artistes. Ils y verront, par exemple, la composition d'un « excellent
concert » et le genre et le nombre des instruments en usage : « gui-
tare, douze violes, quatre espinettes, quatre luts, deux pandores
et deux tuorbes. »

« d'espargner aux estrangers le tiers de leur labeur. »
Il faudrait, pense-t-il, l'autorité d'un roi savant et d'un
excellent chancelier secondé des méilleurs parlements.
D'Aubigné se trompe doublement : le souci de la prononciation, si différente de province à province, à
cette époque surtout, ne pouvait que compliquer les
difficultés orthographiques ; chaque province aurait
eu son orthographe, comme elle avait sa prononciation. D'autre part, un roi et son chancelier peuvent,
du jour au lendemain, interdire d'écrire des actes en
latin, ordonner de les rédiger en français, mais leur
autorité échouerait devant une réforme orthogra-
phique. De pareilles révolutions ne se décrètent pas ;
c'est l'usage, ce souverain maître, comme l'a dit Horace, qui les accomplit peu à peu.

CHAPITRE V

D'Aubigné, nous l'avons dit, malgré sa profonde
admiration pour de Thou, ne pouvait s'empêcher
de lui reprocher d'avoir sacrifié les capitaines à « la
trop ennuyeuse recerche des hommes de lettres de
son temps[1]. » Il consent qu'on rende cet honneur « aux
Scaligers, aux Turnebe et gens de telle marque, mais
non à une autre classe de plus obscure condition. » De
tout temps, on a vu les hommes d'action, qui se sont
illustrés par la plume en même temps que par l'épée,
affecter le dédain des lettres et de leurs propres ouvrages, et ne les regarder que comme l'amusement de
leurs loisirs ou le passe-temps de leur vieillesse. Notre
historien, qui retrace tant de récits pour l'apprentissage
des gens de guerre, a donc été d'une déplorable sobriété
à l'égard des gens de lettres, ses contemporains. Il
n'en parle que par hasard et pour ainsi dire en passant.

« C'est, écrit d'Aubigné, ce que me dit un jour

1. Préface de l'*Histoire,* p. 3.

Michel Montaigne, assavoir que les pretendans à la couronne trouvent tous les eschelons jusques au marchepied du throsne et petits et aisez, mais que le dernier ne se pouvoit franchir pour sa hauteur[1]. » Quelle curieuse échappée sur la conversation de deux grands esprits, l'un catholique sceptique, l'autre ardent réformé ! Comme une seule image expressive et frappante nous fait regretter le laconisme de l'un des deux interlocuteurs !

Pibrac[2] a l'honneur extraordinaire de cinq mentions. On s'est habitué à regarder comme un bonhomme naïf le versificateur qui a rimé les *Quatrains moraux*. Tel ne nous le représente pas l'auteur de l'*Histoire*, mais comme un orateur politique que la cour réserve pour les plus difficiles conjonctures[3]. Alors il se rend « merveilleux en delicatesse de langage, expert en ses termes, subtil en raisons, le tout fortifié d'exemples agreables, » rapportés de son voyage en

---

1. *Histoire universelle*, t. III, col. 402.

2. Une ridicule passion, autant au moins que les devoirs de sa charge, attachaient le chancelier Pibrac à la personne de Marguerite de Navarre.

M. E. Cougny a consacré une série de notices intéressantes à plusieurs écrivains du seizième siècle : *Fr. Hotoman* (Paris, E. Thorin, 1874); *le capitaine Fr. de la Noue* (Paris, Durand, 1872); *Pibrac, sa Vie et ses Ecrits* (Versailles, Aubert, 1869), etc. Dans cette dernière, M. E. Cougny cherche à justifier l'auteur des *Quatrains moraux* de deux reproches, sa passion pour la reine de Navarre, son apologie du masacre de la Saint-Barthélemy. Nous voudrions, pour la mémoire de Pibrac, que son biographe l'eût aussi bien excusé du second grief que du premier. L'auteur présumé du *Divorce satyrique*, bien qu'animé de sentiments opposés, le dut voir fréquemment à une certaine époque. De là sans doute les nombreux et bons rapports de d'Aubigné et de Pibrac.

3. Il a été fort estimé de tout son siècle ; Est. Pasquier l'appelle : « Ce personnage tant recommandé par la France. »

Pologne, à la suite de Henri III. Déjà, en cette expédition, il s'était montré « le plus eloquent et elegant que nostre siecle ait porté, et le mieux accommodant le geste et la grace aux paroles triees[1]. » Il n'est pas dans toute l'*Histoire* un orateur ou un écrivain mieux traité.

Les renseignements de d'Aubigné, en ces matières littéraires comme en d'autres, sont parfois inexacts ou incomplets. Après avoir estimé à sa juste valeur *le Catholicon d'Espagne* ou *Menippee*, en l'appelant « la plus excellente satyre qui ait paru de (son) temps[2], » et la déclarant « la plus grande playe qu'ayent reçeu les Liguez[3], » il l'attribuera tout entière à un aumônier du cardinal de Bourbon, sauf quelques vers qu'il laisse à Rapin. Or, on sait que Pierre Le Roy, chanoine de la Sainte-Chapelle et secrétaire du cardinal de Bourbon, fut en effet l'instigateur de *la Menippee*, mais aussi que Jacques Gillot, Jean Passerat, Florent Chrestien, Pierre Pithou, ont collaboré à ce chef-d'œuvre, ces deux derniers, très favorables aux doctrines de la Réforme, qu'ils paraissent même avoir un instant professées[4].

1. *Histoire universelle*, t. II, col. 675.
2. *Histoire universelle*, t. III, col. 353.
3. *Histoire universelle*, t. III, col. 402.
4. Voir la *Satire en France au seizième siècle*, de Ch. Lenient, qui a résumé et apprécié avec un esprit et une verve dignes des auteurs eux-mêmes ce spirituel pamphlet de *la Menippee* (t. II, p. 125-149.) Voir également l'édition de *la Satyre Menippee* de M. Ch. Read (Paris, libr. des bibliophiles, 1876), qui a relevé (p. 310) sur un exemplaire de la bibliothèque de l'Arsenal (n° 5892) cette note manuscrite, laquelle paraît émaner d'un contemporain bien informé : « L'autheur, ou au moins celuy qui a eu le premier dessein du *Catholicon d'Espagne*, (premier jet de *la Ménippée*), a esté un petit homme nommé M. Le Roy, aumosnier et chappelain du cardinal de Vendosme, qui a esté chanoine de la Saincte-Chapelle à Paris, qui est mort aveugle, de vieillesse, chanoine à Rouen, l'an 1627.
Rapin n'a du tout fait que les vers latins, et Passerat, les

D'Aubigné insiste un peu plus sur les écrits qui ont une portée politique ; ce sont même les seuls auxquels il daigne consacrer quelques lignes et nous ne saurions l'en blâmer, car, tout éphémères qu'ils paraissent, ils furent un jour des armes de combat redoutables. A ce titre « *la Gaule françoise* [1] de Hothoman, premier jurisconsulte de son temps [2], » et « la *Defense contre les tyrans* [3] de Humbert Languet » avaient droit aux honneurs de l'*Histoire*. Le livre de la *Servitude volontaire* ou *Contr'un* de la Boétie ne serait pas, comme on l'a dit, inspiré par l'indignation des atroces représailles que vint exercer Montmorency sur les Bordelais. D'Aubigné reproduit une version différente. « Le jeune escholier .voulait voir, au Louvre, la salle du bal ; un archer lui laissa tomber sa hallebarde sur le pied ; » la victime irritée et criant justice par le Louvre « n'eust que des risees des grands. » C'est assigner une cause bien mesquine à cette éloquente déclamation.

Parmi les œuvres « d'esprits aiguisez et affinez entre les dures affaires, » l'historien cite : « *L'excellent et libre discours*, attribué au Faï, petit-fils du Chancelier de l'Hospital [4]. » Michel Hurault, sieur du Fay,

françois ; Florent Chrestien, la harangue du Recteur Roze ; M. Gillot, conseiller de la Grand' Chambre, la harangue du cardinal Pellevé ; M. Pierre Pithou, celle du sieur d'Aubray (*optima, quamvis longissima*).

Ce livre fut premierement intitulé par M. Le Roy : *l'Ame des Estats de Paris*, puis changé en *Catholicon d'Espagne* par Rapin et Passerat. » M. Ch. Read a pour la première fois publié ce texte primitif avec son titre exact. (Cabinet du bibliophile, 1878.)

1. *Franco Gallia* de François Hotoman.
2. *Histoire universelle*, t. II, col. 670.
3. *Vindiciæ contra tyrannos* de Hubert Languet.
4. *Excellent et libre discours sur l'estat present de la France... par un docte personnage, bien versé aux affaires de l'Estat de la France* (par Michel Hurault, sieur du Fay,

a composé plusieurs de ces discours bien supérieurs même au *Contr'un* de la Boétie, et d'Aubigné semble ignorer que l'*Anti-Espagnol,* cette vigoureuse invective contre les jésuites et l'Espagnol, est du même écrivain[1].

L'auteur, en un passage, glisse très modestement le nom des *Tragiques* avec le *Passe-partout des jesuites,* « et autres tels livres d'Autheurs inconus[2]. » Nous ne doutons pas qu'il ait voulu introduire ici le titre de sa satire, comme certains peintres d'histoire peignent, dans un coin de leur tableau, leur propre portrait ou celui d'un membre de leur famille. Satisfaction bien légitime, mais était-ce la place et l'occasion de nommer les *Tragiques* parmi les pamphlets ligueurs ou anti-ligueurs?

Les historiens avec lesquels d'Aubigné a réglé hâtivement sa dette dans la préface ne sont plus cités que fort rarement dans le cours de l'ouvrage. Ce sont ceux auxquels il a fait quelques emprunts, sur le patron desquels il a pu se conformer, ou simplement qui ont quelque titre à son admiration. Si grande soit-elle pour Sleidan[3] par exemple, « excellent historien » alle-

---

s. l. 1588, in-8º). C'est le premier des « Quatre excellens discours. »

1. *Anti-Espagnol ou exhortation de ceux de Paris qui ne se veulent faire Espagnol, à tous François de se remettre en l'obeissance de Henri IV* (par Michel Hurault, sieur du Fay), 1593, in-12. Réimprimé dans les « *Quatre excellents discours,* » 1606, in-12.

2. *Histoire universelle,* t. III, col. 401.

3. Sleidanus (Ioa.), *De statu religionis et reipublicæ, Carolo Quinto Cæsare, Commentarii.* Argentorati, 1555, in-fº. Edit. originale. Cet ouvrage a été traduit sous ce titre : *Histoire de l'Estat de la Religion et République sous l'Empereur Charles Cinquiesme* (Genève, chez Jean Crespin, 1557, in-8º).

mand de la Réforme, il l'exprime d'un mot ; il renverra
à du Haillan[1] pour quelques détails de négoce, paiera
un mot d'éloge à Guichardin, Machiavel, Bellay[2],
Commines, Jean de Serres[3]. S'il fait un peu plus
d'honneur à Montluc et à la Popelinière, en les men-
tionnant plusieurs fois, c'est à titre de capitaines.

Ronsard même, « gentilhomme de courage[4], » est
cité pour « avoir fait ses legionnaires dans le Vendos-
mois, » avec cette remarque étrange sous la plume d'un
poète, que « les vers ne lui avoyent pas osté le courage de l'espee. » Dans deux lettres[5] seulement, d'Aubigné, moins dédaigneux, s'est donné plus librement
carrière. Un correspondant, dont nous ignorons le nom,

Ce premier ouvrage a été confondu dans une histoire universelle qui a pour titre : *Histoire entiere deduite depuis le
deluge jusqu'au temps present en 29 livres par Jean Sleidan,
en laquelle est premierement compris l'Estat des Quatre
Empires Souverains, puis de la Religion et Republique jusqu'à la mort de Charles V*, etc. le tout traduit par Robert le
Prevost. Geneve, Jean Crespin, 1561 et 1563, in-folio.

1. Du Haillan (1536-1610) est l'auteur d'une *Histoire générale
des rois de France depuis Pharamond jusqu'à Chartes VII.*
(1576-1584) in-fᵒ. C'est le premier corps d'histoire de France
qui ait paru dans notre langue.

2. Guill. du Bellay a laissé sous le titre de *Ogdoades* de curieux mémoires divisés, comme leur nom l'indique, de huit en huit
livres. D'abord écrits en latin, ils ont été traduits par l'auteur
lui-même en français. Son plus jeune frère, Martin du Bellay,
a donné une suite à ces mémoires.

3. Jean de Serres (1540-1598) frère d'Olivier de Serres, auteur
du *Theatre d'agriculture*, a laissé, entre autres œuvres historiques, *Memoires de la troisieme guerre civile et des derniers
troubles de France sous Charles IX. — Recueil des choses
memorables advenues sous Henri II, François II, Charles IX,
et Henri III. — Inventaire de l'histoire de France* (1597).

4. *Histoire universelle*, t. Iᵉʳ, col. 199.

5. Nous avons eu l'occasion de citer la première (t. Iᵉʳ,
p. 447) à ses filles, contenant une énumération des femmes doctes
du seizième siècle.

s'avisa de lui demander un jour « un rolle des poetes de son temps et son jugement sur leurs merites [1] » et d'Aubigné satisfit cette curiosité dans une lettre de six pages. Avant François Ier, ce n'est que « barbare grosserie. » « Aslin Chartier » doit l'honneur d'une mention moins à son talent poétique qu'au baiser qu'une princesse déposa sur ses lèvres. D'Aubigné a essayé de faire son profit du « *Romman* de la *Rose*[2] et de livres pareils. » C'était pour lui le fumier d'Ennius; il l'a quitté pour les écrits des derniers siècles qu'il partage par « volees. » « La premiere bande sera de la fin du roy François et du regne de Henri second et luy donnerons pour chef M. de Ronsard, que j'ay cogneu privement, ayant osé, à l'age de vingt ans[3], luy donner quelques pieces et luy, daigné me respondre. » Comme le ton est changé! comme nous sommes loin du jugement sur ce gentilhomme « à qui les vers n'avoient pas osté le courage de l'espee. » C'est qu'aussi ce n'est plus

1. *OEuvres complètes*, t. Ier, p. 457 et suivantes.
2. Pasquier, tout grand admirateur qu'il soit de Ronsard, et presque sans réserve, rend bien plus justice que d'Aubigné à tous les devanciers de la Pléiade, entre autres aux auteurs du *Roman de la Rose*, qu'il cite fréquemment aux livres VII et VIII de ses *Recherches*. Dans le livre VII des *Recherches de la France*, consacré à la poésie, Etienne Pasquier « dont le vieux cœur, dit Sainte-Beuve, se réchauffe après quarante ans à ces souvenirs de jeunesse, » dénombre avec le même enthousiasme qu'il met à célébrer Ivry « les avant coureurs de la Pléiade, » les éclaireurs qui annoncent le gros de l'armée et cette vaillante phalange dont Ronsard est le chef.
3. D'Aubigné désigne évidemment parmi ces pièces l'ode dont nous avons cité plus haut deux vers et qui commence ainsi :

Cette vertu, Ronsard, hautement emplumee...
OEuvres complètes, t. III, p. 207.

Elle est précédée de ces mots : « Vers faits à seiz' ans. » D'Aubigné nous apprend que Diane de Talci, qui a inspiré les cent sonnets de l'*Hécatombe*, était nièce de Mlle de Pré, la *Cassandre* de Ronsard.

l'historien capitaine qui parle, c'est l'homme de lettres,
le poète, le disciple de la Pléiade, jugeant le prince des
poètes de la Renaissance : « Je vous convie, et ceux
qui me croiront, à lire et relire ce poete sur tous. C'est
luy qui a coupé le filet que la France avoit soubs la
langue, peut estre d'un style moins delicat que celuy
d'aujourd'hui, mais avec des avantages ausquels je
voy ceder tout ce qui escrit de ce temps, où je trouve
plus de fluidité, mais je n'y voy point la fureur poetique sans laquelle nous ne lisons que des proses bien
rimees. » Rapproché de l'éloge que l'auteur décerne à
son *Printemps,* « où il y a plusieurs choses moins
polies, mais quelque fureur[1], » ce passage nous permet de résumer la théorie poétique assez simple de
notre écrivain. Bien qu'il ait été lui-même un raffiné,
au moins à la surface et dans quelques parties de son
œuvre, comme tous les disciples de la Pléiade, il fait
profession de préférer l'énergie, la *fureur* à la grâce
et à la *fluidité.* Il est de l'avis de Henri III, « en reputation d'en bien juger, » qui, trahissant sa propre Académie pour celle de Navarre[2], disait : « Je suis las de
tant de vers qui ne disent rien en belles et beaucoup
de paroles ; ils sont si coulants que le goust en est
aussi tost escoulé ; les autres me laissent la teste pleine
de pensees excellentes, d'images et d'amblemes desquels ont prevalu les anciens. J'ayme bien ces vins
qui ont corps, et condamne ceux qui ne cerchent que le

---

1. *Œuvres complètes,* t. Ier, p. 18.
2. « Le Roi mon maître avoit dressé une petite Académie à
l'imitation de celle de la cour. MM. Duplecis, Dubartas, Constant,
le Président Ravignan, la Nagerie, Ville Roche et Pelisson en
estoient. » Hortoman et Pelisson y étaient les deux plus grandes
autorités. (*Œuvres complètes,* t. Ier, p. 441.)

coulant à boire de l'eau [1]. » Race bien dépravée, mais
singulièrement affinée que ces Valois ! Charles IX
s'incline devant la royauté poétique d'un Ronsard,
Henri III le débauché, l'énervé, l'efféminé reste encore
capable de préférer l'énergie du style à la mignardise.
Que de pensées, d'images et « d'amblemes » dans les
Tragiques, les *Epigrammes* et la prose de d'Aubigné !
Et combien ce vin généreux et corsé nous réchauffe
mieux que « le coulant à boire de l'eau, » que l'insi-
pide fluidité de la plupart des contemporains. Toujours
conséquent avec lui-même, notre écrivain condamne
les poètes qui voudraient « reduire les constructions
françoises au langage commun [2]. » Il donne « plus de
privilege aux locutions amphatiques et majestueuses. »
C'est ainsi qu'en musique il ne déteste pas « le gros
bruit. » D'Aubigné, nous l'avons dit, est un soldat et,
jusque dans ses goûts littéraires, nous retrouvons
quelque chose de son humeur batailleuse et turbu-
lente.

Un reproche qu'il adresse encore « aux legislateurs,
ses contemporains, » c'est de ne pas « faire voir de
leurs mains des poemes epiques, heroïques, ou quelque
chose qui se puisse appeler œuvre. » Il songe à la
Franciade de Ronsard, tout inachevée qu'elle soit restée.
La *Semaine* ou *Création* de du Bartas, qu'il se vante
quelque part d'avoir « fait courtisan [3], » l'empêchait
sans doute aussi de dormir, car il nous a laissé une

1. *OEuvres complètes,* t. Ier, p. 459.
2. Ce passage n'est pas en contradiction avec ce que nous
avons dit plus haut (p. 238 et suiv.). Il ne s'agit plus ici des mots,
des termes, mais des constructions, des locutions que d'Aubigné en effet aime violentes, emphatiques et originales.
3. *OEuvres complètes,* t. Ier, p. 460.

Création[1], médiocre poème didactique qui, pour être long et complet, n'en est pas davantage une « œuvre achevee. » Inutile d'énumérer après d'Aubigné les deux autres « volees » de poètes français et latins qui se

1. Disons-le franchement, pour n'y plus revenir, *la Création* est une erreur de d'Aubigné. La science d'un Manilius, celle d'un Lucrèce, sont relevées par des beautés poétiques, chez l'un par l'orgueil national, chez l'autre par le sentiment du néant de l'homme. La physique de du Bartas, au milieu de son emphase méridionale, s'échauffe d'inspirations bibliques, parfois même prophétiques ; le poète, en choquant notre goût, se fait pardonner par une grandeur étrange et une puissante originalité. En un mot, à travers les éléments et la matière, tous trois savent faire passer un éclair de poésie.

D'Aubigné, qui n'est plus ici sur son terrain, déduit longuement en vers techniques et mortellement froids, une nomenclature d'histoire naturelle.

> Tous ces os, l'un sur l'autre en bon ordre agencez,
> Ont esté par nature en plusieurs lieux percez.
> Par le plus grand des trouz la meduleuse espine,
> Sortant du test, descend tout au long de l'echine.
> . . . .
> Et combien que ce dos ne soyt point divisé,
> Ce nonobstant il est en cinq pars disposé,
> C'est à savoir le col, le metaphrene, l'ombe,
> L'os sacron, l'os coccis qui vers le rectum tombe... etc.

> (*Œuvres complètes*, t. III, *Création*, ch. xiii, p. 425.)

Ne croirait-on pas ces vers, et tant d'autres qui leur ressemblent, tirés d'un manuel chirurgical, rédigé en vers, à l'effet d'aider la mémoire des étudiants ?

A peine Dieu et l'infini inspirent-ils à l'auteur de *la Création* quelques vers médiocres :

> Ce grand et puissant Dieu, duquel parler j'entens,
> Car cetuy la qui est, c'est l'Eternel sans temps,
> Et lequel par le tems, d'une gloyre admirable,
> Monstre qu'après le temps son estre est perdurable, etc.

> (ch. i, p. 328.)

D'Aubigné vieilli, s'inspirant ici d'une science d'emprunt, n'est plus d'Aubigné. La colère est sa muse ; quand l'âge l'a calmé, le poète disparaît. Tout ce que nous pouvons reconnaître, c'est un effort méritoire, mais médiocrement heureux, pour assouplir le vers français aux descriptions précises et techniques de la science.

rattachent à la Pléiade, phalange mobile, composée
de sept chefs, mais où les contemporains ont enrôlé
tous les versificateurs qui suivirent alors, de près ou de
loin, le drapeau révolutionnaire de la Renaissance.

D'Aubigné a vu Malherbe, et le nomme parmi ces
poètes qui ont « accoursy la liberté de la poesie. »
Il eût, croyons-nous, partagé l'avis de Lingendes qui
disait « que Malherbe n'estoit qu'un tyran, et qu'il
abattoit l'esprit aux gens[1]. » Qu'eût dit Malherbe des
Tragiques, s'il eût seulement daigné les lire ? Pas un
vers n'eût sans doute échappé à sa pointilleuse et pédantesque critique.

Mathurin Régnier, pour avoir accompagné à Rome
un cardinal et un ambassadeur de France[2], n'en est
pas moins resté un franc libertin, qui vécut des libéralités de son oncle Desportes, et mourut à quarante
ans de ses débauches. Il ne connaît ni la cour, ni la
politique, ni les armes, pas plus que la religion, bien
qu'il ait joui d'un canonicat. D'Aubigné ne l'a pas
nommé une fois, et pourtant ces deux satiriques, si
différents d'esprit et de tempérament, sont de même
lignée littéraire. Tous deux, en pleine révolte contre
la férule d'un Malherbe, se sont forgé une langue faite
de sens et de génie, coulant leur vers de premier jet,
sans souci des règles de la grammaire, ni même de la
décence ; vrais poètes au sens propre, créateurs de leur
idiome. Régnier a mis sa muse au service de la morale
vulgaire et du bon sens ; d'Aubigné s'inspire de ses
haines politiques, de ses convictions religieuses ; de là,

1. *Historiettes de Tallemant des Réaux.* Ed. Techner, in-18,
t. Ier, p. 277.
2. Le cardinal de Joyeuse et Philippe de Béthune.

chez le premier, un style plus correct, plus clair, plus naturel ; chez le second, une langue inégale, heurtée, sublime et bizarre, biblique et familière, téméraire et aventureuse dans ses tours comme dans ses expressions, pleine de nuées obscures, mais par instants illuminées de splendides éclairs.

CHAPITRE VI

Pourquoi d'Aubigné semble-t-il, presque de son
vivant, avoir été enseveli dans l'oubli ? Pourquoi sur
l'homme, sur son œuvre, quelques dédaigneuses critiques, quelques éloges plus rares encore, un silence
presque universel ? Notre Étude a répondu d'avance.
La vie de d'Aubigné, son caractère, les défauts et plus
encore les beautés de ses écrits expliquent cette longue
conspiration, ou plutôt cette connivence de la rancune
et de l'injustice.

« Que voulez-vous que j'espere parmy ces cœurs
abastardis, écrivait l'auteur des *Tragiques,* sinon de
voir mon livre jetté aux ordures[1]. » Ses œuvres, con-
servées dans les familles protestantes, puis insensiblement délaissées pour leur langue rude et archaïque,
auraient pu y espérer un retour de faveur, mais la

1. *Œuvres complètes,* t. IV, p. 4.

censure catholique ne s'était pas contentée d'attendre l'oubli fatal et la désuétude des nouvelles générations. Un grand nombre d'exemplaires avait péri ; l'*Histoire universelle* avait été brûlée, l'édition de 1630 du *Baron de Fæneste* poursuivie et confisquée par les rigueurs du Conseil de Genève. Aussi ne s'étonne-t-on pas de lire dans une préface l'anecdote suivante : « Le grand Condé, se trouvant assez peu occupé dans son gouvernement de Bourgogne, voulut relire le *Baron de Fæneste* [1], mais on le chercha inutilement dans tout le pays ; enfin ses gens lui déterrèrent un *Fæneste*, à un prix excessif qu'ils payèrent sans marchander. » En 1654, le médecin Gui Patin demande, dans une lettre [2], qu'on lui envoie un ou deux exemplaires d'une édition nouvelle des *Tragiques*, qu'il croyait qu'on venait de publier ; mais Gui Patin est un original. Il faut donc la fantaisie d'un grand seigneur désœuvré, ou la passion d'un médecin bibliophile, pour que nous voyions par hasard lever l'espèce d'interdit jeté sur les écrits de d'Aubigné. D'ailleurs, nous l'avons dit, les exemplaires manquaient absolument : « On achetait, écrit l'auteur lui-même, des impressions entieres, comme on avait fait de deux livres polemiques siens, pour les jetter au feu [3], » et, d'autre part, comme l'atteste une lettre de Joseph Scaliger [4], la réputation de causticité de l'auteur lui faisait attribuer des pamphlets auxquels il était étranger. Infaillible moyen pour tuer

1. Préface des *Aventures du baron de Fæneste*. 2 vol. in-12, Amsterdam, 1731.

2. *Lettres de Gui Patin*. Edition Réveillé-Parise, t. II, p. 120-123.

3. *Œuvres complètes*, t. Ier, p. 383.

4. Cité d'après Léon Feugère. *Caractères et portraits*, t. II, p. 415.

un écrivain, de supprimer ses chefs-d'œuvre et de lui prêter les sottises d'autrui !

Dès 1620, d'Aubigné le comprit, il n'y avait plus de place dans la France monarchique et catholique pour cet incorrigible Alceste politique, qui fit bien de chercher à Genève, avec « le chevet de sa vieillesse et de sa mort, »

Un endroit écarté
Où d'être homme d'honneur il eût la liberté !

Une année à peine écoulée, on se le rappelle, notre réfugié manifeste à un de ses gendres l'intention de rentrer en France ; plus tard il semble encore songer à se ménager un retour, s'il le peut honorablement. Tentatives peu sérieuses, croyons-nous, derniers accès de nostalgie : la construction du Crest prouve assez l'intention d'un établissement définitif.

Brantôme, appréciateur plus sérieux de la vaillance des capitaines que de la vertu des dames, trace le portrait de d'Aubigné en trois lignes : « Il est bon celuy-là pour la plume et pour le poil, car il est bon capitaine et soldat, très sçavant et très eloquent et bien disant, s'il en fut oncques[1]. »

L'historien italien Davila, tout dévoué à la reine Catherine et aux Valois, le nomme six fois dans son récit des guerres civiles de France et l'associe glorieusement à Duplessis-Mornay dans la résistance aux tentatives de conversion du roi. « Ils s'efforçaient, écrit-il, de démontrer qu'il ne fallait pas préférer les espérances du monde à sa conscience[2]. »

1. *Mestres de camp huguenots de l'infanterie françoise.* Art. IV, p. 345. Edit. Foucault. Paris, 1823.
2. *Histoire des guerres civiles de France sous François II, Charles IX, Henri III et Henri IV jusqu'à la paix de Vervins,*

L'Estoile, plus royaliste que catholique, en citant
une réponse au roi de ce « vrai et franc Huguenot, »
ne peut s'empêcher de la trouver « un peu bien eslon-
gnee de ce grand respect et obeissance qu'ils protestent
de rendre à leurs rois, » mais il ne dissimule pas une
certaine sympathie pour « ce brave gentilhomme et
docte, » qui osa défendre en plein Conseil, devant la
Régente, une religion en laquelle « ni Pape, ni Cardinal, ni prelat, evesque, ne quelconque autre personne
ne les pouvoit dispenser de la subjection naturelle et
obeissance qu'ils devoient à leurs rois et princes souverains [1]. » L'Estoile ne craint pas d'appeler d'Aubigné
« l'un des plus beaux esprits du siecle. »

Si ces témoignages, favorables à notre Réformé, ne
sont pas les seuls au seizième siècle, nous croyons
pouvoir affirmer qu'ils sont rares, des plus concis, peu
en rapport avec l'importance de ses services et l'intimité dont il jouit auprès du roi. On s'étonne de ne le
voir nommé que deux fois dans la volumineuse correspondance de Henri IV [2], à propos des négociations pour
la paix, dont il fut chargé auprès du maréchal Danville [3], et dans une lettre à Condé. Il n'a même pas
l'honneur d'une lettre ou d'un billet dans ces neuf
volumes ! Simple hasard, mais qui semble conspirer
à son effacement. D'Aubigné a payé la rançon de son

de H. C. Davila ; Elle parut d'abord en italien, à Venise, en 1630,
et fut mise en françois par J. Baudoin (Paris, 1644), voir pour
ce passage an 1585, p. 456.

1. *Mémoires-journaux de Pierre de l'Estoile*. Tome X. Journal de Henri IV (1609-1610). Paris, librairie des bibliophiles,
1881, p. 302-303.

2. *Recueil des lettres missives de Henri IV*, publié par
M. Berger de Xivrey. 7. vol. Paris (1843-1858). Supplément
par J. Guadet. 2 vol. t. Ier, p. 135 et t. IX, p. 136.

3. *Histoire universelle*, t. II, col. 882 et suiv.

intégrité, de sa vertu, d'un caractère difficile qui ne lui permirent pas de s'insinuer et d'occuper les premiers rangs. L'histoire projette toujours quelque rayon sur les personnages officiels gravitant dans l'orbite des rois, elle laisse dans l'ombre ceux qui s'en éloignent.

Duplessis-Mornay et Sully, nous l'avons montré, n'ont pas plus de sympathie pour d'Aubigné qu'il n'en a pour eux. Les *Memoires des sages et royales œconomies d'Estat* ne le nomment que pour le charger des plus graves accusations[1]. A les en croire, les visées de notre Huguenot mal content n'allaient à rien moins qu'à jeter au milieu de la France les fondements d'une république calviniste, libre et absolument indépen-

---

1. Sully est parfaitement indifférent sur la question religieuse. Un jour qu'il arrivait sur la fin de la dispute entre le docteur Duval et le ministre Tilenus (1599), on voulut le mettre au courant. Il supplia ses familiers de n'en rien faire et « de ne s'entremettre jamais de disputer de la Religion, que la Sainte Ecriture, ou cet amas de livres escrits par tant de docteurs, tous les canons des Papes et tous les registres des Conciles, qui s'accordoient comme chats et rats, n'eussent esté supprimez ou bien conciliez. » (Edit. Petitot, t. III, p. 282.) Un homme disposé à simplifier ainsi la théologie et la religion ne peut manquer de regarder comme brouillon et cabaleur quiconque fait de la foi affaire d'honneur et de salut.

Dans ces interminables conversations entre le roi et Sully, que ce dernier se fait complaisamment répéter dans ses *Memoires* par ses secrétaires, il prête ces paroles à Henri IV : « Ma bonne tante de Rohan, avec toutes ses resveries, MM. de la Tremoïlle, du Plessis, de Saint-Germain, Aubigné, etc., etc. ont couru et tracassé par les Eglises et Synodes et usé d'une infinité de mauvais discours, artifices et calomnies, non seulement pour mettre tous ceux de la Religion en ombrage de moy, mais aussi pour les disposer à prendre ouvertement les armes, alleguant, entr'autres raisons, que moi ayant ainsi legerement changé de religion, non par ignorance ou faute de cognoistre la verité, mais par pure ambition et delices mondaines (*car ce sont les propres termes dont a usé cette satirique langue de d'Aubigné*), sans m'estre soucié de mettre leurs consciences en liberté, en leur donnant un Edict perpetuel.... » (T. III, p. 159.)

dante du souverain. A la date de 1585, ils le citent parmi ceux qu'entraînait le vicomte de Turenne sous la protection de l'Électeur Palatin. C'est, appliqué à un particulier mal en cour, l'éternel grief invoqué contre le parti protestant tout entier. Nous avons montré ce que ces accusations avaient d'exagéré[1]. »

D'Aubigné était un vaincu, il a eu le sort des vaincus. Au dix-septième siècle, le silence se fait de plus en plus profond sur sa mémoire. Mézeray, esprit libre et assez impartial, on le sait, cite avec éloge une action d'éclat de d'Aubigné[2]. Mme de Caylus, arrière-petite-fille de d'Aubigné, par les femmes, a consacré à son aïeul quelques lignes insignifiantes dans ses *Souvenirs*[3].

Fait-on, par hasard et en passant, mention de d'Aubigné, c'est rarement pour le louer. Nous trouvons son nom cité avec indignation dans une brochure de 1631[4], pour avoir « exagéré les calomnies » en rappor-

---

1. Voir la IIe partie de notre *Etude,* ch. vi.

2. Voir le récit de cette généreuse action dans notre *Etude,* (p. 29 et suiv.) lorsqu'il demeure prisonnier de Saint-Luc et, prisonnier sur parole, revient pour subir la mort. On pourra lire ce passage dans Mézeray ; nous citons de préférence le portrait de d'Aubigné qui le précède : « D'Aubigné avoit une grande hardiesse, une merveilleuse presence d'esprit, une gentille connessance des belles Lettres, et ne manquoit pas d'experience ny de courage au fait de la guerre, mais estoit vehement et chaud outre mesure pour sa nouvelle Religion, licentieux en paroles et qui se laissoit emporter par sa passion au delà du bon sens et de la verité, comme ses escrits le temoignent assez, quand mesme nous ne l'aurions pas appris de ceux qui l'ont bien connu. La Reyne mère et les favoris le haïssoient mortellement : ceux-cy pour quelques discours injurieux, la Reyne mère pour pareil sujet et pour ce qu'il estoit un des premiers à découvrir ses menées et à en faire d'autres parmy les Religionnaires. » (Mézeray (François de), *Histoire de France*, Paris, Mathieu Guillemot, 1643-1651, 3 vol. in-f°, t. III, p. 383-384.)

3. 1 vol. in-18. Paris, Renouard, 1806, p. 54-55.

4. *Defense du Roy et de ses Ministres, contre le manifeste*

tant sur Catherine de Médicis un méchant discours tiré de la légende de Saint-Nicaise. Il s'agit du beau passage que nous avons donné plus haut, où l'historien peint en maître l'hypocrisie de la Reine mère aux funérailles de son fils.

On veut bien imaginer à Mme de Maintenon une généalogie royale qui la rattache à Jeanne d'Albret, en faisant épouser à la reine de Navarre le père même d'Agrippa, Jean d'Aubigné [1], — d'autres se contentent d'en faire son chancelier, — mais nul ne songe à rappeler devant la toute-puissante favorite le terrible huguenot, le proscrit quatre fois décapité ! Qui sait si Constant n'obtiendrait pas une plus facile réhabilita-

que, sous le nom de Monsieur on fait courre parmy le peuple (par le sieur des Montagnes. Paris, 1631. In-12 de 152 pages. Biblioth. de Fontainebleau. Non catalogué. Dépôt de brochures diverses.)

1. Voir *Dictionn. de Moreri* et *Mémoires du marquis de la Fare*, sur la prétendue généalogie de d'Aubigné. Moreri a traité la question de la généalogie de d'Aubigné à l'article Aubigné (d') de son *Dictionnaire historique*, t. Ier, p. 485, édit. de 1759, il y juge d'Aubigné avec une extrême sévérité.

Le marquis de la Fare parle en ces termes de Mme de Maintenon et de d'Aubigné : « Madame de Maintenon était petite fille ou arrière petite fille du sieur d'Aubigné, qui avoit été en quelque considération à la cour de Henri IV et qui avoit écrit l'Histoire de ce Roi. *La mère du sieur d'Aubigné avoit eu quelque commerce avec Henri IV et d'Aubigné pouvoit etre bâtard de ce prince.* Quoi qu'il en soit, son fils, père de la femme dont nous parlons, naquit sans bien et fut un homme d'assez mauvaises mœurs, qui passa une partie de sa vie dans les prisons, etc., etc. » (*Mémoires du marquis de la Fare.* Coll. des mémoires pour servir à l'histoire de France, par Michaud et Poujoulat, troisième série, vol. VIII, p. 287.)

Si le marquis n'est pas éloigné de la vérité en ce qui concerne Constant, le fils d'Agrippa, nous n'avons pas besoin de relever l'assertion grotesque qu'il avance en insinuant que d'Aubigné pourrait bien être le bâtard de Henri IV, plus jeune d'une ou deux années que notre huguenot, dont la naissance, on le sait, avait coûté la vie à sa mère.

tion, malgré quelques grosses taches indélébiles ? Madame de Maintenon est au fond justement fière de son illustre aïeul, mais elle en parle peu et seulement à quelques intimes. Veut-elle se féliciter d'une énergique résolution ? « Je me trouve un peu petite-fille d'Agrippa, » écrit-elle au duc de Noailles [1]. Mais ce sont là des boutades à la huguenote, qui seraient d'assez mauvais ton à la cour.

Tout en conservant précieusement un manuscrit de la *Vie* de son grand-père [2], la favorite n'en fait pas moins tous ses efforts pour arrêter l'impression commencée lors de la paix de Riswick [3]. Il faut avouer que certaines confidences sur le grand Henri pouvaient n'être pas du goût de son petit-fils : et puis, le grand siècle est venu et la parole ne sera désormais donnée qu'aux admirateurs qui ne discutent pas plus les personnes royales que l'institution monarchique.

Même à l'étranger [4], au siècle suivant, on ne juge guère favorablement ces mémoires de d'Aubigné : « Sa vie écrite par lui-même, dit l'auteur des *Trois siècles de la littérature française* [5], est encore moins

---

1. Lettre à M. le duc de Noailles, 15 juin 1706.
2. C'est le manuscrit de la bibliothèque du Louvre, disparu dans l'incendie de 1871, qu'avait publié M. Lud. Lalanne en 1854.
3. *Journal littéraire de la Haye*, t. XVI. Cité d'après M. L. Lalanne. Notice des *Mémoires de Th.-Agr. d'Aubigné*, p. x.
4. Il convient toujours de faire des réserves pour la question de lieu. On sait qu'aux dix-septième et dix-huitième siècles un grand nombre d'ouvrages s'imprimèrent à Paris ou en France sous une rubrique étrangère. C'est ainsi que la deuxième édition de l'*Histoire universelle* de d'Aubigné, porte la fausse indication d'*Amsterdam*.
5. *Les trois siècles de notre littérature ou tableau de l'esprit de nos écrivains depuis François Ier jusqu'en 1772 ; par ordre alphabétique* (par Ant. Sabatier de Castres), Paris, Gueffier, 1772. 2. vol. in-8°. Cet ouvrage a été plusieurs fois

bonne (que son *Histoire*); il y a pris la licence pour la franchise et c'est ce qui l'a engagé dans des détails qu'il aurait dû supprimer. »

Bayle, qui ne décerne guère d'éloges sans restriction, attribue au nom de Mme de Maintenon, sa petite fille, « la glorieuse part qu'obtient d'Aubigné, quelque digne qu'il en soit lui-même, dans une *Histoire du comte d'Albe*[1]. » L'auteur du *Dictionnaire historique et critique* se contente, pour louer l'historien, de reproduire dans une note[2] l'article fort inexact du *Mercure galant* de janvier 1705, où on lit le passage suivant : « Il nous reste de lui une *Histoire de France* écrite avec un désintéressement qui lui a attiré des louanges de tous les auteurs contemporains et de ceux qui sont venus après lui. On regarde son ouvrage comme un chef-d'œuvre en fait d'histoire, et quelques auteurs en font même plus de cas que de celle de M. de Thou qui est cependant fort estimée[3]... »

Le *Mercure*[4], on le sait, ne mérite aucune autorité;

réimprimé ; quelques éditions portent seulement l'initiale S. sur le titre.

1. *Nouvelles de la République des lettres* ou *Conversations nouvelles sur divers sujets*, Amsterdam. Wenstein (1684).

2. *Supplément au Dictionnaire historique et critique*. (Genève, 1722, p. 6.)

3. Inutile de relever les erreurs qui sautent aux yeux : l'*Histoire de France*, c'est l'*Histoire universelle*. On a vu ce qu'il faut penser de l'unanimité des contemporains et de ceux qui ont suivi, pour louer d'Aubigné.

4. Le *Mercure galant*, qui prit en 1717 le titre plus sérieux de *Mercure de France*, n'est guère qu'une entreprise commerciale, spéculant sur la vanité des familles. On y promet, dans la préface, d'employer tous les matériaux, à la condition qu'ils ne *désobligent* personne et qu'on veuille bien affranchir le port. Prudence, discrétion, économie, excellents principes pour mener à bien une affaire.

ce recueil est en grande partie un annuaire de noblesse, dont les pièces sont généralement fournies par les intéressés eux-mêmes. Nous n'y trouvons, aux dates de septembre 1688 et d'avril 1698, qu'une courte biographie assez élogieuse et ce jugement critique : « Cet Agrippa a pris soin de composer lui-même sa vie, dont il y a ici un manuscrit écrit de sa main. C'est une pièce curieuse. » Le *Mercure* ne se compromet pas, bien que l'éloge s'accentue davantage, toujours discret, et pour cause, avec la faveur croissante de Mme de Maintenon ; mais un certain d'Aubigné étant venu à mourir en odeur de sainteté (mai 1703), le rédacteur ne perdra pas l'occasion d'un éloge délicat à Mme de Maintenon [1].

On peut s'étonner que Bayle ait emprunté un jugement au *Mercure,* mais on sait qu'il ne faut pas demander à sa critique la suite et l'unité de vues. Ses notes, bien plus importantes que le texte même de son dictionnaire, le démentent souvent au lieu de le confirmer, ou plutôt elles sont le dictionnaire même et le texte semble n'être que le titre général ou le prétexte des dissertations qu'il engendre. L'auteur y prend plusieurs fois à partie d'Aubigné. Il lui reproche « les licences un peu trop cyniques de sa plume [2], » critique à laquelle nous voulons bien souscrire, à condition de la renvoyer ensuite à son auteur.

Parmi une demi-douzaine de passages réfutés ou

1. « Son sang lui donnait de beaux exemples de vertu, sans que je m'explique davantage, pour ne point blesser la modestie d'une personne dont la vie n'est qu'un enchaînement d'actions de charité et de piété et qui ne se sert de ses avantages que pour acheter le ciel.» Le pieux rédacteur pense certainement à la Révocation de l'édit de Nantes.

2. *Eclaircissements,* t. III, p. 3160. Rotterdam. 1702.

critiqués par Bayle, la discussion la plus curieuse est
celle qui concerne Marie l'Egyptienne, « fameuse dé-
bauchée et fameuse convertie[1]. » L'auteur de *la Confession de Sancy*[2] s'empare de cette légende, mais, suivant
le critique, pour en faire un perfide usage : « L'omission
de cet auteur à l'égard de sainte Marie l'Egyptienne
et de sainte Madeleine est inexcusable ; car il supose
que ces deux prostituées montèrent tout droit des lieux
infâmes au rang de Saintes canonisées, et, par cette
suposition, il prétend prouver que la légende est très-
capable de lâcher la bride aux dames..... Pour agir
de bonne foi, il faloit parler de la longue pénitence de
ces deux Saintes, mais, comme cela aurait énervé la
plaisanterie de l'objection que l'on vouloit faire aux
Légendaires, on a cru qu'il valoit mieux n'en rien
dire..... Aprenons de là que les auteurs satiriques sont
les gens du monde... qui raisonnent le plus mal et qui
communiquent le plus un certain plaisir qui empêche
de rechercher en quoi consistent leurs sophismes. Sou-
venons nous cependant, que, s'ils peuvent se dispenser
de plusieurs règles, ils ne doivent pas être moins
soumis que les auteurs graves aux lois du raisonne-
ment. » Bayle, à force de bien raisonner lui-même,
ne déraisonne-t-il pas un peu? Confond-il un pamphlétaire (qui n'ayant pas signé son œuvre permet d'en
contester l'authenticité) avec un historien et un théologien? Mais en dépit du ton grave et doctoral de cette
leçon, en dépit de cette édifiante mercuriale sur les
devoirs du critique, ne soyons pas trop dupes de ce

1. T. II, p. 2057 et note *B*.
2. Voir le passage aux *Œuvres complètes* de Th.-Agr. d'Aubigné, t. II, p. 248 et suiv.

petit réquisitoire, n'oublions pas que le censeur de
d'Aubigné est lui-même un protestant ou, pour mieux
dire, un sceptique, qui prêche le principe de tolérance
par le spectacle des contradictions humaines. N'é-
prouve-t-il pas, lui aussi «ce certain plaisir » dont il
parle, à discuter si longuement cette ridicule légende
de Marie l'Egyptienne, passant plus ou moins directement « des lieux infâmes » au rang de sainte cano-
nisée ? Si Bayle est le précurseur de Voltaire, il est
surtout le petit-fils d'Erasme [1] ; pas plus que lui, il
n'aime la vérité séditieuse. Audacieux et prudent à la
fois, il attaque ce qu'il paraît défendre. Il ramasse
parfois une arme faussée et rouillée, la redresse et
fourbit à nouveau, pour la lancer à droite ou à gauche
au hasard de sa dissertation [2].

1. Voir *Etude sur Bayle* de M. Ch. Lenient (1855). C'est un
livre d'allure vive et de pénétrante discussion sur la critique de
Bayle et le principe de contradiction. L'éminent professeur de
Faculté préludait par cette thèse de doctorat à ses piquants et
judicieux travaux de critique sur *la Satire en France au Moyen
âge* et *au Seizième siècle.*

2. L'auteur du *Dictionnaire* s'en est encore pris à d'Aubigné
à propos du *Sancy*, dont il n'hésite pas à lui attribuer la pater-
nité. L'évêque d'Angers, voulant exorciser une démoniaque,
n'aurait pas tiré de sa poche un Pétrone pour y lire : « *Matrona
quædam Ephesi,* » mais aurait cité un vers de Virgile. Dans une
longue note (*B., p.* 2426), à propos d'un livre d'Antoine du Pi-
net (*Taxe des parties casuelles de la boutique du Pape*),
d'Aubigné n'intervient qu'incidemment dans une étrange discussion sur les motifs intéressés qui n'ont fait taxer que vingt sols
tournois, à la cour de Rome, l'inceste de premier rang. La critique de Bayle, appliquée même à l'*Histoire*, n'est pas beaucoup plus sérieuse. Il reprochera à son auteur (page 89, note *A*),
d'avoir enchéri sur Adriani, cité par de Thou, à propos des
conférences de Bayonne, où le duc d'Albe conseillait à Catherine d'abattre les principales têtes des Protestants. « Plus, écrit
Bayle, une accusation est atroce, plus on doit s'arrêter aux
termes d'une proposition. » On ne saurait mieux dire, mais

L'Auteur de l'*Histoire de l'Edit de Nantes*, Elie Benoit, ne manque pas de répéter contre d'Aubigné les griefs connus : « Libres et satyriques discours, reproches continuels de ses services ». « Aubigné, y est-il dit, qui se croyait mal payé de ses services, *extorqua* par ce moyen (un brevet contenant une distribution de vingt-trois mille écus à divers particuliers) une somme modique de vieux restes d'une pension qu'on lui avait retenue » (1598)[1]. Ne semble-t-il pas que les termes mêmes de l'auteur impliquent contradiction et qu'il eût dû écrire, non pas *extorsion,* mais *restitution partielle ?*

L'*Histoire universelle* n'est pas mieux traitée en plein dix-huitième siècle ; question de goût, il est vrai, plus encore que de politique. L'auteur de la préface de 1731 du *Baron de Fæneste* juge l'*Histoire* « si mal rédigée et d'un style si plat, qu'elle est *dégoûtante,* » mais *les Mémoires de sa vie* « sont écrits d'un style aisé et beaucoup plus agréable. » Appréciation toute naturelle chez l'éditeur : l'*Histoire* a défié les retouches par son sujet et sa masse imposante, elle est restée intacte ;

pourquoi ajouter : « Ici les apparences sont très favorables. » d'Aubigné n'est donc pas si coupable, ni si loin de la vérité. L'histoire ne peut-elle s'écrire qu'avec des certitudes absolues ?

1. Nous ne nions pas que d'Aubigné ait pu toucher une pension royale dont le fond provînt d'une confiscation. Dans les pièces que nous avons extraites des archives de Chamarande (voir aux *Documents et pièces justificatives,* n° 1), nous avons cité (p. 291) un « don ou brevet de confiscation des biens d'Antoine Bochet, rebelle et partisan contre le Roi, accordé à d'Aubigné pour les grands services qu'il lui a rendus et la fidélité à son Prince » (8 janvier 1592). Sous l'ancien régime, ces biens faisaient ordinairement retour au roi qui en disposait librement comme du sien. En tous cas, le seul responsable était le roi qui ordonnait et signait le décret de confiscation.

les *Mémoires*, courts et anecdotiques, ont subi d'agréables manipulations.

Si l'on a la patience de feuilleter les nombreux recueils, *Bibliothèques raisonnées*, *Bibliothèques curieuses*, *Annales littéraires* qui ont pullulé au dix-huitième siècle, on voit leurs auteurs se copier les uns les autres et s'emprunter les mêmes platitudes. C'est bien traiter d'Aubigné que lui donner quelques lignes de biographie vague et incolore ; ainsi fait le recueil des *Hommes illustres de France* [1], tandis qu'il consacre un volume à Coligny, un à Tavannes, deux à Mayenne, deux aux Rohans, un à Gontaud de Biron, à Montluc, à Strozzi, etc.

Un autre semble reprocher à notre Réformé de n'être pas un fervent catholique et exprime ses regrets en ces termes : « Tous les états, toutes les conditions, depuis le sceptre jusqu'au capuchon, ont passé par son étamine, soit en prose, soit en vers. Il serait à souhaiter seulement que *ce pilier de la Religion réformée* eût traité un peu plus sérieusement les choses sacrées [2]. »

Citons un dernier extrait de ces *Annales littéraires* [3]

---

1. Par d'Auvigny, continué par l'abbé Pérau, t. XXI, p. 232, note (Amsterdam, 1757).

2. La *Bibliothèque raisonnée des ouvrages des savants de l'Europe* (juillet 1728 à juin 1753) par P. Massuet, G. J. Gravesande, J. Rousset de Missy, Louis de Jaucourt, etc., imprimée à Amsterdam chez les Wensteins, (1728-1753) ne compte pas moins de 52 vol. in-8°.
L'article VI, p. 152 est le compte rendu de l'édition du *Baron de Fæneste* (Amsterdam, 1731.) Nous avons cité plus haut (p. 266) un passage de la préface de cette édition.

3. *Mémoires pour servir à l'histoire des Hommes illustres dans la république des lettres*, avec un catalogue raisonné de leurs ouvrages. (Paris, Briasson, 1726-1745. 43 vol. in-12) par le P. J. P. Niceron, le P. Oudin, J. B. Michauld et l'abbé C. P. Goujet. Ces *Mémoires* ont eu d'autres collaborateurs.

qui les résume toutes. Après avoir rappelé la condamnation de l'*Histoire universelle*, le critique ajoute pour la
justifier : « L'auteur est en effet fort satyrique et parle
fort mal de tous ces princes (Charles IX, Henri III et
Henri IV), dont il révèle sans ménagement les défauts,
vrais ou faux, qu'on leur a attribués. Son style est des
plus mauvais, il ne s'exprime point comme les autres
hommes, mais par des métaphores quelquefois si
obscures, qu'on ne l'entend point. Toujours guindé,
il donne à tout ce qu'il dit un tour qui n'est point
naturel. Son *Histoire* est moins une narration suivie,
exacte et arrangée, qu'un discours libre ou un entretien.
Au reste, il y a bien des choses *curieuses* qu'on ne
trouve point ailleurs. »

La Beaumelle, dont la critique est aussi superficielle
que le goût peu sûr, admire la *Confession de Sancy* :
« Cette satyre est un chef-d'œuvre ; elle est fine, délicate, remplie d'allusions et de fiel. Le plus bel esprit
de ce siècle ne la désapprouverait pas. » Il écrivait ce
jugement avant sa brouille avec Voltaire. L'auteur
des *Mémoires de Maintenon*[1] est au contraire impitoyable pour le *Baron de Fæneste*, qu'il juge en ces
termes : « C'est un dialogue entre un homme sage et
un Gascon évaporé qui raconte ses aventures. On y
cherche l'auteur de la *Confession de Sancy,* et l'on n'y
trouve qu'un mauvais plaisant... Ce n'est qu'un dégoû-
tant amas des plus plates trivialités, moitié gascon,
moitié français. » Moins sévères, le grand Condé,
Bayle, Vertot, goûtaient fort le *Baron de Fæneste* et nous
serions bien étonné que Voltaire l'eût dédaigné.

1. *Mémoires de Maintenon.* (Hambourg, 1756, tome Ier,
page 48.)

Dans un mémoire[1] à l'Académie française du marquis d'Argenson, où l'on s'attendait à trouver un peu plus de critique et d'impartialité que chez les auteurs précédents, nous lisons ce jugement : « Le style et les préjugés de l'historien font les défauts de son histoire. .... Quoiqu'homme de cour, il se sert de basses expressions et, ne se donnant pas pour homme de lettres, il s'est fait un style de métaphores insupportable aux lecteurs ; il est immodéré, quand il parle des catholiques et *traite sans respect les vices d'Henri III*. » Ce dernier trait, en plein dix-huitième siècle, ne confond-il pas ? Inutile de faire remarquer la confusion entre la méthode de l'historien et la liberté du poète. Si le marquis académicien n'a guère lu d'Aubigné, il a du moins appris à l'école de Commines et préconise le grand art « de savoir se taire » sur les vices royaux. Peut-être eut-il bien fait, comme son prédécesseur Conrart, de le pratiquer complètement pour son compte et se contenter de posséder la plus belle bibliothèque de Paris.

En résumé, si nous consultons le dix-huitième siècle sur d'Aubigné, nous voyons tous les littérateurs de l'érudition ecclésiastique répéter le même jugement : c'est un cynique, sans respect pour les puissants de la terre, qui ne sait ni composer, ni écrire ; cependant ils ne dissimulent pas que certaines hardiesses piquantes ont allumé leur curiosité. Quant aux penseurs et aux philosophes, c'est à peine s'ils ont nommé d'Aubigné : il est trop croyant, trop religieux.

---

1. *Réflexions sur les historiens français et sur les qualités nécessaires pour composer l'histoire.* (Mémoire lu le 14 mars 1755. T. XXVIII des *Mém. de l'Académie des Inscriptions et belles-lettres*, p. 634.)

Il est possible que les *Tragiques* soient tombés sous la main de Voltaire, quand il préparait les matériaux de sa *Henriade,* mais le poète, qui traitait Shakespeare de barbare, n'a guère dû sentir d'Aubigné. Shakespeare, d'Aubigné, Corneille, trois génies de haut vol et de même envergure. L'auteur des *Tragiques* a devancé le poète du *Cid* et des *Horaces* dans l'art de forger certains vers mâles et sublimes qui se gravent à jamais dans la mémoire [1].

Après deux siècles d'oubli ou d'iniquité, l'Académie française, en 1828, donna, il faut le reconnaître, le signal de la réhabilitation pour d'Aubigné, en rappelant l'attention sur le seizième siècle. Que l'Académie n'eût pas alors, en dictant son programme, une visée si haute, que le jugement des deux lauréats [2], fort jeunes et embarrassés d'un trop vaste sujet, soit superficiel, nous le croyons volontiers ; mais l'impulsion était donnée, et Sainte-Beuve, préludant à sa carrière de critique, prit prétexte de cet appel pour substituer au discours de rhétorique demandé un sérieux travail d'érudition [3]. Remontant aux sources, cherchant à « ressaisir un premier âge dans sa fleur, » il retrouvait à la suite de la Pléiade et ressuscitait en quelque sorte d'Aubigné. Aussi l'étonnement ne fut pas trop grand,

1. M. Ch. Read, dans l'avant-propos de son édition des *Tragiques,* fait quelques citations curieuses, où il rapproche d'Aubigné de Corneille et de l'auteur des *Châtiments.* Voir aussi sur ce sujet un article d'Eug. Despois (*Revue politique et littéraire,* 2 août 1873.)

2. Philarète Chasles et Saint-Marc Girardin partagèrent cette année le prix décerné par l'Académie française.

3. *Tableau historique et critique de la Poésie française et du théâtre français au seizième siècle,* dédicace à M. P. Dubois. (Paris, Charpentier, 1843.)

lorsqu'en 1835, dans la préface du *Dictionnaire de l'Académie*, Villemain demanda pourquoi l'auteur des *Tragiques* et de l'*Histoire universelle*, « le véhément d'Aubigné, » n'était pas compris parmi les écrivains qui avaient le mieux parlé notre langue [1].

Peut-être a-t-il manqué quelque chose à Sainte-Beuve pour estimer à son prix la vraie grandeur et l'austère vertu ; il n'en a pas moins eu le premier, parmi nos contemporains, le sentiment de d'Aubigné et de sa valeur. Par deux fois, à vingt-cinq ans de distance, il lui a rendu une éclatante justice. Cette mine, si laborieusement exploitée par tant de biographes érudits, tant de critiques et de littérateurs, les Lalanne, les Mérimée, les Géruzez, les Feugère, les Read, les Sayous, les Heyer, les Bordier, les Lenient, — et nous en oublions sans doute, — c'est Sainte-Beuve qui l'a rendue à la lumière après deux siècles, et, si une édition des œuvres complètes d'Agrippa d'Aubigné a été entreprise de nos jours, nul doute que l'illustre critique n'ait, par ses travaux et son initiative, quelque part lointaine dans cette publication longtemps attendue, dans cette tardive réhabilitation.

Un écrivain qui n'eut ni le goût exquis, ni le sens critique de Sainte-Beuve, mais qui a plongé dans le passé par son érudition et sa sympathie pour toutes les misères, qui l'a souvent fait revivre par la chaleur de

---

1. Nous avons signalé dans la préface de cette *Etude* l'inconcevable oubli de M. D. Nisard qui, dans une histoire en quatre volumes de la littérature française, n'a pas nommé un seule fois d'Aubigné. En proposant d'Aubigné pour sujet de prix d'éloquence française en 1884, l'Académie, par un juste retour, venge l'auteur des *Tragiques* de ces dédains surannés, lui donne droit de cité parmi nos grands *classiques*, en un mot, a voté contre l'opinion de M. D. Nisard pour celle de Villemain.

son âme et de son imagination, Michelet, a tracé en
quelques lignes ce portrait d'Agrippa d'Aubigné :
« En d'Aubigné, l'histoire c'est l'éloquence, c'est la
poésie, c'est la passion. La sainte fierté de la vertu,
la tension d'une vie de combat, l'effort à chaque ligne,
rendent ce grand écrivain intéressant au plus haut
degré, quoique pénible à lire ; le gentilhomme domine et l'attention prolixe aux affaires militaires. Il
a des magnanimités inconcevables, jusqu'à louer
Catherine[1]. »

En quelques mots, Michelet embrasse l'homme et
l'écrivain tout entier. Que ces lignes si vraies de l'historien-poète du dix-neuvième siècle soient l'inscription
pieusement déposée par notre admiration sur le monument de l'historien-poète du seizième siècle[2] !

---

1. Michelet, *La Ligue et Henri IV* (p. 466).
2. Quand nous écrivions ces dernières lignes, trop ambitieuses,
nous le reconnaissons aujourd'hui, nous espérions encore compléter les quatre tomes publiés de 1873 à 1877 par la réimpression de l'*Histoire universelle* et la publication de deux volumes
comprenant cette *Étude*, une étude bibliographique, des notes
et un glossaire.

QUATRIÈME PARTIE

DOCUMENTS

ET PIÈCES JUSTIFICATIVES INÉDITES

RELATIVES A L'ÉTUDE HISTORIQUE ET LITTÉRAIRE

SUR TH.-AGRIPPA D'AUBIGNÉ

DOCUMENTS ET PIÈCES JUSTIFICATIVES INÉDITES

I

DOUZE PIÈCES RELATIVES A TH.-AGR. D'AUBIGNÉ TIRÉES DES ARCHIVES DU CHATEAU DE CHAMARANDE (*Seine-et-Oise*). (Inédit[1].)

En 1873, nous avons découvert, dans les archives du château de Chamarande (Seine-et-Oise), la copie de quelques actes intéressant l'origine et la biographie des d'Aubigné. Pressé par le temps, nous en prîmes très rapidement copie et nous les reproduisons ici dans leur ordre chronologique, sans pouvoir, faute d'un examen sérieux, affirmer l'authenticité de tous ces documents. Quelques-uns d'entre eux pourraient bien n'avoir pas plus de valeur que l'extrait, cité par M. Lud. Lalanne, du contrat de mariage de Jean d'Aubigné avec Catherine de Lestang, mère d'Agrippa d'Aubigné, brûlé, avec le manuscrit des *Mémoires*, dans l'incendie de la Bibliothèque du Louvre en 1871. M. H. Bordier, dans l'article Agr. d'Aubigné de la *France protestante*, s'appuyant sur le témoignage irréfutable de MM. d'Hozier, a prouvé la fausseté de cette pièce. Ici du moins,

1. Voir page 5 de notre *Étude*.

ces copies d'actes, authentiques ou non, se retrouve-
ront, nous le supposons, dans le chartrier d'où nous les
avons extraites, et la vérification en pourrait être faite
à loisir par des juges compétents.

1° Mémoires du S^r d'Aubigné touchant la preuve de
sa noblesse et de son bien (Registre 4).

Pour rendre à Monsr de la Taillée.

Ces papiers consistent en un procès que deux ennemis de feu Jean d'Aubigné, mon père, meurent
contre lui, lequel dura deux ans, et étaient certains
Gentilshommes d'auprès de Pons qui empruntèrent
les noms des officiers du Roi pour troubler mon dit
père.

Il y a deux justances, l'une par laquelle il pré-
tendait n'être point habitant du pays et l'autre par
laquelle il se maintenait gentilhomme.

Pour venir à bout de la seconde justance, il troùva
moyen d'emprunter d'un seigneur d'Enjoue[1], duquel
nous portons les noms et les armes, les titres lesquels
vous y verrez mentionnés par les inventaires, avec
obligation de les rendre.

Mais je fus quitte à la chambre du Trésor à Paris,
pour montrer qu'il avait été mis au greffe, et aussi
montrant les sentences du procès toutes au proffit de
feu mon père.

Vous verrez ma main levée des francs-fiefs et y
a avec, une copie de l'inventaire et de la reg^{te} que
je présentai. Car vous ne pouvez douter que l'original ne soit par devers moi puisque j'en ai les pièces.

_____

1. Anjou d'Aubigné.

Quant à ce qui est du côté de ma mère, vous verrez aussi en ma preuve des francs-fiefs comment mon fief a toujours été possédé noblement par ceux de Marigni, des Landes, Planvillier et de l'Estang qui sont les lignes de père et de mère de ma mère.

Si quelqu'un va à Paris, pour lever tout doute, il pourra s'enquerir au greffe des francs-fiefs si ma terre n'est pas au rang des nobles, et un petit fief qui fut acquesté par mon père, razé par celui des Roturiers. Vous verrés s'il manque quelque chose pour mes prédécesseurs; quant à moi je vous envoye des titres qui concernent mes moyens.

Vous avez une déclaration de mon bien qui est au peys du Blaisois, à laquelle, s'ils veulent, j'atacherai les enseignements, mais le paquet ne seroit petit; ils peuvent envoyer quelqu'un qui se fera montrer toutes les pièces, il faut l'adresser en la ville de Mer, où je suis haï et aimé, entre autres des notaires. Il y a quelques catholiques à Saint-Didier, qui ont eu mes fermes et [ne] se sont pas trop bien sortis d'avec moi; si on s'en enquiert à eux, on se souviendra de cela.

Après il me reste quelque chose de mon bien paternel en Saintonge, et s'en acquerant, (enquerant ?) on trouvera qu'il peut valoir deux mil..... avec une action qu'il n'est pas besoin que je déclare.

Enfin j'ai mis en un sac mes lettres d'état et de pension qui me valent douze cent livres tous les ans.

Il n'y a plus rien sinon que j'ai deux bons amis et que je suis votre serviteur.

J'ai oublié à vous dire que hors tout cela, je puis faire l'acquest que j'ai dit [1] (sans date).

____

1. Cette pièce semble se rapporter à ce passage où d'Aubigné

2° Brevet d'une pension de huit cent livres donnée par le Roi de Navarre au Sieur d'Aubigné, son Ecuyer d'écurie, en considération des services qu'il avoit rendus et qu'il rendoit tous les jours auprès de la personne de ce prince.

Ce brevet du 6 de Mars de l'an 1580, signé Henri et contresigné Berziau.

3° (En marge : 111ᵉ degré. Ayeul : Théodore-Agrippa d'Aubigné, Seigneur des Landes ; Suzanne de Lezai, sa femme, dame de Surimeau. 1583.)

Contrat de mariage de Théodore-Agrippa d'Aubigné, Ecuyer Seigneur des Landes, Guinemer et du Chaillou, Ecuyer d'Ecurie du Roi de Navarre, et Gentilhomme ordinaire de sa chambre, fils de Jean d'Aubigné, Ecuyer, Seigneur de Brie [1] et de D�ˡˡᵉ Catherine de l'Estang, avec D�ˡˡᵉ Suzanne de Lezai, fille de noble et puissant Ambroise de Lezai, Seigneur de Surimeau et de D�ˡˡᵉ Renée de Vivonne.

Ce contrat du 6 de juin de l'an 1583, passé devant Valée, notaire à Bourgouin.

raconte dans sa *Vie* comment il put faire preuve de noblesse avant « d'espouser sa maîtresse » (6 juin 1583.)... « S'estants donc assemblés les Sieurs des Marets, de Bougoin, La Taillee et Corniou, etc. » (*OEuvres complètes* d'Agr. d'Aubigné, t. Iᵉʳ, p. 48-49.) Le mémoire, comme on le voit, est adressé à la Taillée.

1. Dans le contrat de mariage de Jean d'Aubigné relié à la suite du manuscrit des *Mémoires* et réputé faux par M. H. Bordier, Jean d'Aubigné est désigné également Sieur de Brie. Le dit acte portait encore : « en Xaintonge, Chancelier du Roi de Navarre » et Catherine de Lestang était qualifiée : « Dame de la lande Guinemer, fille de défunt et noble homme Jehan de Lestang, Escuier, Sieur de Rulle (?) en Angoumois et de Damoiselle Suzanne de la Borde, demeurant à la maison noble de La Lande Guinemer, paroisse de Mer, etc.... »

4° Donation mutuelle faite le 20 de Mars de l'an 1589 entre Th. Agr. d'Aubigné... et D^lle Suzanne de Lezai, sa femme.

Cet acte passé devant Jousseaume et Brisset, notaires à Mursai.

5° Don ou brevet de confiscation des biens d'Antoine Bochet, rebelle et partisan contre le Roi, accordé à Th. Agr. d'Aubigné par Henri 4 (et plus bas, Ausé?)... pour les grands services qu'il lui a rendu et la fidélité à son Prince, du 8 janvier 1592.

6° Brevet d'une pension de 400 écus donnée par le Roi au S^r d'Aubigné, commandant pour son service à Maillezais.

Ce brevet du 17 janvier de l'an 1592 signé:
              HENRI et contresigné REVOL.

7° Hommage de la S^rie des Landes, mouvante de la S^rie de la Motte de Cermerai, fait le 13 de Juin de l'an 1609 par H. et par Th. Agr. d'Aubigné..... héritier de D^lle Catherine de l'Estang sa mère.

8° Hommage de la maison noble de Surimeau, mouvante du Roi, à cause de son château de Niort, fait le 5 de Mars de l'an 1615 par M. Th. Agr. d'Aubigné, Chevalier, Seigneur des Landes, de Guinemer, d'Andremont et de Mursai, Ecuyer de la petite Ecurie du Roi et Gouverneur pour S. Majesté des Isles et du château de Maillezais.

Cet acte passé devant Mathieu, notaire à Maillezais.

9° Offre fait le 2ᵉ juillet de l'an 1619 par M. Th. Agr. d'Aubigné, vice-amiral en Guyenne et Gouverneur de Maillezais (et) de faire l'hommage qu'il devait au Roi à cause de la Sʳⁱᵉ de Surimeau. Cet acte signé le Noir, commis au greffe des finances de Poitou.

10° Délai accordé par la cour de la Sénéchaussée de Poitou à M. Th. Agr. d'Aubigné, Chevalier de l'ordre du Roi, son Conseiller en ses Conseils d'état et privé et lieutenant général pour sa Majesté au gouvernement de Maillezais, pour donner le dénombrement de la terre de Surimeau.

Cet acte du 18 de Septembre de l'an 1619, signé Labé.

11° Cinquième branche des Seigneurs de Brie et Barons de Surimeau et de Mursai, puisnez de la maisons d'Aubigny[1]. La maison d'Aubigni ou d'Aubigné Briand est originaire d'Anjou. Elle est sortie de celle de Doüé par un cadet de cette maison, qui eut en partage la terre d'Aubigné à la charge d'en porter le nom. Ce fut vers l'an 1100, auquel temps

---

1. Cette pièce semble une de ces généalogies fabriquées pour complaire à Mᵐᵉ de Maintenon.

les ainés seuls prenaient le nom de la maison et les puinés ceux de la terre principale qui leur était donnée en partage.

Jacques, fils puiné de Claude, Ier etc.

Urbain.

Louis.

ICI LA CINQUIÈME BRANCHE.

Antoine.

Jean Ier.

Pierre.

Jean II, Qualifié Chancelier du Roi de Navarre. Il espousa l'an 1550 Cath. de Lestang.

Th. Agr. d'Aubigné.

Le dit Jean d'Aubigné et Catherine de Lestang n'eurent qu'un fils.

Ce fut un des plus beaux esprits de son siècle, des plus braves et des plus avancés pour son mérite dans l'honneur des bonnes grâces de son Roi. Il n'en faut point d'autre témoignage que la beauté de ses écrits, les grandes charges desquelles il s'est dignement acquitté et les fortes récompenses qu'il a toujours eu de S. M.[1] Je le vois dans quantité d'actes qualifié des plus beaux titres qu'on puisse jamais avoir come de haut et puissant...

La maison des Lezai est fort illustre en Poitou, M. le marquis de Lusignan est l'ainé de cette maison.

---

1. Semble du style de M. Barentin (voir l'article Agr. d'Aubigné, *France Protestante*.) On a vu que Th.-Agr. d'Aubigné, qui ne s'éleva jamais au dessus du grade de Maréchal de camp, fut loin de jouir « des bonnes grâces de son Roi ».

12° Brevet d'une pension de 2700 francs accordé par le Roi, le 23 Février 1666, à la dame Françoise d'Aubigné, veuve du feu Sieur Scaron, tant en considération des services du dit Sieur Scaron qu'en considération de ceux du feu S^r d'Aubigné, ayeul de la dite dame, et de ce que la feue Reine mère de S. M. lui avoit aussi accordée une pension, dont elle l'avoit fait payer jusqu'à son décès[1].

Ce brevet est signé Louis et contresigné Letellier.

1. Il est assez curieux de voir d'Aubigné, trente-six ans après sa mort, valoir à sa petite-fille une pension double de celles qu'il touchait avant sa disgrâce. Louis XIV s'est-il jugé mieux servi par la petite-fille que Henri IV par l'aïeul? On se demande aussi quels services le dit Sieur Scarron a bien pu rendre au roi?

Nous savons à quoi s'était réduite la pension payée à Agr. d'Aubigné par la Reine mère. (Voir notre *Etude*, p. 51 et au t. Ier, p. 466 des *Œuvres complètes* ce passage d'une lettre à M. de Loménie (1618) : « Cette lettre ne vous importunera ny *de mes trois pensions ostées*, etc.)

II

LETTRE DE CONSTANT D'AUBIGNÉ A SON PÈRE (inédite [1]).

(*Bibliothèque de Bessinges*, man. t. III, fol. 57 et 58.)

Monsieur mon Pere,

L'honneur de vostre lettre qui m'a apporté beaucoup
de consolation ne m'a pas mis pourtant hors de pene,
d'autant que vous ne m'esclaircissez point de trois
choses : la premiere est qu'on ne me delivrera point
l'argent de la compaignee sans cotion, à cela j'ay
pourveu à vostre seûreté, si vous doutez de ma conduite, qui est que, me donnant M. Vaxelles pour plege,
vous preniez tout l'argent, si dans le Daulphiné et dans
nostre voisinage vous voulez ou pouvez fayre toute la
compaignee, pour que vous m'ordonniez ce qu'il vous
plaira, tant pour ce qu'il fault que je leve que pour mon
train ; mais souvenez vous que, pour l'argent qu'on
nous donne, nous demeurerons obligez à mener nos
gens jusques prez de Venize, la place monstre, ce qui

1. Voir page 67 de notre *Étude*.

nous seroit à trés grande perte, n'estoit que nous esperons trois ou cinq ans d'entretien paix ou guerre, sur quoy nous nous rembourcerons de ce que nous aurons avancé. Je vous supplie de songer à cela et ordonner ce qu'il vous plaira. Le deuzieme poinct est que vous ne me mandez point combien vous me donnez d'hommes, vous suppliant que ce soit le plus que vous pourrez, d'autant que je gaigne cent lieues que j'aurois à les defrayer. Le troisieme et dernier est que vous ne me mandez pas si vous me donnez un Lieutenant ou un Cornette ou un Mareschal des Logis, et aussi je ne puis rien offrir à personne. Vous me mandez que rien n'est resolu, et ne vous puis respondre aultre chose, si non que les Venitiens sont resolus d'avoyr de la cavallerie françoise et que nous serons preferez, tant pour ce que nostre corps est plus grand que pas un, que pour ce que nous donnons cinq cens escus au Secretaire de l'Ambassadeur, notre Maistre de Camp n'en fait point de difficulté. Mes compaignons seront le Baron de Semur qui estoit Lieutenant du Baron de la Feuillee, et avoyt une compaignie de cent Maistres avec le Mansfeld, Mr de Marigny, beau frere du dit Baron de la Feuillee, le marquis de Gouvernet, mon principal camarade, et moy. Voylà les cinq compaignies dont tous les Chefs me surpasseront, si vous ne me soustenez. Au nom de Dieu, prenez la peine de me respondre là dessus. Vous voiés de quoy il m'y va, et que l'affayre du M. de Torlak ne vous amuze point. J'iray bien toujours vous trouver de Venize en hers ? et peut estre vous meneray je mes compaignons : toutefois songez tousjours pour moy de ce costé là, au cas qu'on nous manquast de deça.

J'ay refusé employ avec le Duc d'Aluyn, fils unique

de M. de Chamberg?, qui s'en va commander la cavallerie devant la Rochelle où on fait un aultre fort, et mettra on mille Suisses dans l'un, mille dans l'aultre, et deux mille dans l'Isle de Ré. Vous vous souviendrez, s'il vous playt, à quel terme je vous ay mis la resolution des affayres, c'est pourquoy vous ne pouvez avoyr encore rien de certain. Ces iours là Fraignes et Beaulieu-Dampierre firent une prise de cinq cents mille livres qu'ils menerent à la Rochelle. Ce coup s'est fait prez Loulay, à la poincte du iour. Mr de Soubize est en mer et [a] pris deux navires charchez de Brezil, prez l'Havre de Grace. On parle fort de guerre et de paix contre l'Espaignol. Le Roy est encor à Saint-Germain, qui en a pensé revenir pour deux hommes qui y sont morts ; il ne lairra toutefois de bailler tout ce moin (mois) à sa campaigne. M. de Themines a levé le siege devant le Mas d'Azils, avec grande perte des siens et quoyqu'on ne die point qu'il y aye perdu de canon, si ne laisse-t-on pas de le croire, d'autant qu'on (le) l'avoyt dessendu en un fonds d'où on ne pouvait l'arracher qu'en prenant la ville. Les cadetz d'Anzo ont aquis là une trés immortelle reputation. M. de Guize s'en va vers Gennes, par la mer ; M. de Longueville, par la terre.

Ce moix esclerra de grandes choses en se fermant, tant pour l'Allemaigne que pour l'Angleterre, que pour la France, touchant particulierement ceux de la Religion. On attend le retour de M. de la Milletiere, qui est allé vers M. de Rohan. Il y a icy un Ambassadeur de Suede, qui n'a point encor eu audience. Vous serez averti de tout, si le soin me peut rendre scavant. On se bat icy fort librement, et Chalays a tué le comte de Pongibault. '

J'attendray avec impatience l'honneur necessaire à mon honneur de votre response, lassé de n'avoir rien encor fait digne du nom d'Aubigny et de vostre fils.

A Paris, ce 4 novembre 1625.

III

INSCRIPTION DU TOMBEAU DE D'AUBIGNÉ [1]

D. O. M.

TESTOR LIBERI

QUAM VOBIS APTUS SUM

SOLO FAVENTE NUMINE

ADVERSIS VENTIS

BONIS ARTIBUS

IRREQUIETUS QUIETEM

EAM COLERE SI DEUM COLITIS

SI PATRI SATIS CONTINGAT

SI SECUS SECUS ACCIDAT

HÆC PATER ITERUM PATER

PER QUEM NON A QUO VOBIS

VIVERE ET BENE DATUM

STUDIOR. HÆREDIB' MONUMENTO

DEGENERIBUS OPPROBRAMENTO

SCRIPSIT

P

THEODORUS AGRIPPA ALBINEUS

OCTOGENARIUS OBIIT ANNO

CIƆ IƆC XXX APRIL. D. *XXIX*.

Au nom de Dieu très-bon, très-grand. Voici, mes
enfants, le souhait que je fais pour vous. Ce repos

1. Voir page 73 de notre *Étude*.
Lorsque le cloître de St-Pierre, au siècle dernier, cessa d'être

que dans une vie agitée et malgré les vents contraires, je vous ai acquis par la seule protection de Dieu et par des moyens légitimes, si vous servez Dieu, si vous imitez votre père, je souhaite que vous en jouissiez. Si non, que le contraire arrive. Voilà ce que votre père, deux fois père, par qui, et non de qui, il vous a été donné de vivre et de bien vivre a écrit à l'honneur de ses héritiers s'ils l'imitent, à leur honte s'ils dégénèrent. Théodore Agrippa d'Aubigné, octogénaire, mort le 29ᶜ jour d'avril, 1630.

employé aux inhumations, cette épitaphe, ou plutôt cette recommandation un peu comminatoire du père à ses enfants, gravée en lettres d'or sur une plaque de marbre noir, fut transportée dans le temple, où elle se voit encore à droite, en entrant par le péristyle.

MM. Lud. Lalanne et Th. Heyer ont donné cette inscription (ouvrages déjà cités).

M. Lud. Lalanne nous paraît avoir à tort corrigé *aptus* en *nactus*. *Aptus* est la forme abrégée de *adeptus* (ayant acquis) comme *apiscor* est une forme contractée de *adipiscor*.

Nous ne nous expliquons pas bien les mots : *si patris satis*, évidemment dans le sens de *si patri satis*. La duplication d'une lettre (*patris satis*) est fréquente dans les inscriptions.

Per quem, non à quo... D'Aubigné veut dire que ses enfants lui doivent moins la vie physique que la vie morale. Au reste la latinité de cette épitaphe est aussi obscure que bizarre.

Studior. hæredib, lisez *studiorum hæredibus*.

IV

LETTRE DE LA REINE CATHERINE, SŒUR DU ROI
A D'AUBIGNÉ [1].

(Bibliothèque de Bessinges, man. t. III, fol. 75-76-77.)

M^r d'Aubigné, vous avez satisfait à trois devoirs ou
offices tout à la fois d'un chrestien, d'un amy, d'un
serviteur, et fourny à tout en perfection : d'un chrestien, en ce que vos entrailles esmeües des douleurs des
enfans de l'Eglise ont montré que vous estiez membre
de ce corps pour lequel Jesus est mort ; d'un amy,
en ce que vous n'avez point craint la hayne des puissances qui dominent auiourd'huy, pour m'instruire à
mespriser ce que ces lasches et ignorants adorent, en
me faisant part de vostre entendement et de vostre
cœur. Mais le soin continuel que vous avez montré des
choses eslougnees est d'un vray et fidelle serviteur, je
dis de telle sorte de serviteurs que les princes bien

---

1. Voir p. 156 et suiv. de notre *Étude*.
Cette lettre a été publiée par M. Ch. Read, au *Bulletin de la
Société de l'Histoire du Protest.* (24ᵉ année, 1874). Nous pen-
sons cependant que nos lecteurs ne nous sauront pas mauvais
gré de la reproduire ici fidèlement, suivie d'un fragment inédit,
d'après notre copie du manuscrit de Bessinges.

advisez en font leur maittres une fois le jour. Je n'ay que fayre de vous exhorter à la continuation de tous ces bons offices. Cela ne peult venir en doute qu'à céux qui ne vous ont pas cognu ou qui maleureusement voudroient oublier les preuves de vostre magnanimité. Or, pour ce que tous les gens de bien de nostre confession sont fort regardez en me visitant, et que vos pas n'y seront pas indifferents, je vous donne adresse à deux de mes femmes, afin que vous envoyiez vers elles prendre l'heure à propos. L'une est la Motte, l'autre ma More, laquelle vous nommastes au Mont-de-Marsan *Melayne,* et on l'apelle *Melanie.* Je voudrois qu'il y eust autant de François aussi *blancs* en pieté comme ceste negre. A Dieu, jusques à vostre veuë, qu'avec vostre prosperité desire

Vostre meilleure et plus affectionnée

Amie.

FRAGMENT DE LA MÊME (inédit).

. . . est que le Roy mon frere ha desiré de moy que, puisque je me rends opiniastre en ma religion, je face voir à chaquun que ce n'est pour un zele sans science, en faisant faire une conference de quelques docteurs choisis par luy, et d'autant de mon election. J'ay pris quant et quant l'avis de Mgr de Buillon et de mes ministres. Le premier n'a pas seulement esté d'advis d'accepter l'offre, mais m'a prié de le laisser conduire cette troupe, la loger chez luy et en porter le soin. Je luy ay laissé le choys des douze, hormis de trois que j'ay voulu nommer: à sçavoir vous, Monsr de

Courdon, et Mr Feugueray, mon Pasteur[1]. Il ha
aprouvé mon desir et vous en doit escrire, pour vous
conjurer de ne frauder point nostre esperance, ni par la
proffesion que vous faites d'un autre metier, ny par
les haines que vous avez desja aquises par la violence
qu'on vous impute, car au contraire je prend de là de
quoy vous prier, et mesmes contraindre, de satisfaire
à mon bon desir, puisque ce sont les violents qui ravis-
sent le Royaume de Cieulx (Melayne)[2],

> Il corone les Haines
> Que vous supportez pour
> La verité, du chapeau
> De fleurs que produit
> Son amour.

à entreprendre pour la cause de Dieu et de votre constance, à ne demordre pour peril qui se presente ce
que Dieu vous ha donné de propozer une fois. Le Ciel
vous ha partagé de ceste vertu bien plus avantageu-
sement que celle de qui vous avez dit que la Loy Salique n'avait pas partagé la constance en sa maison.
l'ay pris, selon mon devoir, ce beau trait, non pour
la louange meritee, mais pour regle à la meriter.
Quant Beauchamp me donna vostre letre, en celant
l'auteur, je ne le cognus pas au chiffre, mays aux six
premieres lignes où je pris plaizir à voir comment, au

---

1. Voir p. 158 de notre *Étude*. Mr de Courdon et M^r de
Courde désignent évidemment le même personnage.

2. C'est le nom de cette « Morc » une des femmes de Catherine, que d'Aubigné surnomma Melayne (ou Melanie) au Mont-
de-Marsan, comme il est dit dans la lettre qui précède.

Que viennent faire ici ce nom et cette prose alignée sous
forme de vers et que nous reproduisons tels que les donne le
manuscrit? Ils coupent bizarrement la phrase dont les deux parties réunies présentent un sens à peu près intelligible.

lieu que les escrits de ce temps tournent les choses
serieuses en vanitez, d'une de vos gayetez vos discours
salutayres ont priz exorde et argument. C'est ailleurs
qu'à vous que je dois adresser les louanges de vostre
fille ; je me contente de vous dire que vous me teniez
pour indigne de vostre pene, si je n'en fais pas mon
proffit. J'ay à vous donner un advis et, avant laisser
la plume, convertir en une ardente priere mon adver-
tissement.....

V

DE CARVINDE EN PRUSSE CE 26 FÉVRIER 1626[1].

Bibliothèque de Bessinges, t. III, p. 61, recto.

(INÉDIT.)

Monsieur,

Quand mes voyages de France ne m'auroyent sinon
donné cette belle langue et fait lire tant d'escrits excellents que nous ont produit ces courages flamboyans,
triez entre les delices du ciel, j'en devrois ressentir toute
ma vie un contentement sans mesure. Mais la cour-
toisie de la Nation m'en a ottroyé un qui n'est pas
moins à estimer : c'est l'amitié favorable de tant de
grans hommes qui n'ont rien de pareil ni en la paix ni
en la guerre. J'y en ai veu et hanté, en deux lustres,
un bon nombre : pour les autres, mais tous ensemble,
je les contemple et revere dans vostre belle *Histoire*,
et aux tableaux posez et sacrez en marbre permanent,
où vous les avez gravez avec tant de remarques admirables, ignorez ou supprimez auparavant. Vous m'avez
maintenant fait l'honneur de vous souvenir de moy et
me prevenir par vos lettres dont je vous rens graces
immortelles, bien marry que mon oubliance ne m'a
permis de vous rendre les services que je vous devois,
lorsque mon bonheur m'aprocha quelquefois de vous

1. Voir notre *Étude*, p. 209.

à Paris et à Fontainebleau, du temps de ce grant Roy, auquel si Dieu luy eust prolongé les jours, il semble que par mesme moyen il eust prolongé le repos à vos Eglises et aux nostres en Alemagne. Noz speculatifs sont eloquents à discourir sur l'estat present des affaires, sur les felicitez de la Maison d'Autriche, les faineantises du Turc, la neutralité du Pape, les confederations faites en Holande et en propheties pour l'advenir. Je ne tiens pour infaïllibles que celles qui nous aprenent que qui craint Dieu ne craindra ni les efforts du diable, ni les menees des Jesuites, ny les armees de l'Espagnol, et qu'il n'y a qu'une retraitte asseuree, assavoir en la garde et Providence de Dieu. Je l'invoque ardemment comme il a couronné vos cheveux blanchis, sous les commandemens du plus grand Roy de l'Univers, des lauriers de l'Immortalité et bonne renommee ; aussi il vous eslargisse [1] la vigueur, le contentement et les forces qu'avec vos vœux pieux, tous gens de bien vous souhaitent, et specialement

Votre trés affectionné et trés humble serviteur,

Cristofle B. DE DONA.

1. Elargir, prodiguer (*largiri*).

INDEX

ET

TABLE DES MATIÈRES

INDEX

DES PERSONNAGES ET ÉCRIVAINS

NOMMÉS DANS L'ÉTUDE.

C

TABLE DES MATIÈRES

TROISIÈME PARTIE

JUGEMENT CRITIQUE SUR D'AUBIGNÉ HISTORIEN ET POÈTE. OPINIONS DE D'AUBIGNÉ SUR QUELQUES ÉCRIVAINS DU SEIZIÈME SIÈCLE, OPINIONS DES CONTEMPORAINS ET DES AGES SUIVANTS SUR D'AUBIGNÉ.

QUATRIÈME PARTIE

DOCUMENTS ET PIÈCES JUSTIFICATIVES.

ERRATA

Page 61, note. Au lieu de *Calaudrini,* lisez *Calandrini.*
Page 82, ligne 25. Au lieu de *imployable* railleur, lisez
impiloyable railleur.
Page 226, ligne 26. Au lieu de *rétendre,* lisez *prétendre.*
Page 254, ligne 27. Au lieu de *masacre,* lisez *massacre.*

SAINT-CLOUD. — IMPRIMERIE Vᵉ EUG. BELIN ET FILS.